交通事故裁判における
歯科領域の傷害・後遺障害
－因果関係、治療の相当性、将来治療費等－

編著　藤田　貴彦（弁護士・歯科医師）
著　　山田　雄一郎（歯科医師）

新日本法規

は　し　が　き

　交通事故や暴行などの不法行為によって、被害者が歯の破折や欠損などの歯科領域の傷害や後遺障害を負うことがあります。

　そのような事案の場合、不法行為と歯科治療との因果関係の有無、インプラントなど高額な治療費を要する歯科治療の必要性・相当性、歯科領域の後遺障害による労働能力喪失の有無、インプラントや補綴物を将来やり替える際の治療費（将来治療費）、などと意外に多くの論点が存在しています。

　弁護士や対人賠償保険や個人賠償責任保険を扱う損害保険会社の担当者らが、上記の論点に関して妥当な結論を導くためには、ひとまずは裁判例や実務書を参照し、対応の指針とすることが多いと思われます。

　しかし、現在世に多くある損害賠償事案に関する実務書等の書籍では、口の後遺障害を紹介しているものは多くあっても、上記の論点に関する裁判事例を集積している書籍はほぼ存在していません。

　そこで、歯科領域の傷害や後遺障害が発生した事案において、関係者らが事案解決の指針とすべき裁判事例の参照を容易にすることを目的として本書を出版することにしました。

　本書は、歯科領域の傷害や後遺障害に関わる論点が争点となった裁判事例を論点ごとに分類しています。また、読者としては、弁護士や損害保険会社担当者など歯科業界でない人を想定しています。そのため、歯の名称、歯の構造、歯科用語などについても比較的平易な言葉で説明をした章を設けました。

　さらに、歯科医師の視点で各裁判事例を読むと、治療内容、裁判所の判断、当事者の主張などに、疑問を覚える点や逆に感心させられる

点などがありました。また、裁判事例をより理解するために、治療内容や傷病についての情報があった方がいいと思われることもありました。それらについては、裁判事例の紹介の後の「コメント」の項で触れました。

本書で扱った裁判事例数は133ですが、1つの事例で複数の論点が争点となっていることも多く、複数の論点の事例紹介に登場する裁判事例も多数あります。

しかし、事例紹介の内容につきましては、同じものを掲載するのではなく、各論点に沿った内容としています。また、それに付属する「コメント」も、同様にそれぞれの内容に合わせたものとなっています。

本書が不法行為によって歯科領域の傷害や後遺障害が発生した事案を日常的に業務で扱う弁護士や損害保険会社担当者の方々にとって、わずかでも参考になれば幸いです。

最後に、本書の発刊にあたって多大なご尽力をいただいた山下絵理氏、飯田朋和氏をはじめとする新日本法規出版株式会社の皆様と、本書を手に取ってくださった読者の方々に対し、この場をお借りして深く感謝申し上げます。

令和7年4月

弁護士・歯科医師　藤　田　貴　彦

編著者略歴

＜編著者＞

藤田　貴彦

橋爪・藤田法律事務所

平成17年　岡山大学歯学部歯学科卒業　歯科医師国家試験合格

平成27年　弁護士登録（愛媛弁護士会）

＜著　者＞

山田　雄一郎

医療法人健晴会　山田歯科医院

平成17年　岡山大学歯学部歯学科卒業　歯科医師国家試験合格

平成25年　医療法人健晴会　山田歯科医院　理事長

略 語 表

＜法令の表記＞

　根拠となる法令の略語は次のとおりです。〔　〕は本文中の略語を示します。

〔自賠法〕　　自動車損害賠償保障法
自賠令　　　　自動車損害賠償保障法施行令

＜判例の表記＞

　根拠となる判例の出典の略称は次のとおりです。

交民　　　　交通事故民事裁判例集
自保　　　　自保ジャーナル〔旧・自動車保険ジャーナル〕
判時　　　　判例時報
判タ　　　　判例タイムズ
判自　　　　判例地方自治

＜参考文献の表記＞

　参考文献の略称は次のとおりです。

赤い本　　　公益財団法人日弁連交通事故相談センター東京支部編『民事交通事故訴訟　損害賠償額算定基準』（公益財団法人日弁連交通事故相談センター東京支部）
青本　　　　公益財団法人日弁連交通事故相談センター研究研修委員会編『交通事故損害額算定基準』（公益財団法人日弁連交通事故相談センター）

目　　次

序　　章

第1　歯科領域の傷害と歯科用語の解説

ページ

1　はじめに ……………………………………………………………… 3

2　歯の名称、歯式の見方 ……………………………………………… 3

　（1）　歯の名称 …………………………………………………………… 3

　（2）　歯式の見方 ………………………………………………………… 4

3　歯の構造 ……………………………………………………………… 6

4　本書で取り扱う歯科領域の外傷 …………………………………… 6

　（1）　はじめに …………………………………………………………… 6

　（2）　歯の外傷 …………………………………………………………… 7

　（3）　歯根を保存できた場合の補綴方法 ……………………………… 8

　（4）　歯根を保存できなかった場合の補綴方法 ……………………… 8

　（5）　顎の外傷 …………………………………………………………… 9

5　歯科用語と診療報酬明細書の略称 ………………………………… 9

　（1）　歯科用語の説明 …………………………………………………… 9

　（2）　診療報酬明細書の略語 …………………………………………… 19

第2　歯科領域の後遺障害認定基準

1　歯牙障害 ……………………………………………………………… 28

2　咀嚼及び言語機能障害 ……………………………………………… 29

　（1）　咀嚼機能障害 ……………………………………………………… 29

（2） 言語機能障害……………………………………………… *30*

3 舌の異常、咽頭支配神経の麻痺等によって生ずる嚥下
障害………………………………………………………………… *31*

4 味覚障害……………………………………………………… *32*

5 末梢神経障害による局部の神経症状…………………… *32*

第3 裁判実務における主要な論点（本書の体系）について

1 因果関係……………………………………………………… *33*

（1） 歯科治療との因果関係…………………………………… *33*

（2） 顎関節症との因果関係…………………………………… *34*

（3） 歯科矯正治療との因果関係……………………………… *34*

2 歯科治療の必要性・相当性……………………………… *35*

3 歯科領域の後遺障害と労働能力喪失…………………… *35*

4 将来治療費…………………………………………………… *35*

（1） 更新分を含まないインプラント・補綴の治療費………… *35*

（2） 将来の更新分の治療費…………………………………… *36*

（3） 将来のメンテナンスのための治療費…………………… *37*

5 歯科領域の傷害・後遺障害と慰謝料…………………… *37*

6 その他（素因減額・症状固定・既存障害など）………………… *38*

裁判事例一覧………………………………………………………… *39*

第1章　因果関係

第1　不法行為と歯科治療との因果関係

1　解　説 …………………………………………………………… *49*

（1）　はじめに ……………………………………………………… *49*

（2）　裁判事例の特徴 ……………………………………………… *49*

2　事例紹介 ………………………………………………………… *50*

（1）　歯科治療との因果関係を肯定した事例 …………………… *50*

（2）　歯科治療との因果関係を全部又は一部否定した事例 ……… *57*

第2　不法行為と顎関節症との因果関係

1　解　説 …………………………………………………………… *84*

（1）　はじめに ……………………………………………………… *84*

（2）　裁判事例の特徴 ……………………………………………… *84*

2　事例紹介 ………………………………………………………… *85*

（1）　顎関節症との因果関係を肯定した事例 …………………… *85*

（2）　顎関節症との因果関係を否定した事例 …………………… *87*

第3　不法行為と歯科矯正治療との因果関係

1　解　説 …………………………………………………………… *99*

（1）　はじめに ……………………………………………………… *99*

（2）　裁判事例の特徴 ……………………………………………… *99*

2　事例紹介 ………………………………………………………… *100*

（1）　歯科矯正治療との因果関係を肯定した事例 ……………… *100*

（2）　歯科矯正治療との因果関係を否定した事例 ……………… *102*

第2章　歯科治療の必要性・相当性

第1　総　論

第2　インプラントの必要性・相当性に関する事例

1　解　説……………………………………………………………… *107*
（1）　はじめに…………………………………………………… *107*
（2）　裁判事例の特徴…………………………………………… *108*
2　事例紹介…………………………………………………………… *109*
（1）　インプラントの必要性・相当性を肯定した事例………… *109*
（2）　インプラントの必要性・相当性を否定した事例………… *116*

第3　保険適用外補綴冠の必要性・相当性に関する事例

1　解　説……………………………………………………………… *119*
（1）　はじめに…………………………………………………… *119*
（2）　裁判事例の特徴…………………………………………… *120*
2　事例紹介…………………………………………………………… *121*
（1）　保険適用外補綴冠の必要性・相当性を肯定した事例…… *121*
（2）　保険適用外補綴冠の必要性・相当性を否定した事例…… *127*

第3章　歯科領域の後遺障害と労働能力喪失

1　解　説……………………………………………………………………… *135*

（1）　はじめに……………………………………………………………… *135*

（2）　裁判事例の特徴……………………………………………………… *135*

2　事例紹介…………………………………………………………………… *136*

（1）　労働能力喪失を肯定した事例……………………………………… *136*

（2）　労働能力喪失を否定した事例……………………………………… *147*

第4章　将来治療費

第1　更新分を含まないインプラント・補綴の将来治療費

1　解　説……………………………………………………………………… *167*

（1）　はじめに……………………………………………………………… *167*

（2）　裁判事例の特徴……………………………………………………… *167*

2　事例紹介…………………………………………………………………… *169*

（1）　将来治療費を肯定した事例………………………………………… *169*

（2）　将来治療費を否定した事例………………………………………… *180*

第2　インプラント更新分の将来治療費

1　解　説……………………………………………………………………… *191*

（1）　はじめに……………………………………………………………… *191*

（2）　裁判事例の特徴……………………………………………………… *191*

2 事例紹介……………………………………………………………… *193*

（1） インプラント更新分の将来治療費を肯定した事例……… *193*

（2） インプラント更新分の将来治療費を否定した事例……… *200*

第3 インプラント以外の補綴物更新分の将来治療費

1 解 説…………………………………………………………………… *201*

（1） はじめに……………………………………………………… *201*

（2） 裁判事例の特徴……………………………………………… *202*

2 事例紹介……………………………………………………………… *202*

（1） 補綴物更新分の将来治療費を肯定した事例……………… *202*

（2） 補綴物更新分の将来治療費を否定した事例……………… *207*

第4 メンテナンス分の将来治療費

1 解 説…………………………………………………………………… *210*

（1） はじめに……………………………………………………… *210*

（2） 裁判事例の特徴……………………………………………… *210*

2 事例紹介……………………………………………………………… *212*

（1） メンテナンス分の将来治療費を肯定した事例…………… *212*

（2） メンテナンス分の将来治療費を否定した事例…………… *220*

第5章 歯科領域の傷害・後遺障害と慰謝料

1 解 説…………………………………………………………………… *225*

（1） はじめに……………………………………………………… *225*

（2） 裁判事例の特徴……………………………………………… *225*

目　次　　7

2　事例紹介··226

（1）　労働能力喪失を否定する代わりに慰謝料算定におい
て考慮した事例··226

（2）　後遺障害基準未満の歯牙障害にかかる後遺障害慰謝
料を判断した事例···232

（3）　メンテナンスなどで将来的な通院の必要性があるこ
とを考慮した事例···235

（4）　歯科治療が長期に及んだことやその間の不都合を考
慮した事例··237

（5）　その他···238

第6章　その他（素因減額・症状固定・既存障害など）

第1　素因減額

1　解　説···249

（1）　はじめに···249

（2）　裁判事例の特徴··249

2　事例紹介··249

第2　症状固定時期

1　解　説···257

（1）　はじめに···257

（2）　裁判事例の特徴··258

2　事例紹介··258

8 目　次

第3　インプラントと既存障害

1　解　説………………………………………………………………… *261*

（1）　はじめに……………………………………………………… *261*

（2）　裁判事例の特徴……………………………………………… *261*

2　事例紹介……………………………………………………………… *261*

第4　歯牙障害の判断基準

1　解　説………………………………………………………………… *262*

（1）　はじめに……………………………………………………… *262*

（2）　裁判事例の特徴……………………………………………… *263*

2　事例紹介……………………………………………………………… *263*

索　引

事項索引………………………………………………………………… *267*

序　章

序章

序　章　　3

第1　歯科領域の傷害と歯科用語の解説

1　はじめに

　本書は、被害者が歯科領域の傷害を負った事案において問題になることが多い論点が争点となった裁判事例を紹介することに主眼を置いている。

　それらの裁判事例を読む上で、歯科領域の傷害やその治療法などについて一定の知識があれば、その内容に対する理解がより容易になると思われる。

　また、歯科領域の傷害を伴う損害賠償事案に関わるに当たっては、歯科の診療録や診療報酬明細などを読む際や、治療を担当した歯科医師に意見照会する際などにも、最低限の歯科用語の理解が必要になると思われる。

　そこで、本書では本項において、歯の名称、歯の構造、歯科用語、歯科領域の外傷などについて解説をする。

2　歯の名称、歯式の見方

　（1）　歯の名称

　　ア　永久歯の名称

　成人の歯は永久歯と呼ばれ、基本的な歯の本数は、32本（右上8歯、左上8歯、右下8歯、左下8歯）であるが、中央から数えて8番目の歯に当たる親知らずとも呼ばれる第三大臼歯については、もともと顎骨の中に存在していなかったり、顎骨内に存在はしていても萌出していなかったりすることも多く、28本（右上7歯、左上7歯、右下7歯、左下7歯）の歯があれば、咬合力や咀嚼能力に問題はない。

　右上の奥から左上の奥に向かって、右上第三大臼歯（右上8番）、右上第二大臼歯（右上7番）、右上第一大臼歯（右上6番）、右上第二小

臼歯（右上５番）、右上第一小臼歯（右上４番）、右上犬歯（右上３番）、右上側切歯（右上２番）、右上中切歯（右上１番）、左上中切歯（左上１番）、左上側切歯（左上２番）、左上犬歯（左上３番）、左上第一小臼歯（左上４番）、左上第二小臼歯（左上５番）、左上第一大臼歯（左上６番）、左上第二大臼歯（左上７番）、左上第三大臼歯（左上８番）の順で並んでいる。下の歯も同様の並びである。

　イ　乳歯の名称

　小児の歯は乳歯と呼ばれ、基本的な本数は、20本（右上５歯、左上５歯、右下５歯、左下５歯）である。

　右上の奥から左上の奥に向かって、右上第二乳臼歯（右上Ｅ）、右上第一乳臼歯（右上Ｄ）、右上乳犬歯（右上Ｃ）、右上乳側切歯（右上Ｂ）、右上乳中切歯（右上Ａ）、左上乳中切歯（左上Ａ）、左上乳側切歯（左上Ｂ）、左上乳犬歯（左上Ｃ）、左上第一乳臼歯（左上Ｄ）、左上第二乳臼歯（左上Ｅ）の順で並んでいる。下の歯も同様の並びである。

　乳歯は成長に伴って脱落し、永久歯に生え変わる。対応するのは乳歯Ａ→永久歯１番、乳歯Ｂ→永久歯２番、乳歯Ｃ→永久歯３番、乳歯Ｄ→永久歯４番、乳歯Ｅ→永久歯５番であるが、永久歯６番から８番には対応する乳歯はなく、永久歯６番は乳歯Ｅの後ろの歯肉から萌出する。

（２）　歯式の見方

　歯科では、歯を数字や記号を用いてコード化して表す歯式と呼ばれるものが用いられる。わが国では、ジグモンディ方式とよばれる歯式が一般的である。

　ア　永久歯の歯式

　歯式に付されている数字は、それぞれ、１：中切歯、２：側切歯、３：犬歯、４：第一小臼歯、５：第二小臼歯、６：第一大臼歯、７：第二大臼歯、８：第三大臼歯（智歯）である。例えば、※のついている歯は、左下６番や左下第一大臼歯と呼ばれる。

図1　永久歯の名称と歯式

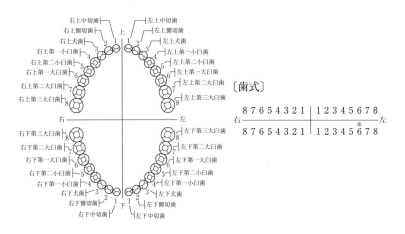

イ　乳歯の歯式

歯式に付されているアルファベットは、それぞれ、A：乳中切歯、B：乳側切歯、C：乳犬歯、D：第一乳臼歯、E：第二乳臼歯である。例えば※のついている歯は、右上Dや右上第一乳臼歯と呼ばれる。

図2　乳歯の名称と歯式

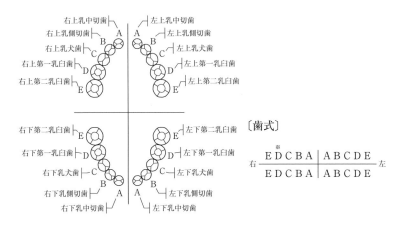

3　歯の構造

　歯冠の最表層はエナメル質で覆われ、その内側は象牙質があり、さらにその内側には歯髄腔という空洞があり、神経や血管などから成る歯髄がその中に納められている。

　歯の根である歯根は、歯槽骨に植わっており、歯槽骨と歯根の間には歯根膜と呼ばれる膜が存在している。

図3　歯の構造

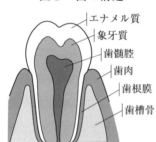

　受傷範囲がエナメル質や象牙質までで収まるのか、歯髄まで及んでしまうのかは、治療方法を大きく左右する要素になる。さらに、受傷範囲が、歯冠部にとどまるか、歯根にまで及んでしまうかによって、当該受傷歯の保存の成否が異なってくる。

4　本書で取り扱う歯科領域の外傷

（1）はじめに

　交通事故や暴行などで顎顔面部、特に口の周辺に外部からの衝撃が加わると、歯や顎の骨に様々な外傷が生じる。その場合には、歯よりも外側にある口唇や口腔内粘膜などの裂傷や刺創を負うことが多いが、それらの傷害は、損害賠償実務において大きな問題になることはあまりない。

　そこで、本書で取り扱う歯科領域の傷害は、歯の外傷や顎骨の外傷が中心となっている。

序　章　　　　7

（2）　歯の外傷

　歯の外傷は、破折性の外傷と脱臼性の外傷に分類される。

　破折性の外傷は、歯が欠けたり折れたりするもので、エナメル質の亀裂、歯冠破折、歯冠－歯根破折、歯根破折などに分類され、脱臼性の外傷は、歯が元あった位置から変位したりするもので、振盪（打撲）、亜脱臼、脱臼、陥入、完全脱臼（脱落）などに分類される。

　　ア　歯の破折性の外傷に対する処置

　破折性の外傷のうち歯冠破折が生じた場合、露髄（歯髄腔が露出すること）があるかないかによって、治療内容は大きく変わり、露髄がない場合には、破折した部分をCR（コンポジットレジン）という材料で充填し、修復するだけで済むことが多い。ただし、受傷した歯は、受傷直後は歯髄（歯の神経）に問題がないように見えても経時的に歯髄に様々な影響が生じることもあるため、一定の経過観察期間が必要とされている。

　一方で、露髄がある場合は、抜髄（歯の神経をとる処置）をしなければならないことが多く、最終的には冠を被せて、歯冠補綴をしなければならないことが多い。

　破折性外傷のうち歯根破折が生じた場合は、破折の方向、部位にもよるが、歯を抜去しなければならないことが多い。その場合は、抜歯した部位の歯肉が治癒するのを待って、同部位に欠損補綴処置をすることになる。

　　イ　歯の脱臼性の外傷に対する処置

　脱臼性の外傷は、脱臼や陥入であれば歯を元の位置に戻し、固定して定着するまで経過を観察することになる。完全脱臼（脱落）してしまった場合も、抜けた歯の保存状態が良好であるなどの条件が揃えば、再度、元の位置に埋め戻して固定することで、歯根が定着することもある。いずれの場合も、原則的に抜髄が必要であり、最終的に冠によ

る歯冠補綴を要することもある。

　脱落してしまった歯を元の位置に戻せなかった場合には、その欠損部に欠損補綴処置をすることになる。

（３）　歯根を保存できた場合の補綴方法

　抜髄を要した外傷歯の歯根を保存できた場合は、根管処置後に支台築造、支台歯形成をして冠による歯冠補綴をすることが多い。

　冠による歯冠補綴の種類としては、金属を鋳造して作られた金属冠、全体が硬質レジンでできている硬質レジンジャケット冠（HJC）、ハイブリッドレジンを削り出して作られたCAD/CAM冠、内側が金属で外側がレジンの硬質レジン前装冠、内側が金属で外側がセラミックのメタルボンド冠、全体がセラミックでできているオールセラミック冠などがある。このうち、セラミックを使用したものは、健康保険の適用外であるので費用も高額になる。また、金属冠も使用する金属（ゴールドなど）によっては、健康保険適用外になる。

　健康保険では補綴物の種類・部位に規定があり、金属冠は臼歯部のみに、硬質レジンジャケット冠は前歯部と小臼歯部に、CAD/CAM冠は一部条件付きではあるが全体に、硬質レジン前装冠は原則として前歯部のみに適用される。健康保険適用外の補綴であるメタルボンド冠及びオールセラミック冠は前歯部臼歯部双方にそれぞれ使用される。

　もっとも審美性に優れるのは、オールセラミック冠であり、一般的に費用も最も高額である。

（４）　歯根を保存できなかった場合の補綴方法

　歯を根元から失った欠損部の補綴方法には、インプラント、ブリッジ（架橋性義歯）、可撤性義歯（俗にいう入れ歯）などがある。インプラントで補綴する場合も、欠損歯が多数のときには、上部構造を取り外しが可能な義歯（オーバーデンチャー）にすることもあるが、基本的には、インプラントとブリッジは固定式の補綴方法である。

序　章　　　　　9

　ブリッジと可撤性義歯は、健康保険適用の治療方法であるが、使用する材料、材質によっては、健康保険適用外となる。例えば、ブリッジでは、セラミックを使用したオールセラミックブリッジやメタルボンドブリッジなどが健康保険適用外であり、可撤性義歯では、床の部分に金属や特殊な樹脂を使用したものなどが健康保険適用外となる。

　可撤性義歯は、機能性や審美性でインプラントやブリッジに劣り、ブリッジは、欠損部の隣在歯など複数の歯を支台にするために削合しないといけないデメリットがある。インプラントは、機能性・審美性に優れるが、費用が高額であることや定期的なメンテナンスが必須であるというデメリットがある。

（5）　顎の外傷

　顎の外傷は、歯槽骨や上下顎骨の骨折が主であり、歯の脱臼・脱落や神経の損傷を伴うことや、骨折の部位によっては顎関節症を生じさせることもある。

　下顎骨には、下歯槽神経や動脈が通る下顎管という管があり、同部を骨折すると感覚異常などの神経症状が発現することがある。

　下顎骨の関節突起という部位を骨折したり顎関節部を強打したりした場合には、それらが外傷因子になり、顎関節症が生じることがある。顎関節症とは、顎関節や咀嚼筋の疼痛、顎関節雑音、開口障害を主要な症状とする障害であるが、様々な因子で発症することが指摘されており、いまだにその発症のメカニズムなどが不明であるとされている。

5　歯科用語と診療報酬明細書の略称

（1）　歯科用語の説明

　本項では、歯科領域の傷害が発生した事案やその裁判事例などでよく登場する治療方法や傷病名などについて説明をするが、本書の対象者は歯科関係者ではないので、専門的な用語による説明ではなく、歯

科医師が患者に対して説明をするような表現での説明をする。また、診療録には、略称で表記されていることも多いため、略称が存在するものは、それも併記する。

＜歯の構造・歯の周囲の組織＞

① 歯槽骨

歯の周りの骨。歯を支えている。歯周炎が進行すると歯槽骨が溶けるため、歯の支えがなくなり、歯が動揺したり、抜け落ちたりする。

② 歯冠

歯の部位で歯肉から口腔内に露出している部分。

③ 歯根

歯の部位で歯肉内に埋まっている部分。

④ エナメル質

歯冠の最表層にある組織のこと。

⑤ 象牙質

エナメル質の内側にある組織。

⑥ 歯髄腔

象牙質の内側にある空洞で、神経や血管などから成る歯髄が中に納まっている。

⑦ 歯根膜

歯槽骨と歯根との間にある組織。歯根と歯槽骨を連結して歯を支持する役割を有している。

⑧ 歯肉

歯槽骨を覆っている粘膜組織。

＜歯の外傷＞

⑨ 歯牙破折（FrT）

歯が割れたり折れたりしている状態のこと。歯冠部が折れる（割

れる）と歯冠破折、歯根部が折れる（割れる）と歯根破折といわれる。

⑩　歯冠破折

　　破折した箇所がエナメル質や象牙質に限局していれば、欠けた部分をCR充填で修復すれば足りることが多い。破折箇所が神経（歯髄）に達していれば、神経をとる処置（抜髄）をした上で、冠による歯冠補綴をしなければならないことが多い。

⑪　歯根破折

　　垂直方向に破折してしまうと、基本的には抜歯をしなければならないことが多い。水平方向に破折をした場合も基本的には抜歯を選択することが多いが、破折箇所が浅い箇所だと歯根を残せることもある。

⑫　完全脱臼（脱落）

　　歯を支える組織（歯周組織）が損傷し、歯がもともと生えていた位置から完全に逸脱し、歯槽内に存在しない状態のこと。脱落ともいう。

⑬　亜脱臼

　　歯の変位は伴っていないが、歯を支える組織（歯周組織）が損傷し、明らかな動揺が認められる状態。

⑭　脱臼

　　歯の変位を伴い、歯を支える組織（歯周組織）が損傷し、明らかな動揺が認められる状態。歯軸方向以外（横方向）へ変位しているものを側方脱臼といい、切縁方向（歯が抜ける方向）へ変位しているものは挺出と呼ばれ、歯が伸びたように見える。

⑮　陥入

　　歯が根尖方向へ変位している（歯肉にめり込んでいる）こと。

⑯　振盪（打撲）

　　歯の変位・動揺を伴わない歯周組織へのわずかな傷害のこと。

＜歯や顎の病変・症状など＞

⑰　歯根膜炎

歯が外的な衝撃を受けるなどして、歯根と歯槽骨の間にある歯根膜に炎症が生じている状態のこと。

⑱　露髄

歯冠が破折するなどして、歯髄腔が外部と交通してしまい、歯髄が露出してしまうこと。

⑲　歯髄炎（pul（ぷる））

歯牙破折が神経（歯髄）に達することなどによって、歯髄に炎症が生じること。歯牙破折がなくとも歯牙打撲によって、歯髄炎が発症することもある。基本的には、歯髄炎が発症すると、神経をとる治療を選択せざるを得ないことが多い。

⑳　歯髄壊死

歯の神経が死んでしまうこと。歯牙打撲や歯冠破折などから歯髄炎が生じ、歯髄壊死へ移行する。壊死してしまった歯髄は、生き返ることはないので、感染根管治療を行い、歯髄が入っていた空洞（歯髄腔）を清潔にする治療を行う。

㉑　根尖性歯周炎（per（ぺる））

壊死をした歯髄から炎症が根尖（歯根の先端部）を超えて周辺組織まで波及し、歯根の先端周囲に炎症が生じた状態。根尖の炎症を治めるために感染根管治療を行うことになる。

㉒　失活歯

神経が死んでしまった歯、又は神経を取った歯のこと。歯自体が熱さや冷たさを感じることがなくなる。

㉓　生活歯

神経が生きている歯のこと。

㉔　顎関節症

　　顎関節に生じる運動時の痛み、顎関節雑音、開口障害などの諸症状の総称。

＜検査・治療＞

㉕　パノラマX線写真

　　上下顎骨全体が写る横長サイズのX線写真。単に「パノラマ」ということが多く、「パントモ」とも呼ばれる。

㉖　デンタルX線写真

　　一部の歯のみを撮影するX線写真のこと。単に「デンタル」ということが多い。

㉗　抜髄

　　歯の神経をとる治療のこと。

㉘　（感染）根管治療（根治、RCT）

　　感染が及んでしまった神経を除去したり、根の先にできてしまった病巣（根尖病巣、こんせんびょうそう）を治療したりするために、歯髄腔内を清掃・消毒する治療のこと。

㉙　根管充填（根充、RCF）

　　抜髄や根管治療の後に、根管に人工的な材料を詰めて新たな感染が生じないよう封鎖する処置のこと。

㉚　歯内療法

　　抜髄、感染根管治療など歯の内側、つまり、歯髄腔内を機械的・化学的に清掃をして、根管内や根尖部の細菌感染による炎症等を治療する処置の総称。

㉛　再植

　　完全脱臼し、抜けてしまった歯を元の位置の戻し、隣在歯と固定するなどして、もう一度歯として使用できるようにする治療。

㉜　整復

　　脱臼により変位してしまった歯を元の位置に戻し、隣在歯と固定

するなどして、もう一度歯として使用できるようにする治療。

＜修復・補綴処置＞

㉝　CR（コンポジットレジン）充填

　　歯が欠けた部分や、虫歯治療で削ってできた穴などにコンポジットレジンと呼ばれる合成樹脂を充填し、硬化させ、欠けた部分や穴が開いた箇所の修復を行う治療のこと。前歯から臼歯まで幅広い部位に用いられる。

㉞　インレー修復（In）

　　歯が欠けた部分や、虫歯治療で削って欠損した部分の型を採り、起こした模型上で金属やセラミックなどを材料とした修復物を作製し、接着剤で歯に固定する治療のこと。直接口腔内で操作するCR充填では形態や機能の回復が難しい場合に選択されることが多い。通常臼歯部のみに用いられる。

㉟　ラミネートベニア

　　歯が欠けた場合などに、歯の表面に歯冠色をしたセラミックス製のシェルを歯科用の接着剤で張り付けて歯冠を修復する処置。基本的には前歯（1番から3番までの歯）に用いられる。

㊱　メタルコア

　　抜髄や根管治療をした後の歯は、冠を被せて歯冠補綴することが多いが、冠を被せるのに必要な歯質が残っていない場合などには、人工的なコア（芯）を装着する必要がある。その、芯が金属製であるものをメタルコアと呼ぶ。

㊲　ファイバーコア

　　グラスファイバーで補強したコンポジットレジンで作られた人工的なコア（芯）のこと。

㊳　レジンコア

　　コンポジットレジンのみで作られた人工的なコア（芯）のこと。

㊴ 支台築造

　補綴物の支台歯とするためにメタルコアやファイバーコアを歯に装着したり、コンポジットレジンを用いて欠損した歯質を補填したりする処置の総称。

㊵ 支台歯

　冠やブリッジなどの補綴物を装着する際に、その土台となる歯のこと。

㊶ 支台（歯）形成（PZ）

　支台歯を削り、補綴物の土台となるような形を作ること。

㊷ 補綴

　歯が欠けたり抜けたりして損なわれた形態と機能を冠やブリッジ、義歯など人工装置によって修復・整形すること。支台歯形成後の歯に、冠（歯の形態をした人工的な被せ物）を装着することを歯冠補綴といい、歯や歯肉が失われた部分にブリッジなどを装着することを欠損補綴という。

㊸ 硬質レジン前装冠（前装MCなど）

　金属製の被せ物の表側にレジンとよばれる歯の色に近い合成樹脂を張り付けたもの。レジンは、噛む力に耐えられないので、歯の裏側にあたる面（咬合面）は金属が露出している。また、レジンには吸水性があり、時間がたつと変色するなどするため、セラミックを用いたものよりも審美的には劣っている。保険治療によって、前歯（3番目の歯まで）を補綴するときは、基本的にこのレジン前装冠が用いられることが多い。

㊹ 硬質レジンジャケット冠（HJK）

　内側に金属製の被せ物を用いず、硬質レジンのみで作製された冠である。保険治療で用いられる白い被せ物だが、後述のオールセラミック冠に比べ、審美性や耐久性に劣るとされる。

㊵　CAD／CAM冠（キャドキャム冠）

　　レジンとセラミックを混ぜたハイブリッドレジンでできたブロックを削り出して作製される、金属を用いない冠である。保険適用であるが、硬質レジンジャケット冠と比べると時間による変色は少なく、強度もそれなりに高い。なお、2014年より前は保険適用ではなかったが、現在は保険適用範囲が拡大されたため、全ての前歯と小臼歯に使用することができ、条件付きで大臼歯にも使用できるようになっている。

㊶　全部鋳造冠（FMC、FCK）

　　全てを金属で作っている被せ物のこと。通常は、臼歯部にしか用いない。

㊷　メタルボンド冠（メタルボンドクラウン、MB）

　　被せ物の内側が金属であることは硬質レジン前装冠と同じであるが、外側をセラミックで覆っているものである。セラミックは強度が高く、噛む力にも耐え得るので、裏面（咬合面）に用いることができる。また、吸水性がほぼ無いので経時的に変色することもないため、硬質レジン前装冠よりも審美性に優れる。ただし、保険適用外の治療である。

㊸　オールセラミック冠（オールセラミッククラウン）

　　硬質レジン前装冠やメタルボンド冠と異なり、内側に金属を用いず、セラミックのみで作られた被せ物のこと。内側に金属がないため、光透過性などの点からメタルボンド冠よりも天然の歯に近い質感を出せるとされており、審美性が高い。健康保険適用外であり、メタルボンド冠よりも費用が高いのが一般的である。

㊹　ポーセレン

　　セラミックの別名。

(50)　ジルコニア

セラミックのうちの一つ。とても強度が大きいなどの特性がある。

(51)　ブリッジ（Br、架橋性義歯）

歯が欠損した部分（歯根ごと喪失した部位）を人工的な歯で補綴するために、欠損部に隣接する歯などを土台にし、欠損部を橋渡ししたようにつなげた被せ物のこと。土台になる歯は、支台歯と呼ばれる。ブリッジは、固定式の補綴装置であるから、着脱はしない。可撤性義歯（入れ歯、デンチャー）よりも、審美性や機能性の点で優れるが、支台歯になる歯を削らないといけない。支台歯となる歯が健全歯である場合、健全歯を被せ物が装着できる程度に削る必要があり、場合によってはその歯の神経をとらないといけないため、その点が非常に大きなデメリットである。

(52)　可撤性義歯（入れ歯、デンチャー、床義歯など）

歯が欠損した部分（歯根ごと喪失した部位）を人工的な歯で補綴するために、床（しょう）と呼ばれる床用レジン（合成樹脂）でできた人工的な歯肉部分に人工歯を配列した補綴装置のこと。歯が1本もないときは全部床義歯（フルデンチャー、FD）であり、歯が1本以上残っていれば部分床義歯（パーシャルデンチャー、PD）である。部分床義歯の場合は、クラスプと呼ばれる留め金（鉤）で残存歯に引っ掛けるように固定する。ブリッジのように隣接する歯を削る必要は基本的にはないが、機能的にも審美的にも劣るうえ、世間の入れ歯に対するイメージから若年者には心理的な抵抗も大きいと思われる。

(53)　金属床義歯

可撤性義歯のうち床部分（ピンク色の部分）の一部をレジンでは

なく金属で作成したもの。レジンによる場合よりも、床部分を薄くできるうえ、レジンと違って熱を伝えるので、機能的に優れているとされる。保険適用外であり、金額も高い。

(54) インプラント

歯が欠損した部分（歯根ごと喪失した部位）を人工的な歯で補綴するために、インプラント体と呼ばれる人工的な金属製の歯根を欠損部に埋入し、埋入したインプラント体の上にアバットメントという支台を装着し、その支台部に上部構造と呼ばれる人工的な被せ物を装着する治療である。

欠損部が多くなれば､埋入するインプラントの本数を増やしたり、埋入した複数のインプラントを支台歯にしてブリッジで補綴したりすることになる。

ブリッジのように隣接する歯を削る必要もなく、審美性も機能性も高い。当然保険適用外であるため、費用も高い。また、構造的な問題から定期的なメンテナンスを受ける必要があるとされている。

(55) 補綴物

クラウン（冠)、ブリッジ、可撤性義歯など歯の欠損部を補綴する装置の総称。

＜歯並び・矯正治療＞

(56) 歯列矯正

不正咬合（歯並びやかみ合わせがよくない状態）を改善するため、矯正装置を用いて行われる治療のこと。審美性や清掃性の改善を目的とすることが多いが、補綴治療の前に、補綴しやすい環境を整備する目的で行われることもある。

(57) 叢生

最も多く見られる不正咬合で、スペース不足のため、歯が前後に重なりあい凸凹になっている歯並びのこと。乱杭歯とも呼ばれる。

㉘　保隙

　　予定より早期に乳歯が抜けてしまうと、隣の歯が倒れてくるなど
して後継永久歯が萌出するスペースが失われ、不正咬合につながる
ことがある。乳歯喪失から永久歯萌出までの間、各種装置を用いて
このスペースを確保することを保隙という。

㉙　保定

　　矯正装置を用いて歯を動かす治療（動的治療）完了後、歯は移動
後の位置に固定されるわけではなく、元の位置に戻ろうとする傾向
がある。この後戻りを防ぐための治療（静的治療）のことを保定と
いい、保定装置またはリテーナーと呼ばれる装置を使用する。

（2）　診療報酬明細書の略語

　歯科における診療報酬明細書の見本と、書式内の用語、略語の意味
は次のとおりである。

○診療報酬明細書（歯科）

様式第三

診療報酬明細書
（歯科）　令和　　年　　月分

○

都道府県番号　　医療機関コード

3 歯科	1 社・国　3 後期	1 単独　2 本外　8 高外一
	2 公費	2 2併　4 六外　0 高外7
	3 3併　6 家外

給付割合　10 9 8　7（　）

保険者番号

公費負担者番号　　　公費負担医療の受給者番号

被保険者資格に係る記号・番号　　　（枝番）

氏名　1男 2女 1明 2大 3昭 4平 5令 ・・ 生

特記事項　　届出　補管　歯初診

職務上の事由　1 職務上 2 下船後3月以内 3 通勤災害

保険医療機関の所在地及び名称

傷病名部位

診療開始日　　年　月　日
診療実日数　　日（　日）
転帰　治癒　死亡　中止

初診　時間外　休日　深夜　乳　乳・時間外　乳・休日　乳・深夜　特連　特地　外安全　外感染

再診　×　時間外×　休日×　深夜×　乳×　乳・時間外×　乳・休日×　乳・深夜×　外安全×　外感染×

管理・リハ　歯管＋＋＋　　補管　義管　実地指＋　P画像×　その他

投薬・注射　内 屯 電 外 注　調　処方×　　　処　　　注×　×

X線検査　全顎　枚　色調×　P混検×　P部検×　基本検査　精密検査　その他
標×　×　S析×　歯運動×　歯検×
パ×　EMR×

処置・手術　う蝕×　保護×　R×　Rコ×　填塞×　Hys×　咬調×
抜　×　感×　×　拔×　根×　加×　加×　生×　　除×　T.cond×　F局
麻×　×　覆×　貼×　拔×　×　根×　×　SPT＋＋　歯清×　P処×　P重防×
SC＋＋×　×　SRP前×　小×　大×　小×　大×
抜歯 乳×　前×　×　臼×　×　埋×　×　切開×
その他

麻酔　伝麻×　浸麻×　その他

補綴　維持管理　印象
歯冠形成　前C　前C　研　咬合
（生単）金硬×　（失単）金硬×　×　試適
既製×　既製×
（前接）×　×　×　前×　＋
金×　金×
支台築造 メタル 前小×　大　その他 前小×　大　　修形×　充形×

歯冠修復及び欠損補綴
金属歯冠修復　乳前小臼×　硬ジ×　光填1×　材1×
前小パ×　乳×　光填2×　材2×
大パ×　仮着×　光充I×
大臼×　装着×　光充II×
CAD（I）×　（II）×　（III）×　　×　×大×　　　×　　レジン×
パ前×　銀前×　パ大×　C（I）×　（II）×　装着×　間接×
パ小×　銀小×　小×　A（III）×　（IV）×　材料×　Br装着×
パ大×　銀大×　大×　コバ×　×　屈曲 不特×　保×

有床義歯
1〜4歯×　双大×　鉤　不双×　人×
5〜8歯×　双小×　特 特γ×　工×
9〜11歯×　造×　腕大×　ンパ×　床修×
12〜14歯×　腕大×　双×
×　腕前×　胸×

その他

摘要

公費分 請求　点　合計　　点
点数 決定　点
患者負担額（公費）　円　決定　点
高額療養費　円　一部負担金減額 割（円）　円

備考　1. この用紙は、A列4番とすること。
　　　2. 朱印の欄は、記入しないこと。

序　章　　　21

○診療報酬明細書（令和6年4月時点の様式）の略称

略　　称	項　　目
歯管	歯科疾患管理料
根管	根面う蝕管理料
エ管	エナメル質初期う蝕管理料
義管	新製有床義歯管理料
実地指	歯科衛生実地指導料
Ｐ画像	歯周病患者画像活用指導料
歯リ	歯科口腔リハビリテーション料
Ｘ線検査　標	Ｘ線検査　標準型
Ｘ線検査　パ	Ｘ線検査　パノラマ
色調	歯冠補綴時色調採得検査
Ｐ混検	混合歯列期歯周病検査
Ｐ部検	歯周病部分的再評価検査
Ｓ培	細菌簡易培養検査
顎運動	顎運動関連検査
菌検	口腔細菌定量検査
EMR	電気的根管長測定検査
基本検査	歯周基本検査
精密検査	歯周精密検査
う蝕	う蝕処置
保護	歯髄保護処置
Ｒコ	象牙質レジンコーティング
填塞	初期う蝕早期充填処置

Hys	知覚過敏処置
咬調	咬合調整
抜髄	抜髄
感根処	感染根管処置
根貼	根管貼薬処置
根充	根管充填
加圧根充	加圧根管充填処置
生切	生活歯髄切断
除去	歯冠修復物又は補綴物の除去
T.cond	有床義歯床下粘膜調整処置
歯清	機械的歯面清掃処置
SPT	歯周病安定期治療
F局	フッ化物歯面塗布処置
P処	歯周病処置
P重防	歯周病重症化予防治療
SC	スケーリング
SRP	スケーリング・ルートプレーニング
	前	前歯のSRP
	小	小臼歯のSRP
	大	大臼歯のSRP
仮着	仮着
装着	装着
充填Ⅰ	充填Ⅰ

序　章　　23

材充Ⅰ	歯科用充填材料Ⅰ
充填Ⅱ	充填Ⅱ
材充Ⅱ	歯科用充填材料Ⅱ
CAD In（Ⅰ）	CAD/CAMインレー（Ⅰ）
CAD In（Ⅱ）	CAD/CAMインレー（Ⅱ）
CAD In（Ⅲ）	CAD/CAMインレー（Ⅲ）
チ冠	チタン冠
前チ	レジン前装チタン冠
根板	根面板による根面被覆
パ前小	金銀パラジウム合金、前歯、小臼歯
パ大	金銀パラジウム合金、大臼歯
銀前小	銀合金、前歯、小臼歯
銀大	銀合金、大臼歯
レジン	レジンによる根面被覆
ポンティック	ポンティック
前装パ前	レジン前装鋳造ポンティック、金銀パラジウム合金、前歯
前装パ小	レジン前装鋳造ポンティック、金銀パラジウム合金、小臼歯
前装パ大	レジン前装鋳造ポンティック、金銀パラジウム合金、大臼歯
前装銀前	レジン前装鋳造ポンティック、銀合金、前歯
前装銀小	レジン前装鋳造ポンティック、銀合金、小臼歯
前装銀大	レジン前装鋳造ポンティック、銀合金、大臼歯

鋳造パ大	鋳造ポンティック、金銀パラジウム合金、大臼歯	
鋳造パ小	鋳造ポンティック、金銀パラジウム合金、小臼歯	
鋳造銀	鋳造ポンティック、銀合金	
CAD冠（Ⅰ）	CAD/CAM冠（Ⅰ）	
CAD冠（Ⅱ）	CAD/CAM冠（Ⅱ）	
CAD冠（Ⅲ）	CAD/CAM冠（Ⅲ）	
CAD冠（Ⅳ）	CAD/CAM冠（Ⅳ）	
装着材料	歯科用合着・接着材料	
リテーナー	リテーナー	
Br装着	ブリッジ装着	
抜歯	抜歯	
	乳	乳歯の抜歯
	前	前歯の抜歯
	臼	臼歯の抜歯
	埋	埋伏歯の抜歯
切開	口腔内消炎手術	
伝麻	伝達麻酔	
浸麻	浸潤麻酔	
補診	補綴時診断料	
維持管理	クラウン・ブリッジ維持管理料	
歯冠形成	歯冠形成	
生単前C	生活歯単冠レジン前装金属冠	

生単金硬	生活歯単冠金属冠・硬質レジンジャケット冠
生単既製	生活歯単冠既製金属冠
失単前C	失活歯単冠レジン前装金属冠
失単金硬	失活歯単冠金属冠・硬質レジンジャケット冠
失単既製	失活歯単冠既製金属冠
生ブ前接	生活歯ブリッジレジン前装金属冠・接着冠
生ブ金	生活歯ブリッジ金属冠
失ブ前	失活歯ブリッジレジン前装冠
失ブ金	失活歯ブリッジ金属冠
窩洞	窩洞形成
印象	印象採得
TeC	テンポラリークラウン
修理	歯冠補綴物修理
咬合	咬合採得
試適	試適
支台印象	支台築造印象
支台築造	支台築造
メタル前小	メタルコア、前歯、小臼歯
メタル大	メタルコア、大臼歯
その他前小	その他のコア、前歯、小臼歯
その他大	その他のコア、大臼歯
修形	う蝕歯インレー修復形成
充形	う蝕歯即時充填形成

金属歯冠修復	金属歯冠修復
乳前小銀	乳歯、前歯、小臼歯、銀合金
前小パ	前歯、小臼歯、金銀パラジウム合金
大パ	大臼歯、金銀パラジウム
大銀	大臼歯、銀合金
硬ジ	硬質レジンジャケット冠
バー鋳　パ	鋳造バー　金銀パラジウム合金
バー鋳　コバ	鋳造バー　鋳造用コバルトクロム合金
屈曲　不特	屈曲バー　不銹鋼及び特殊鋼
保	保持装置
有床義歯	有床義歯
1～4歯	局部床義歯1～4歯
5～8歯	局部床義歯5～8歯
9～11歯	局部床義歯9～11歯
12～14歯	局部床義歯12～14歯
総義歯	総義歯
床適合	有床義歯内面適合法
磁性アタッチメント	磁性アタッチメント
磁石	磁石構造体を用いる場合
キ付根板	磁性アタッチメントにおいてキーパー付根面板を用いる場合
パ前小	金銀パラジウム合金、前歯、小臼歯
パ大	金銀パラジウム合金、大臼歯

銀前小	銀合金、前歯、小臼歯
銀大	銀合金、大臼歯
鋳造鉤	鋳造鉤
パ双大	金銀パラジウム合金、双子鉤大臼歯と大臼歯、又は、大臼歯と小臼歯
パ双小	金銀パラジウム合金、双子鉤犬歯と小臼歯、又は、小臼歯と小臼歯
パ腕大	金銀パラジウム合金、二腕鉤、大臼歯
パ腕犬小	金銀パラジウム合金、二腕鉤、犬歯、小臼歯
パ腕前	金銀パラジウム合金、二腕鉤、前歯
コバ双	鋳造用コバルトクロム合金、双子鉤
コバ腕	鋳造用コバルトクロム合金、二腕鉤
コンビ	コンビネーション鉤
線鉤	線鉤
不・特　双	不銹鋼及び特殊鋼　双子鉤
不・特アリ	不銹鋼及び特殊鋼　二腕鉤レストつき
不・特ナシ	不銹鋼及び特殊鋼　レストなし
間接	間接支台装置
床修理	有床義歯修理
人工歯	特定保健医療材料料　人工歯料

第2　歯科領域の後遺障害認定基準

1　歯牙障害

　「歯科補綴を加えたもの」とは、①現実に喪失又は②著しく欠損した歯牙（歯冠部の体積4分の3以上を欠損）に対する補綴、及び③歯科技工上、残存歯冠部の一部を切除したために歯冠部の大部分を欠損したものと同等な状態になったものに対して補綴したものをいう。

①　「現実に喪失」とは、歯が脱落してしまい、もともと歯があった部位に歯がなくなってしまったことを指す。

②　「著しく欠損した歯牙（歯冠部の体積4分の3以上を欠損）に対する補綴」とは、歯冠破折が生じるなどして歯冠部の4分の3以上が失われた歯に対して補綴冠を装着した状態のことである。

③　「歯科技工上、残存歯冠部の一部を切除したために歯冠部の大部分を欠損したものと同等な状態になったもの」とは、当該歯の受傷範囲自体は、体積の4分の3に満たなくとも、抜髄後に補綴冠を作成・装着するために4分の3以上を削合した状態のことである。

　補綴歯数に算入されるものとしては、継続歯（土台部分と冠部分が一体となったもの。最近はほぼ使われない。）、ブリッジのダミー（ポンティックとも呼ばれるブリッジの架橋部分）、歯冠部の大部分を切除したブリッジの支台歯などがある。

　補綴歯数に算入されないものとしては、可撤性義歯の鉤歯（クラスプ（鉤）と呼ばれる支台装置がかかる歯）、歯冠部の大部分を切除していないブリッジの支台歯、インレー（窩洞に詰める修復物）、脱臼後に固定した歯（補綴処置をしなかったものに限る。）などがある。

　いわゆる親知らずと呼ばれる第三大臼歯は、認定の対象にはならない。

　乳歯の欠損は、後継永久歯が生えないという医師の証明があれば認

序　章　　29

定対象となる。

　既に後遺障害等級に該当する程度の歯科補綴を加えていた人が交通事故によりさらに歯科補綴を加えた結果、上位等級に該当するに至った場合には、加重障害に当たる。

　例えば、既存障害歯4歯に事故によって3歯に補綴したときは、7歯に補綴を加えたものとして12級になるが、既存障害として14級の保険金額を控除する。

　なお、う蝕歯（いわゆる虫歯）の場合は、進行深さによってう蝕症1度（C1）〜う蝕症4度（C4）に分類されるが、残根状態であるC4と診断されている歯は、必ず「著しく欠損した歯牙」に該当するので既存障害歯になる。う蝕が歯髄にまで達しているC3の歯は、場合によっては、既存障害歯になり得るが、う蝕がエナメル質に限局しているC1の歯では、既存障害歯に当たることはまずないと考えられる。

表1　歯牙障害の等級表

障害の程度	等　級
14歯以上に歯科補綴を加えたもの	10級4号
10歯以上に歯科補綴を加えたもの	11級4号
7歯以上に歯科補綴を加えたもの	12級3号
5歯以上に歯科補綴を加えたもの	13級5号
3歯以上に歯科補綴を加えたもの	14級2号

2　咀嚼及び言語機能障害

（1）　咀嚼機能障害

　「咀嚼機能を廃したもの」とは、流動食以外は摂取できないものをいう。

「咀嚼機能に著しい障害を残すもの」とは、粥食又はこれに準じる
程度の飲食物以外は摂取できないものをいう。

「咀嚼機能に障害を残すもの」とは、固形食物の中に咀嚼ができな
いものがあること、又は咀嚼が十分にできないものがあり、そのこと
が医学的に確認できる場合をいい、「医学的に確認できる場合」とは、
不正咬合、咀嚼関与筋群の異常、顎関節の障害、開口障害、歯牙損傷
（補綴ができない場合）等咀嚼ができないものがあること又は咀嚼が
十分にできないものがあることの原因が医学的に確認できることをい
う。

「固形食物の中に咀嚼ができないものがあること又は咀嚼が十分に
できないものがあり」の例としては、ごはん、煮魚、ハム等は咀嚼で
きるが、たくあん、らっきょう、ピーナッツ等の一定の固さの食物中
に咀嚼ができないものがあること又は咀嚼が十分にできないものがあ
るなどの場合をいう。

（2）　言語機能障害

「言語の機能を廃したもの」とは、4種の語音（口唇音、歯舌音、
口蓋音、喉頭音）のうち、3種以上の発音不能のものをいう。

「言語の機能に著しい障害を残すもの」とは、4種の語音のうち2
種の発音不能のもの又は綴音機能に障害があるため、言語のみを用い
ては意思を疎通することができないものをいう。綴音機能とは、「あ」
と「お」を連結させるように、語音を一定の順序で連結させる機能を
いう。

「言語の機能に障害を残すもの」とは、4種の語音のうち、1種の
発音不能のものをいう。

口唇音、歯舌音、口蓋音、喉頭音とは、言語音をつくる構音という

過程において、音がつくられる位置（構音点）によって分類されたものである。

　口唇音は、「ま行音、ば行音、ぱ行音、わ行音、ふ」、歯舌音は、「な行音、た行音、だ行音、ら行音、さ行音、しゅ、し、ざ行音、じゅ」、口蓋音は、「か行音、が行音、や行音、ひ、にゅ、ぎゅ、ん」、喉頭音は、「は行音」である。

　嗄声とは、声帯麻痺による著しいかすれ声のことをいう。

表2　咀嚼及び言語機能障害の等級表

障害の程度	等　級
咀嚼及び言語の機能を廃したもの	1級2号
咀嚼又は言語の機能を廃したもの	3級2号
咀嚼及び言語の機能に著しい障害を残すもの	4級2号
咀嚼又は言語の機能に著しい障害を残すもの	6級2号
咀嚼及び言語の機能に障害を残すもの	9級6号
咀嚼又は言語の機能に障害を残すもの	10級3号
開口障害等を原因として咀嚼に相当時間を要する場合	12級相当
著しいかすれ声（嗄声）（自賠令別表第2備考6）	12級相当

3　舌の異常、咽頭支配神経の麻痺等によって生ずる嚥下障害

　外傷によって舌筋を支配する舌下神経が損傷した場合、舌の筋力が低下し、嚥下障害の一因となることがある。

　迷走神経や舌咽神経から成る咽頭神経叢が損傷した場合、咽頭の運動能力が害され、嚥下障害を生じさせることがある。

表3　舌の異常、咽頭支配神経の麻痺等によって生ずる嚥下障害の等級表

障害の程度	等　級
嚥下の機能を廃したもの	3級相当
嚥下の機能に著しい障害を残すもの	6級相当
嚥下の機能に障害を残すもの	10級相当

4　味覚障害

　味覚をつかさどる鼓索神経や舌咽神経が外傷によって損傷すると、味覚障害が生じることがある。

　「味覚脱失」とは、濾紙ディスク法における最高濃度液による検査により、基本4味質全てが認知できないものをいう。

　「味覚減退」とは、濾紙ディスク法における最高濃度液による検査により、基本4味質のうち1味質以上が認知できないものをいう。

　検査を行う領域は、舌である。味覚障害については、その症状が時日の経過により漸次回復する場合が多いので、原則として療養を終了してから6か月を経過したのちに等級を認定することとされている。

表4　味覚障害の等級表

障害の程度	等　級
味覚脱失	12級相当
味覚減退	14級相当

5　末梢神経障害による局部の神経症状

　外部からの衝撃によって顎顔面部の骨折が生じると、神経が損傷され、損傷した各神経の支配領域に知覚異常などの神経症状が出ること

がある。

　下顎骨の骨折によって、下歯槽神経が損傷すると、オトガイ神経の支配領域である下唇、オトガイ部、歯肉などに知覚異常を生じることがある。

　上顎骨の骨折によって眼窩下神経が損傷すると、同神経の支配領域である頬部や上唇に知覚麻痺が生じることがある。

　また、事故や暴行などと顎関節症との因果関係が認められた場合、顎関節症の一症状である顎関節部の疼痛についても、局部に神経症状を残すものとして後遺障害に該当すると認定されることもある。

表5　末梢神経障害による局部の神経症状の等級表

障害の程度	等　級
局部に頑固な神経症状を残すもの	12級13号
局部に神経症状を残すもの	14級9号

第3　裁判実務における主要な論点（本書の体系）について

1　因果関係

（1）　歯科治療との因果関係

　交通事故事案では、いわゆるむち打ち症といわれる外傷性頚部症候群をはじめとして、整形外科領域の傷害が発生することが多い。それらの傷害については、通院が長期に及んだ際の一定時期以降の治療と事故との因果関係が争われることはあっても、そもそもの傷害の発生自体を争われることは多くないように思われる。

他方で、歯科領域の傷害については、交通事故事案や暴行事案での発生総数はそれほど多くはないにもかかわらず、開始当初の治療から因果関係が争われることも少なくない。

そこで、**第1章第1**において、事故や暴行などの不法行為と歯科治療との因果関係が争われた事例について、因果関係が肯定された事例と否定された事例をそれぞれ紹介するとともに、各事例においてどのような事情を考慮要素としているかについて紹介をしている。

（2）　顎関節症との因果関係

顎関節痛を伴う顎関節症についても、顎関節への外傷が発生因子の一つとされていることから、交通事故事案や暴行事案において発症したと主張されることが多い傷病である。しかし、もともと多くの成人が何らかの顎関節症に関わる症状を有しているとされていることや様々な因子によって発症するとされていることなどから、因果関係が争われやすい。

そこで、**第1章第2**において、不法行為と顎関節症との因果関係が争われた事例について、因果関係が肯定された事例と否定された事例をそれぞれ紹介するとともに、各事例においてどのような事情を考慮要素としているかについて紹介をしている。

（3）　歯科矯正治療との因果関係

歯科矯正治療についても、治療期間が長期間に及ぶことやもともと不正咬合があることも珍しくないことなどから、事故や暴行との因果関係が争われることがある。

そこで、**第1章第3**において、不法行為と歯科矯正治療との因果関係が争われた事例について、因果関係が肯定された事例と否定された事例をそれぞれ紹介している。

2　歯科治療の必要性・相当性

不法行為によって発生した整形外科領域の傷害については、接骨院などで医師以外の施術を受けた場合に、当該施術の必要性・相当性が争われることはあっても、整形外科医が実施した治療に関しては、必要性・相当性が争われることはほとんどないように思われる。

しかし、歯科医師が行ったインプラントなどによる補綴治療については、健康保険適用外の治療で費用も高額になりやすいことなどから、その必要性・相当性が争われることも多いという特徴が認められる。

そこで、第2章では、インプラントの必要性・相当性（因果関係も含む）が争われた事例、オールセラミック冠などの健康保険適用外補綴冠の必要性・相当性が争われた事例について、必要性・相当性が肯定された事例と否定された事例をそれぞれ紹介している。

3　歯科領域の後遺障害と労働能力喪失

歯科領域の後遺障害については、該当するか否かで争われることよりも、労働能力の喪失の有無が争点になることが多い。

そこで、第3章では、歯科領域の後遺障害による労働能力の喪失の発生が主張された事例について、労働能力喪失が認められた事例と認められなかった事例をそれぞれ紹介している。

4　将来治療費

（1）　更新分を含まないインプラント・補綴の治療費

歯を喪失した場合の補綴方法の一つであるインプラントについては、顎骨の成長が止まる20歳前後以降の患者に適用される。だからといって、20歳に満たない被害者について、両隣在歯を削合するブリッジや可撤性義歯（いわゆる入れ歯）の装着を受忍させるのも相当ではない。

そのため、通常は、暫間的な義歯を装着するなどして、歯牙欠損部を保隙しておき、成長を待ってインプラントによる補綴をすることになる。

しかし、仮に被害者が小学生や中学生など20歳になるまでに相当な年数を要する場合、インプラントによる補綴が完了するまで症状固定とならないのは、何かと不都合である。そのため、将来的なインプラント治療費については、将来治療費として請求するのが一般的である。

また、同じように若年者が受傷しているケースでも、抜歯にまでは至っていないが、抜髄をするなどして失活歯になった場合に、将来的な抜歯の蓋然性が高まったとして、将来の治療費として、インプラント治療費を請求することがある。

さらに、受傷者が20歳を超えている場合でも、症状固定時には抜歯をしていないが、歯根が破折しているために将来的に抜歯をして補綴をする必要があるとされるケースや抜歯までは済み、仮の補綴物（いわゆる仮歯といわれる合成樹脂で作られた補綴物）を装着しているものの、最終的な補綴が完了していないケースなど、症状固定後に予定される補綴治療費用を将来治療費として請求することがある。

そこで、**第4章第1**では、症状固定時以降のインプラントやブリッジによる治療費が請求された事例について、将来治療費として認められた事例と認められなかった事例をそれぞれ紹介している。

（2）　将来の更新分の治療費

歯科領域の傷害に対する治療は、欠けた歯質や喪失した歯牙が再生することがないという性質があることから、インプラントやブリッジなど人工物によって、欠損部を補綴するという特徴がある。

口腔内には多くの細菌が存在し、繁殖しやすい条件がそろっている上、食事などの度に咬合による強い負荷がかかり続けるなど、上記の人工物にとっては、過酷な環境であるといえる。

したがって、上記のような人工物については、半永久的に持つもの
ではないというのが通説であり、一定期間経過後には、更新しなけれ
ばならなくともやむを得ないという認識が共通化されていると思われ
る。

　そのため、歯科領域の傷害に対する補綴治療として埋入されたイン
プラントや装着されたブリッジなどに関して、将来、更新する（やり
替える）必要があるとして、その更新にかかる治療費を請求すること
がある。

　そこで、**第4章第2・第3**では、インプラント更新分の将来治療費
を請求した事例と補綴物更新分の将来治療費を請求した事例につい
て、将来治療費が肯定された事例と否定された事例をそれぞれ紹介し
ている。

（3）　将来のメンテナンスのための治療費

　前述のとおり、口腔内は細菌が多く存在し、歯周病やう蝕などの細
菌感染症を予防するために、日々のブラッシングに加え、歯科医院で
の定期的な清掃などのメンテナンスの必要があるとされる。

　特に、インプラント治療は、異物を生体内に直接埋入し、一部が口
腔内に出ている状態であるため、その維持のためには、特に定期的な
メンテナンスが重要である。

　そこで、**第4章第4**では、インプラントや補綴物などに対するメン
テナンス費用を将来治療費として請求した事例について、将来治療費
が肯定された事例と否定された事例をそれぞれ紹介している。

5　歯科領域の傷害・後遺障害と慰謝料

　歯科領域の後遺障害については、労働能力喪失が認められないケー
スが多い。そのような場合でも、後遺障害慰謝料の算定において、労
働能力喪失を認めなかったことを考慮事由にしている裁判事例が存在

している。

　また、歯牙障害については、後遺障害として認定されるには、３歯以上の歯科補綴が必要となる。そのため、補綴歯数が２本以下であると、後遺障害の等級には該当しない。しかし、欠損した歯質や脱落してしまった歯は、現在の技術では再生することはなく、生涯にわたって、障害が残存することになる。そこで、裁判事例の中には、後遺障害基準に満たない歯牙障害について、一定の後遺障害慰謝料を認定しているものもある。

　これらのように、慰謝料の算定において、歯科領域の傷害や後遺障害について考慮している事例を、第5章において紹介している。

6　その他（素因減額・症状固定・既存障害など）

　上記の論点の他にも、歯科領域の傷害と関連したものとして、素因減額、症状固定時期、インプラントが既存障害歯であるか、歯牙障害の判断基準といった論点について判断をした裁判事例が存在しており、第6章では、それらの裁判事例を紹介している。

　以下に、本書で紹介する裁判事例の一覧を掲げる。

裁判事例一覧

裁判事例	掲載ページ
【事例1】 大阪地裁平成6年4月25日判決（交民27・2・514）	169,237 263
【事例2】 東京地裁平成7年12月26日判決（交民28・6・1836）	57
【事例3】 東京地裁平成9年5月13日判決（交民30・3・704）	147,202 226
【事例4】 大阪地裁平成13年8月23日判決（自保1447・20）	147,227
【事例5】 福岡地裁平成16年10月25日判決（平13（ワ）413）	220,235
【事例6】 東京地裁平成17年12月21日判決（自保1637・9）	148,193 203,227
【事例7】 東京地裁平成18年8月1日判決（判時1969・75）	232
【事例8】 東京地裁平成19年5月10日判決（平18（ワ）10629）	170,238
【事例9】 東京地裁平成19年5月25日判決（平18（ワ）20445）	50,121
【事例10】 東京地裁平成19年11月28日判決（平16（ワ）26101）	59
【事例11】 大阪地裁平成19年12月10日判決（交民40・6・1589）	109
【事例12】 東京地裁平成20年1月15日判決（平18（ワ）28618）	149,180
【事例13】 東京地裁八王子支部平成20年5月29日判決（判タ 1286・244）	207,238
【事例14】 東京地裁平成20年8月29日判決（平19（ワ）9150）	171
【事例15】 東京地裁平成20年12月10日判決（平17（ワ）15562）	122
【事例16】 東京地裁平成21年1月30日判決（平19（ワ）32822）	171,233
【事例17】 神戸地裁平成21年3月25日判決（交民42・2・426）	51
【事例18】 東京地裁平成21年9月28日判決（平20（ワ）13996）	123,172

【事例19】 東京地裁平成21年11月30日判決（平20（ワ）28860）	59
【事例20】 東京地裁平成21年12月10日判決（自保1822・58）	181,238
【事例21】 東京地裁平成21年12月22日判決（平20（ワ）34758）	52
【事例22】 東京地裁平成22年1月21日判決（平20（ワ）20853・平21（ワ）17155・平21（ワ）20639）	127
【事例23】 横浜地裁平成22年1月27日判決（自保1825・15）	53,136 249
【事例24】 東京地裁平成22年3月4日判決（交民43・2・279）	60
【事例25】 大阪地裁平成22年3月15日判決（交民43・2・332）	182
【事例26】 東京地裁平成22年3月16日判決（平20（ワ）32939）	124
【事例27】 東京地裁平成22年3月29日判決（平20（ワ）14136）	61
【事例28】 東京地裁平成22年5月28日判決（平18（ワ）10345・平21（ワ）43794）	87
【事例29】 横浜地裁平成22年6月15日判決（自保1830・116）	182
【事例30】 東京地裁平成22年7月7日判決（平21（ワ）23029）	62
【事例31】 福岡地裁平成22年7月15日判決（自保1834・60）	88
【事例32】 東京地裁平成22年7月20日判決（平21（ワ）15137）	184
【事例33】 東京地裁平成22年7月22日判決（交民43・4・911）	137,173
【事例34】 東京地裁平成22年8月31日判決（自保1833・124）	138,239
【事例35】 名古屋地裁平成22年11月5日判決（平20（ワ）3815）	54,174 251
【事例36】 東京地裁平成22年12月20日判決（平21（ワ）36383）	63
【事例37】 東京地裁平成22年12月21日判決（自保1853・85）	116
【事例38】 京都地裁平成23年3月11日判決（平22（ワ）1145）	64

序　章　裁判事例一覧　　41

【事例39】東京地裁平成23年4月27日判決（平21（ワ）19312）	65
【事例40】東京地裁平成23年5月17日判決（平21（ワ）3405）	150,235
【事例41】東京地裁平成23年7月20日判決（平22（ワ）31628）	110,236
【事例42】鹿児島地裁平成23年10月6日判決（自保1863・37）	151,236
【事例43】東京地裁平成23年10月19日判決（平23（ワ）12610）	175
【事例44】横浜地裁平成23年10月25日判決（平20（ワ）4135）	66
【事例45】名古屋地裁平成23年11月18日判決（交民44・6・1441）	204
【事例46】徳島地裁平成23年12月8日判決（自保1868・75）	85,139
【事例47】名古屋地裁平成23年12月9日判決（自保1872・39）	175,212
【事例48】横浜地裁平成24年1月26日判決（自保1876・65）	139,194
【事例49】仙台地裁平成24年2月28日判決（自保1870・28）	100,176 195,212
【事例50】東京地裁平成24年8月21日判決（平24（ワ）2991）	196
【事例51】東京地裁平成24年9月13日判決（自保1885・25）	88
【事例52】東京地裁平成24年11月21日判決（平22（ワ）45759）	66
【事例53】京都地裁平成24年12月17日判決（交民45・6・1478）	67,89
【事例54】神戸地裁平成25年1月10日判決（自保1894・42）	151,197
【事例55】名古屋地裁平成25年1月24日判決（交民46・1・116）	239
【事例56】名古屋地裁平成25年4月19日判決（平24（ワ）1339）	140
【事例57】東京地裁平成25年5月22日判決（平24（ワ）29323）	111
【事例58】横浜地裁平成25年8月8日判決（交民46・4・1083）	102,177
【事例59】千葉地裁平成25年10月18日判決（交民46・5・1365）	152,228
【事例60】東京地裁平成25年11月13日判決（交民46・6・1437）	153

【事例61】 大阪地裁平成25年12月13日判決（平24（ワ）4279）	68
【事例62】 東京地裁平成25年12月27日判決（平23（ワ）35884）	103,185
【事例63】 東京地裁平成26年1月27日判決（交民47・1・83）	205,214 233
【事例64】 大阪地裁平成26年2月28日判決（自保1921・69）	89
【事例65】 名古屋地裁平成26年3月6日判決（平23（ワ）2356）	69,154 240
【事例66】 東京地裁平成26年3月25日判決（自保1925・163）	117
【事例67】 大阪地裁平成26年3月25日判決（平24（ワ）12067）	90
【事例68】 東京地裁平成26年3月28日判決（平23（ワ）27638）	128
【事例69】 名古屋地裁平成26年5月23日判決（交民47・3・667）	154,229
【事例70】 名古屋地裁平成26年7月25日判決（平26（ワ）1706）	241
【事例71】 東京地裁平成26年8月22日判決（平25（ワ）34087）	178
【事例72】 名古屋地裁平成26年8月29日判決（交民47・4・1096）	215
【事例73】 大阪地裁平成26年9月5日判決（平23（ワ）9360）	118
【事例74】 神戸地裁平成27年1月29日判決（交民48・1・206）	200,208 252
【事例75】 東京地裁平成27年1月30日判決（自保1943・75）	215
【事例76】 神戸地裁平成27年3月10日判決（自保1948・61）	209
【事例77】 大阪地裁平成27年4月17日判決（平26（ワ）2879）	155,229
【事例78】 名古屋地裁平成27年7月22日判決（交民48・4・875）	91
【事例79】 東京地裁平成27年9月29日判決（平25（ワ）20502）	92
【事例80】 大阪地裁平成27年10月1日判決（自保1964・51）	142,258
【事例81】 東京地裁平成27年10月14日判決（平24（ワ）35326）	70

序　章　裁判事例一覧　　43

【事例82】 大阪地裁平成27年11月6日判決（平27（ワ）6282）	234
【事例83】 横浜地裁平成27年11月26日判決（平26（ワ）3915）	71
【事例84】 名古屋地裁平成28年5月25日判決（平26（ワ）3552）	93
【事例85】 大阪地裁平成28年5月27日判決（自保1983・136）	156,186 209,216 230
【事例86】 東京地裁平成28年7月20日判決（平26（ワ）22396）	157,178
【事例87】 名古屋地裁平成28年7月27日判決（交民49・4・952）	197,217
【事例88】 名古屋地裁平成28年11月30日判決（自保1992・113）	112
【事例89】 神戸地裁平成28年12月13日判決（平26（ワ）1371）	86,143
【事例90】 名古屋地裁平成28年12月26日判決（自保1995・116）	93
【事例91】 大阪地裁平成29年1月19日判決（平28（ワ）734）	158
【事例92】 東京地裁平成29年1月31日判決（平27（ワ）24970・ 平28（ワ）2798）	118
【事例93】 東京地裁平成29年3月7日判決（平26（ワ）23471・ 平27（ワ）24796）	72,94
【事例94】 大阪地裁平成29年8月30日判決（自保2016・60）	259
【事例95】 名古屋地裁平成29年9月19日判決（自保2002・1）	73
【事例96】 東京地裁平成29年9月28日判決（平28（ワ）35839）	242
【事例97】 福岡地裁平成29年10月17日判決（自保2013・62）	73
【事例98】 東京地裁平成29年10月31日判決（平27（ワ）4642）	74
【事例99】 横浜地裁平成29年12月4日判決（自保2018・75）	113,159 198,217 245

【事例100】名古屋地裁平成30年3月20日判決（交民51・2・330)	205
【事例101】名古屋地裁平成30年8月29日判決（自保2032・60)	75,95
【事例102】東京地裁平成30年8月30日判決（自保2037・40)	75
【事例103】大阪地裁平成30年8月31日判決（自保2033・103)	76
【事例104】大阪地裁平成30年9月14日判決（平29（ワ）10705)	77
【事例105】東京地裁平成30年9月28日判決（平28（ワ）23496)	95
【事例106】大阪地裁平成30年10月1日判決（自保2038・19)	78
【事例107】千葉地裁佐倉支部平成31年1月10日判決（自保2047・32)	160,199 218
【事例108】神戸地裁平成31年1月16日判決（自保2047・48)	129
【事例109】名古屋地裁平成31年1月23日判決（交民52・1・83)	253
【事例110】宮崎地裁平成31年2月1日判決（平29（ワ）477)	124,161 206,230
【事例111】熊本地裁人吉支部令和元年5月29日判決（自保2052・53)	78,130 254
【事例112】神戸地裁令和元年7月24日判決（交民52・4・913)	55
【事例113】大阪地裁令和元年9月27日判決（自保2058・1)	96
【事例114】水戸地裁龍ヶ崎支部令和2年2月20日判決（自保2074・60)	161,231 255
【事例115】札幌地裁令和2年4月17日判決（平30（ワ）1206)	187
【事例116】鹿児島地裁令和2年8月6日判決（自保2082・70)	143,179
【事例117】東京地裁令和2年12月18日判決（自保2089・62)	97
【事例118】大阪地裁令和3年1月20日判決（交民54・1・106)	79

序　章　裁判事例一覧　　45

【事例119】大阪地裁令和 3 年 2 月 5 日判決（交民54・1・242）	125
【事例120】東京地裁令和 3 年 2 月19日判決（自保2092・76）	80
【事例121】大阪地裁令和 3 年 2 月24日判決（平31（ワ）839）	81
【事例122】金沢地裁令和 3 年 2 月25日判決（自保2112・60）	82
【事例123】大阪地裁令和 3 年 4 月22日判決（平31（ワ）3286）	261
【事例124】名古屋地裁令和 3 年 6 月16日判決（交民54・3・743）	56,144
【事例125】京都地裁令和 3 年11月26日判決（令 2 （ワ）2155）	188
【事例126】東京地裁令和 4 年 3 月 2 日判決（判時2550・59）	126,189 200,221
【事例127】京都地裁令和 4 年 3 月17日判決（交民55・2・371）	115,222 236
【事例128】岡山地裁令和 4 年 3 月28日判決（判自499・94）	116,219 245
【事例129】名古屋地裁令和 4 年 5 月11日判決（交民55・3・575）	98,101
【事例130】仙台地裁令和 4 年 5 月20日判決（自保2131・63）	146
【事例131】名古屋地裁令和 4 年 7 月20日判決（自保2136・24）	256
【事例132】名古屋地裁令和 5 年 1 月18日判決（自保2163・80）	162,190
【事例133】東京地裁令和 5 年 1 月23日判決（令 4 （ワ）10388）	83

第 1 章

因果関係

48

第
1
章

第1　不法行為と歯科治療との因果関係

1　解　説

（1）　はじめに

被害者が、事故や暴行などの不法行為によって歯の破折や脱臼・脱落など歯科領域の傷害が生じ、歯科治療を受けたと主張するのに対し、加害者側が不法行為と歯科治療との因果関係を争うケースがある。

本項では、歯科治療と不法行為の因果関係が争われた事例について、裁判事例がどのような事情を考慮して因果関係の有無を判断しているか分析し、因果関係を肯定した事例と否定した事例をそれぞれ紹介する。

（2）　裁判事例の特徴

裁判事例では、①歯科領域の治療開始時期（否定例：事例2、19、24、30、36、38、39、53、95、98、102、103、104、118、120、121、122、133、肯定例：事例9、17、35、112、124）、②事故・加害行為の態様（衝撃の大きさ、受傷の部位など）（否定例：事例38、52、61、97、98、102、120、肯定例：事例9、17、21、124）、③従前の患歯の状態（カルテ、Ｘ線写真）（否定例：事例2、44、65、81、83、121、122、133）、④事故後の患歯の状態・治療経過（否定例：事例2、24、27、38、52、61、81、97、106、111、118、121、133、肯定例：事例23、124）、⑤歯科医師の診断・証言（否定例：事例2、10、81、93、101、肯定例：事例9、124）、⑥事故・加害行為直後の本人の訴え（否定例：事例24、83、97、101、102、111、118、120、121、肯定例：事例9）、などといった事情を判断の要素としている。

特に、①歯科領域の治療開始時期については、判断の基礎としている裁判事例が多い。基本的には、受傷日からの日数が長いほど因果関

係が否定される傾向にある。

　歯科治療を開始した時期や受傷の主張を開始した時期が事故から8か月以上経過している事例では、因果関係を肯定した例は存在しなかった。

　もっとも、単純に期間の長短だけで肯定事例と否定事例を分けられるわけではない。例えば、事故との因果関係を肯定した【事例112】は、事故発生から1か月後に歯科を受診したが、整形外科等の通院状況から不自然ではないとして、歯科治療と事故の因果関係を認めている。また、【事例17】は、事故から約6か月後に痛みを訴えているが、因果関係を肯定している。しかし、事故から約6か月もの間隔が空いていることについて合理的な説明がされておらず、結論としてはかなり疑問が残る。

2　事例紹介

（1）　歯科治療との因果関係を肯定した事例

【事例9】東京地裁平成19年5月25日判決（平18（ワ）20445）

　事故発生日は、平成17年11月2日であり、原告は当時20代の女性、クラブホステス及びコンパニオンをしていた。原告は、路上で第三者と会話していたところ、被告から後頭部を強く押され、前のめりに路上に転倒し、顔面を路上で打ち、上顎左右中切歯、上顎左右側切歯及び上顎左側犬歯、上顎左右第1小臼歯及び上顎右側第2小臼歯を破折するなどしたと主張した。

　被告は、原告が本件不法行為により歯牙打撲及び歯牙破折の傷害を受けたことを争った。

　裁判所は、①原告が転倒した直後、「歯が痛い」と述べ、原告の唇が切れて血が出ていたこと、②原告が本件不法行為当日、直ちに自宅付近の歯医者に通院していること、③平成17年11月16日に原告が歯科医院において歯牙打撲及び歯牙破折との診断を受けていることという事情から、

第1章 因果関係　　　51

本件不法行為と原告の歯牙打撲及び歯牙破折の傷害との因果関係がある
と認めた。

〔コメント〕

　本事例では、受傷直後の原告の言動、不法行為当日に歯科を受診し
ていること、受傷日から2週間後の歯科医院の診断などを根拠に、不
法行為と歯科領域の傷害との因果関係が認められています。

【事例17】神戸地裁平成21年3月25日判決（交民42・2・426）

　　事故発生日は、平成16年1月27日であり、原告は、事故当時54歳の主
婦であった。
　　原告は、本件事故によって、①右上中切歯（右上1番）を打撲し、そ
の衝撃から歯髄炎を生じた後、歯髄が壊死し失活した、②左上臼歯（部
位不明）に施術していたインプラントのアバットメントのネジが破折し
た、③左下第二小臼歯（左下5番）を破折した、と主張した。
　　被告は、原告が本件事故によって歯牙障害を負ったことを争った。
　　裁判所は、①右上中切歯の失活については、原告が本件事故によって
顔面を打撲していることや原告が本件事故後約6か月で右上中切歯の痛
みを訴えていることなどの事情から、本件事故の衝撃によって生じたも
のと認めるのが相当であるとし、②左上臼歯のインプラントのネジの破
折については、それに対する処置が本件事故から約1年5か月後に行わ
れているものの、その処置を行うことによって及ぶ影響を考慮して、処
置を先延ばしにしていたにすぎないとした上で、本件事故による衝撃以
外に上記のネジを破折させるだけの原因が見当たらないことを理由に、
本件事故の衝撃によって生じたものと認めるのが相当であるとし、③左
下第二小臼歯（左下5番）の破折についても、本件事故による衝撃以外
に左下第二小臼歯を破折させるだけの原因が見当たらないとして、本件
事故の衝撃によって生じたものと認めるのが相当であるとした。

〔コメント〕

　本事例では、事故から約6か月後に生じた右上中切歯の疼痛につい
て、事故との因果関係が認められています。外傷によって、歯髄炎が

生じ歯髄が壊死することは生じ得ますし、また、その期間が６か月であることもあり得ます。しかし、もともと原告のカルテには「右上中切歯がう蝕症第三度急性化膿性歯髄炎」という記述がありますが、これは、「う蝕」つまり俗にいう虫歯によって歯髄が細菌に感染し、歯髄に炎症が生じたことを示すものです。また、歯髄炎から歯髄壊死となったのであれば、歯髄炎の段階で自発痛など何らかの症状が発生することが多いですが、それらがあったこともうかがえません。したがいまして、右上中切歯の傷害と事故との因果関係を認めた裁判所の判断には疑問が残ります。

また、同じく、左上臼歯部のインプラントについて、本件事故によってアバットメント（顎骨に埋入されたインプラント体と連結され、上部構造を支持するための支台の部分になるもの）のネジが破折したと認定されています。しかし、これに対する処置は、事故から約１年５か月も経過してからなされており、その理由も「その処置を行うことによって他の症状が生じたときに、その症状が本件訴訟に及ぼす影響を考慮して、その処置を先延ばしにしていた」というよく分からないものですので、裁判所の判断には疑問を覚えます。

【事例21】 東京地裁平成21年12月22日判決（平20（ワ）34758）

不法行為日は、平成19年11月17日。

飲み会に参加していた原告は、三次会に参加するために路上を歩行していたところ、小走りで近づいてきた被告に、背後から背中に強く衝突され、前のめりに転倒し、顔面を路上で強く打ち付けて受傷したと主張。

原告は、被告の上記行為により、上顎前歯３本の歯牙破折及び急性単純性歯髄炎並びに下前歯が奥に窪んだ状態となる傷害を負ったと主張した。

裁判所は、原告の主張する事故状況から、被告と衝突したことによって原告が顔面を路上に打ち付けて歯牙に傷害を負ったと認定した。

第1章　因果関係　　　53

〔コメント〕

　原告の受けた歯科領域の傷害は、上前歯（部位不明）3本の歯牙破折及びそれに伴う急性単純性歯髄炎です。判決文には、これらの傷病に対する具体的な治療内容は記載されていませんが、治療費の「40万9,250円」が認定されていることからすれば、破折した歯の抜髄処置（神経をとる治療）をした後にセラミック冠で補綴したものと思われます。

【事例23】横浜地裁平成22年1月27日判決（自保1825・15）

　事故発生日は、平成12年1月17日である。事故当時35歳の原告は、歯科領域の治療について、平成12年3月3日から平成19年4月6日まで2,592日間（7年35日間）通院した。歯科領域の治療の症状固定日は、平成19年4月6日であった。

　原告は、自賠責保険による後遺障害等級認定においては、①画像に骨折などは見受けられないこと、②事故直後のカルテ上に開口障害や歯牙破損などを認めた記載もないこと、③本件事故外傷によるものと捉えるに足りる医学所見に乏しいこと、以上を理由に、歯科的症状と本件事故との因果関係が否定された。

　原告は、本件事故に遭う直前の平成11年12月頃まで、歯科に通い、そこでの治療終了時には、親知らずを除く成人の歯28本のうち、10本が欠損し、本件事故前の原告の残存歯数は18本であった。また、残存歯は、FCKを装着した歯が4本、前装冠を装着した歯が7本の合計11本と、ブリッジが3箇所存在した。

　原告は、C病院初診時以降、自発痛、違和感、歯周の蝕痛、咬合痛などを継続的に訴え、排膿等も時折出現し、ブリッジが離脱したり、個別の歯が次々と不具合となっては補綴をしたり、抜歯をしたりした。平成15年7月15日には、歯根膜炎を理由に、上右7番〜4番、上左1番、2番、4番〜7番、下右7番〜3番、下左2番、4番、6番、7番を根治し、右上下1番、左上3番の根管処置をした。更に、平成16年7月には口腔過敏により義歯の装着不全を訴え、平成16年11月に右下1番抜歯、平成17年1月左下4番根管充填処置、同年2月下顎義歯調整、同年3月

右下2番抜歯、同年5月下顎義歯修理、同年12月左下3番抜歯、平成18年1月左下1番抜歯、同年5月上下顎部分床義歯作成、同年8月左下2番、3番RF処置、同年11月左下5番残根処理、平成19年6月上下顎総義歯作成をした。

原告は、歯科症状と事故との因果関係があると主張し、18歯に対し、歯科補綴を加えているため後遺障害等級は10級3号に該当すると主張した。

被告は、原告が事故前に10歯を欠損していたことなどから、事故後の歯科補綴18歯は、本件事故前から行っていた歯科治療が継続し、歯科補綴がたまたま本件事故後にされたに過ぎないとし、本件事故と18歯の歯科補綴との間の因果関係がないと主張した。

裁判所は、「原告は、本件事故による顔面打撲により、歯科的症状を惹起され、その結果、次々と歯科的不具合を惹起した末、18歯の補綴を受けるに至ったことが認められる。」として、全ての歯科治療と本件事故との因果関係を認めた（ただし、素因減額をしている。）。

〔コメント〕

事故発生から約3年6か月後の歯根膜炎を理由とした根管治療以降の治療は、事故から経過している年月からすれば、事故に起因した傷害あるいはそれに対する治療として捉えることは、歯科医学的な判断基準によれば困難であると思えます。したがって、平成15年7月15日以降の歯科治療について、事故との相当因果関係を認めること自体に疑問を覚えます。

【事例35】名古屋地裁平成22年11月5日判決（平20（ワ）3815）

事故発生日は、平成19年2月6日。

原告は、本件事故で顔面を強打したことにより、右上3番の歯牙を喪失し、右上5、4、2、1番の歯牙にも動揺を来したとして、その治療費の合計721万3,500円（税込）を請求した。

被告らは、原告が顔面を強打したことや事故によって右上3番を喪失

第1章　因果関係　　　　55

したことやその他の歯が動揺したことを争った。

　裁判所は、右上３番の脱落について、「通常、口腔内で他の歯牙が喪失しても最後まで残る歯牙である」として、外傷以外で「脱落することは余り考えられない」として、事故との因果関係を肯定。また、事故発生から17日後に初めて歯科に通院した点についても、「もともと高度な歯周病があり、そのために抜けてしまった歯があったにもかかわらず、歯科医に通院していなかった原告のことであるから、必ずしも不自然であるとはいえない。」とした。また、３番の他に右上５番、４番、２番、１番の動揺も本件事故によるものと認定した。ただし、もともと重度の歯周病があったことを理由に素因減額をしている。

〔コメント〕

　原告は、高度に進行した歯周病に罹患していました。原告の年齢は不明ですが、子どもを幼稚園に自転車で送迎していたという事実からすれば、それほど高齢ではないと思われます。したがって、原告は、多くの成人が罹患しているとされる成人性歯周炎とは異なり、若年性歯周炎など早期発症型歯周炎に分類される歯周炎に罹患していたと考えられます。この場合、そもそも歯の脱落と事故との因果関係を認めるべきかという問題がありますが、本事例では因果関係を肯定した上で素因減額をしています。

【事例112】神戸地裁令和元年７月24日判決（交民52・４・913）

　事故発生日は平成29年２月４日であり、原告は事故当時31歳であった。

　原告は、平成29年３月５日から同月20日まで歯科医院に通院（実通院日数２日）した。

　原告は、本件事故により、左下６番のオールセラミック冠が破折したため、歯科医院で治療を受けたものであり、その治療費は本件事故と因果関係がある損害であると主張した。

　被告らは、歯科医院での治療については、初診が本件事故から１か月経過していることを理由に、本件事故との因果関係が不明であると主張

した。

　裁判所は、原告の歯科医院の初診が本件事故から約1か月経過した後であることについては、整形外科関係の医療機関への通院状況、受傷内容に照らして、整形外科関係の傷害の治療を先行させたものと推認できるとして、歯科医院での治療も本件事故と相当因果関係があるものと認めるのが相当であるとした。

〔コメント〕

　本事例は、事故から歯科受診までに約1か月の期間があったにもかかわらず、事故と歯科領域の傷害との因果関係を認めた点に特徴があります。

【事例124】名古屋地裁令和3年6月16日判決（交民54・3・743）

　事故発生日は平成26年11月26日であり、原告は事故当時22歳であった。
　原告は、歯科医院に平成26年11月27日〜平成28年7月9日（実通院132日）通院した。
　原告は、右上5番、右上4番、右上3番、右上2番、右上1番、左上1番、左上2番、左上3番、左上4番、左上5番、左上6番、左上7番、左下7番の計13歯について、歯冠破折、歯根破折、亜脱臼の傷害を負ったと主張した。
　原告は、左上6番と左下7番の計2歯については歯冠修復処置を受け、右上2番及び左上1番を抜歯し、右上5番、右上4番、右上3番、右上1番、左上2番、左上3番、左上4番、左上5番の計8歯について抜髄処置の上、ジルコニア製ブリッジによる補綴治療を受け、左上7番については抜髄後、補綴冠による治療を受けた。
　被告は、原告の歯牙のうち、右上2番と左上1番に歯根破折が認められる以外に、歯冠破折や歯根破折、歯根膜腔の拡大が認められる歯牙はないこと、また、脱臼についても、せいぜい右上1番に亜脱臼の可能性があるにとどまるなどとして、本件事故に起因する歯牙破折・脱臼が認められるのは、多くとも右上2番、右上1番、左上1番の3歯にとどまると主張した。

裁判所は、本件事故により受傷した歯が、右上２番、左上１番の歯根破折並びに右上１番の亜脱臼（可能性）に限られるとした上で、７本の歯の抜髄処置をしたのが事故発生から15日間という短期間に行われていることなどを理由に、上顎前歯部の欠損部をブリッジ（支台歯は右上５番、右上４番、右上３番、右上１番、左上２番、左上３番、左上４番、左上５番）で補綴すること、及び、その前処置として抜髄することの相当性を認め、歯科治療と事故との因果関係を認めた。

〔コメント〕

　裁判所は、被告の主張どおり、事故と因果関係のある傷害を負った歯が右上２番、左上１番、右上１番の３本と認定しましたが、抜歯した右上２番と左上１番の箇所を補綴する方法として、右上５番、右上４番、右上３番、右上１番、左上２番、左上３番、左上４番、左上５番の計８歯を支台歯とするブリッジを相当と認めました。しかし、抜けた歯が右上２番と左上１番の２本だけであることからしますと、支台歯にする歯は、22歳という原告の年齢を考慮すれば右上３番、右上１番、左上２番、左上３番の４本程度で足りるのが一般的であると考えます。支台歯の本数が増えれば、その分、治療費も増加したり、後遺障害の等級も上がったりすることを考えますと、支台歯８本全てについて因果関係を認めることは疑問です。

　なお、本事例では、被告から出された意見書に対して、原告の治療をした歯科医師から反論の意見書が出され、さらに、被告側から意見書が出されるという応酬がされている点が珍しい点です。

（２）　歯科治療との因果関係を全部又は一部否定した事例
【事例２】東京地裁平成７年12月26日判決（交民28・6・1836）

　事故発生日は、昭和63年12月１日である。
　原告は、本件事故による歯への直接打撃及び頚椎捻挫により顎関節症

となったため、顎関節症などの治療を歯科医院で受けたこと、近い将来に左下4番ないし左下7番の歯の抜本的な治療が必要であることを主張した。

原告は、平成元年2月15日から平成3年10月23日までの上記歯科医院での治療費1万2,240円と、平成3年10月23日以降の歯科の将来治療費164万8,000円を請求した。

被告は、顎関節症自体の定義が不明である上に、原告が本件事故により歯を打っておらず、歯科医院での治療は本件事故と因果関係を欠くとして争った。

裁判所は、原告の歯科治療費のうち、左上5番の治療については、原告が本件事故により顔面の左側をぶつけ、その時に左上5番の歯を損傷したことを認定し、本件事故との間に因果関係を否定すべき反証は存しないとして認めた。顎関節症については、原告の主治医の供述をもとに否定し、左下4番ないし左下7番の歯の抜本的な治療と本件事故との因果関係についても、治療開始時期（左上5番を治療した時期より2年以上後に治療をしていること）や従前の患歯の状態（X線写真）などを根拠に否定した。

その結果、歯科治療費のうち、1,060円に限って本件事故による損害であると認定した。

〔コメント〕

裁判所は、ブリッジの破損と事故との因果関係を否定する理由の一つとして、X線写真からブリッジの破損が判然としないことを挙げていますが、ブリッジに使用される材料のうち、ジルコニアや金属など多くの材料は、X線写真では真っ白に写ってしまいます。そのため、実際に破損部分があったとしても、それが判然としないこともあり得ると思われます。したがって、原告（患者）側としては、事故によってブリッジなどの補綴物が破損した場合には、X線写真だけではなく口腔内写真の撮影を治療機関に求めておく必要性が高いと考えます。

第1章　因果関係　　59

【事例10】東京地裁平成19年11月28日判決（平16（ワ）26101）

事故発生は、平成7年10月25日。原告は、症状固定時35歳であった。
原告は、事故により歯槽骨骨折の傷害を負い、12本の歯に対する治療が必要であるとして、症状固定までの歯科治療費72万5,996円と将来のインプラント補綴治療費267万円を請求した。
被告は、歯科治療費については、事故当時原告の口腔内からの出血その他の傷害が見られなかったことや治療開始が本件事故後約1か月経過した時点であることなどを根拠に本件事故と因果関係がないと主張した。
裁判所は、事故後の原告の言動や歯科医院以外の診療報酬明細書の記載内容などから、原告の口腔内の傷害の存在を否定し、歯科治療費をいずれも認めなかった。

〔コメント〕

本事例は、事故直後に受診した病院の診療報酬明細書に歯科関連の傷病の記載がないことなどを理由に事故と歯科治療の因果関係が否定されたケースです。原告は、歯が折れたのを自覚したのは、「…事故直後、食事中に私も歯が折れた。」からであると述べていますが、通常の食事によって歯が折れるほどの状態になっていたのであれば、事故によってかなり大きな衝撃が歯に加わり、歯に破折線が生じるなどしていたはずです。そうだとすれば、食事をして破折するまで自覚がなかったというのは不自然に思えます。この点からしても、歯科治療との因果関係を否定した裁判所の判断は妥当だと考えます。

【事例19】東京地裁平成21年11月30日判決（平20（ワ）28860）

事故発生日は平成18年8月28日。自転車の被告（当時68歳）に対する債務不存在確認訴訟である。
被告は、「本件事故で、歯根のないブリッヂの部分と前歯を痛めた。抜けた歯、砕けた歯もある。治療には、約1年半から2年、インプラント

治療にした場合、さらに1年以上を要し、費用は、30万7,660円～64万5,200（最終補填物を自費にした場合）～470万7,000円（インプラント治療にした場合）を要する。」と主張した。

原告は、「被告は、本件事故後、歯科医院に通院し治療を受けておらず、本件事故によって歯牙損傷があったとは考え難い。本件事故の5年前と本件事故の2年後とを比較すると、右下8番が欠損し、右下7番のブリッジが脱落していることが認められるが、もともと被告の口内状況は悪く、歯周病も進行していたこと等からすると、本件事故との因果関係は認められない。」と主張した。

裁判所は、被告が事故から2年間も歯科治療のために歯科医院を受診していないことを理由に、歯科治療費と本件事故との因果関係を認めなかった。

〔コメント〕

裁判所は、本件事故と被告の歯科領域の傷害との因果関係を否定していますが、事故から約2年間も歯科を受診していないことからすれば、歯科医学的な見地からしても事故との因果関係を肯定することは難しいと思われます。

【事例24】東京地裁平成22年3月4日判決（交民43・2・279）

事故発生日は、平成15年7月31日。原告は、「本件事故により、上下11本の歯を喪失あるいは歯冠部の大部分を欠損し、上下の噛み合わせが悪くなり、歯痛に悩まされるなどした。」と主張し、平成16年5月26日から平成20年2月9日まで歯科医院で19本の歯について歯科補綴を施し、歯科治療費18万3,210円を要したと主張した。

原告は、本件事故直後に歯科を受診できなかった理由については、本件事故により生じた低髄液圧症候群の症状のためであると主張した。

被告らは、原告が事故後に受診した病院の診療録に「原告が歯の痛みを訴えている事実や食事について病院側が特別な配慮をした事実」が記載されていないことを根拠に、本件事故と歯の傷害の因果関係を争った。

裁判所は、低髄液圧症候群の発症も認めなかった上で、歯科受診が事

第1章　因果関係　　61

故の10か月後であること、入院中に歯の症状を訴えていないこと、入院中の食事が粥ではなく常食だったこと、退院後も歯科に行っていないことなどを理由に歯の傷害と事故との因果関係を否定した。

〔コメント〕

　結論としては歯科領域の傷害と事故との因果関係が否定されましたが、19本の歯に対する補綴治療の治療費として請求されている金額が18万3,210円に過ぎないことからすれば、原告が受けた治療内容は健康保険適用のものであったと推測できます。

【事例27】東京地裁平成22年3月29日判決（平20（ワ）14136）

　平成16年11月1日事故発生。

　原告は、本件事故によって左膝・骨盤部打撲、左上1番の外傷性歯牙脱臼の傷害を負った。このうちの左上1番の外傷性歯牙脱臼につき、原告は、平成16年11月1日から同年12月22日まで、Ａ歯科で通院治療を受けた。

　原告は、「左上1番のほか、本件事故によって右上2番、1番及び左上2番の外傷性歯牙脱臼の傷害を負った。また、右上2番から左上2番までの破折、さらに、右上3番の破折の傷害も負った。このため、原告は、平成17年1月6日から平成19年1月15日まで、Ｂ歯科で通院治療を受けた。」と主張し、Ｂ歯科の治療費187万1,000円を請求した。

　被告らは、原告の左上1番を除く外傷性歯牙脱臼について、原告が本件事故発生後約2か月間治療を受けたＡ歯科で症状が一切認められていないから、本件事故との相当因果関係が否定されると主張した。

　裁判所は、①Ａ歯科の歯科医師が、本件事故発生当日から2か月弱にわたって原告を治療したにもかかわらず、原告の診療録又は診断書に、左上1番の外傷性歯牙脱臼以外の具体的な傷病名、その存在をうかがわせる主訴、所見等の記載を残していないこと、②左上1番の外傷性歯牙脱臼の治療に当たっても、これを周囲の右上2番から左上3番までとシーネで固定する歯牙再植固定術を行っていることという事実などから、原告がＡ歯科で治療を受けた間、左上1番の周囲の歯である右上2番、

１番及び左上２番の歯牙脱臼及び歯牙破折並びに右上３番の歯牙破折は認められなかったことが推認されるとした。

それらの事情を踏まえた上で、裁判所は、原告の左上１番以外の歯牙脱臼及び歯牙破折の受傷並びにＢ歯科での治療は、本件事故との相当因果関係を肯定することができないとした。

〔コメント〕

裁判所は、左上１番の歯以外の歯科領域の傷害について事故との因果関係を否定していますが、裁判所の認定した事実からすれば歯科医学的にも妥当な判断であると考えます。

【事例30】東京地裁平成22年７月７日判決（平21（ワ）23029）

事故発生日は、平成19年２月16日。

原告は、平成19年４月16日から同年５月21日までの期間中計６回、歯科医院を受診した。

原告は、本件事故によって左上７番の歯が破折したとして、その治療費として１万3,610円を請求した。

裁判所は、事故から２か月後に歯科を受診していることと事故直後に歯の不調を感じたということの不整合を指摘し、上記治療費１万3,610円を本件事故と因果関係のある損害とは認めなかった。

〔コメント〕

原告は、事故によって左上７番の歯が破折したと主張していますが、診断書にあるように歯髄近くに破折が及んでいたのであれば、冷水痛、温痛、自発痛などといった症状が出ていた可能性が高いと思われますので、因果関係を否定した裁判所の判断は妥当なものと考えます。

裁判所は、事故との因果関係を認めませんでしたが、外傷により視診で分からない程度のわずかな亀裂が発生し、そこから歯髄が細菌感染し、遅れて歯髄症状が出てくることもあります。その場合は、いつもどおりの日常生活を送ることができるくらいの不快感があるかない

第1章　因果関係　　63

か程度の症状で推移することもあり、因果関係の有無の判断は難しい
ところです。

【事例36】 東京地裁平成22年12月20日判決（平21（ワ）36383）

平成19年10月15日事故発生。

原告は、平成19年11月2日から同年12月10日までの間、歯科医院にて
右上4番、右上3番、右上2番、右上1番、左上1番、左上2番、左上
3番、左上4番、右下3番、右下2番、右下1番及び左下1番、左下2
番、左下3番の14歯について外傷性歯牙破折症と診断され、歯科補綴を
施された。

原告は、自賠責により、右上3番、右上2番、右上1番及び左上1番、
左上2番、左上3番の6歯の歯牙障害は本件事故との因果関係があり、
本件事故による後遺障害は「5歯以上に対し歯科補綴を加えたもの」と
して後遺障害等級13級に該当すると判断された。

訴訟では、右上4番、左上4番、右下3番、右下2番、右下1番及び
左下1番、左下2番、左下3番の8歯の歯牙障害と本件事故との因果関
係が争点になった。

裁判所は、本件8歯につき視診又は補綴前画像によって破折線等を認
めることはできなかったこと、本件8歯に知覚過敏による痛みがあった
としても知覚過敏の発生原因が外傷に限られないこと、本件事故から初
診までの間に2週間以上が経過していることなどの理由から、原告の主
治医の判断ではなく自賠責の判断を重視し、上記8歯と本件事故との因
果関係が認められないとした。

〔コメント〕

「知覚過敏」は、様々な原因で歯の象牙質が露出してしまうと生じ
るものですが、珍しい疾患ではありません。本裁判事例は、知覚過敏
の発生原因を詳細に挙げて、事故との因果関係を否定する根拠の一つ
としている点に特徴があります。

第1章　因果関係

【事例38】 京都地裁平成23年3月11日判決（平22（ワ）1145）

平成21年4月7日事故発生。

被告運転の普通乗用自動車と原告運転の普通自動二輪車が衝突した事故であった。

被告は、平成21年5月16日、歯科医院を受診したが、その際の所見は、打撲による右上1番歯冠破折、左上1番・左上3番ブリッジ破折、左上4番・左上6番打撲による歯周炎で、受傷日は同年4月7日とされていた。被告は、その後、平成21年12月から少なくとも平成22年6月まで同医院に継続的に通院した。

被告は、事故時の状況について、「本件事故により被告車は揺れ、被告は、シートベルトをしていたが、口の辺りをハンドルのグリップにぶつけ、さらに額を前面ガラスにぶつけた。」と主張した。

裁判所は、「シートベルトを装着していた被告の顔面の一部が、前方から転倒滑走してきた自動二輪車の衝突の衝撃でハンドルのグリップやフロントガラスに当たるとは通常考えられない。」とした。その上で、「本件事故の際、ハンドルのグリップに口の辺り又はあごをぶつけたと認めることができない以上、その原因が本件事故にあるとは断定できない。」として、本件事故と歯科治療との因果関係を否定した。

被告は、上記の歯科とは別の歯科にも平成21年12月6日にも通院していたが、「8か月前の本件事故との因果関係を認めることはできない。」として同歯科での治療についても本件事故との因果関係を否定した。

〔コメント〕

裁判所は、事故態様からすると被告が口や顎の辺りをぶつけることはないとして、事故と歯科領域の傷害との因果関係を否定していますが、被告が主張する傷害からすれば、事故から1か月以上も歯科を受診しないことは考え難いですので、この点からしても、事故と歯科領域の傷害との因果関係を認めることは困難であると考えます。

第1章　因果関係　　65

【事例39】 東京地裁平成23年4月27日判決（平21（ワ）19312）

平成19年6月28日に事故が発生し、原告は当時61歳であった。

原告は、A歯科に平成19年7月12日から平成20年8月5日まで（実36日）通院した。A歯科では、左上1番と右上6番については本件事故による歯冠破折や亜脱臼である一方、右下7番・右下6番、左下5番・左下6番・左下7番については本件事故前からの喪失歯と診断された。

原告は、A歯科で、左上1番についてはメタルボンドによる歯科補綴を、右上6番については抜歯の上インプラント、ハイブリットクラウンによる歯科補綴を、それぞれ受けた。

原告は、B歯科に平成21年2月14日から同年4月8日まで（実7日）通院したが、B歯科作成の診断書には、本件事故による障害歯は5歯（右上6番、左上1番・3番、右下6番、左下5番）、既存障害歯は4歯（左上6番、右下7番、左下6番・7番）などと記載されている。

原告は、自賠責保険の後遺障害等級認定手続を受けたところ、平成22年2月、歯牙障害については、本件事故による障害歯は2歯（右上6番、左上1番）、既存障害歯は6歯（左上6番、右下7番・右下6番、左下5番・左下6番・左下7番）として、現存障害は12級に、既存障害は13級に該当する加重障害と判断された。

裁判所は、本件事故による障害歯は左上1番の1歯のみ、既存障害歯は右上6番、左上3番・6番、右下7番・6番、左下5番・6番・7番の8歯と認めるのが合理的であるとして、A歯科での右上6番に対するインプラント補綴については事故との因果関係を認めなかった。また、B歯科の治療についても、本件事故から1年半以上が経過してからの受診であることなどから因果関係を認めなかった。

〔コメント〕

本事例の原告は、右下7番・右下6番、左下5番・左下6番・左下7番について、事故前から欠損していたと判断されています。世の中には、意外にも歯が抜けた部位を何も補綴しないで放置している人も結構います。

第1章　因果関係

【事例44】 横浜地裁平成23年10月25日判決（平20（ワ）4135）

平成18年9月25日事故発生。

原告は、「本件事故の受傷による入院等のため、本件事故以前からの歯科治療の継続が不可能となり、その結果として症状が悪化したため、2本（右上5番、右上6番）の抜歯を余儀なくされ、同所に義歯を装着した。」として、歯科治療費26万7,260円を請求した。

被告は、原告は、「本件事故前から歯周病にり患しており、また7本の永久歯を欠損していた。そして、本件事故による治療の中断が原因で、歯牙2本を欠損したとの事実は認められない」として、歯科治療と本件事故との因果関係はないと主張した。

裁判所は、「右上5番は平成15年3月26日に抜髄していることや、隣接する歯である6番の歯周病が進行していたことなども考慮すると、抜歯は歯周病の進行が原因であり、原告の歯周病は本件事故前から相当程度進行していたのであるから、本件事故による治療中断がなくとも症状悪化を防止できず抜歯を免れなかった可能性は高く、また、本件事故がなければこれを免れたものと認めるに足りる証拠はない。」として、事故と歯科治療との因果関係を否定した。

〔コメント〕

本事例は、事故による外傷など直接的な影響ではなく、事故によって治療継続が困難になったという間接的な影響による因果関係を主張しているケースですが、歯科医学的にも因果関係を認めるのは困難と思われます。

【事例52】 東京地裁平成24年11月21日判決（平22（ワ）45759）

事故発生日は、平成21年8月5日であり、原告は本件事故当時59歳であった。

原告は、歯科医院に平成21年8月11日から同年10月15日までの間に5回通院した。

原告は、平成21年8月11日、右側上顎犬歯の脱落を訴えて同医院を受

第1章　因果関係　　　　　　　　　　　　　　　　　　67

診し、右上犬歯（右上3番）破折の診断を受けた。

　裁判所は、「①本件事故後当初は本件第1事故においてサンバイザー付近にぶつかり歯が折れたと述べていたにもかかわらず、その後、本件第1事故と本件第2事故のいずれにより生じたかは分からない、フロントガラスにぶつかって歯が折れたと思うと述べるに至ったこと、②上顎右上犬歯のレントゲン検査の結果では、歯の破折により神経にも損傷が生じていることがうかがわれるが、本件事故の際、原告は歯が折れたことには気が付かず、血も出ていなかったこと、③原告は、証拠となる欠けた歯を原告車内で発見し、これをB歯科医院に持参したところ、同医院医師から欠けた歯と整合する旨言われたと述べるが、同医院における医療記録上かかる記載は一切無く、本件訴訟においてもその写真等何ら証拠として提出されていないこと、などの事情を考慮すると、本件事故により原告主張の上記傷害が生じたと認めることはできない。」として、原告の右上3番の脱落と事故との因果関係を否定した。

〔コメント〕

　右上3番の破折と事故との因果関係を否定する結論自体は妥当ですが、歯が折れてもそれほど出血しないことも多いことからしますと、事故時に「血も出ていなかったこと」を根拠にすることには若干疑問を覚えます。なお、歯科医院では、破折した箇所や破折片を写真撮影することは少ないと思いますので、被害者自身で撮影しておく必要があると思います。

【事例53】京都地裁平成24年12月17日判決（交民45・6・1478）

　事故日は平成13年12月4日。

　原告は、歯科医院に平成14年5月9日及び同月17日に通院した。また、原告は、インプラントセンター（歯科）に平成16年7月12日から同年8月23日まで通院した。

　原告は、本件事故により歯茎腫脹、前歯欠損、顎関節症となり通院したと主張した。

　裁判所は、原告の歯科医院とインプラントセンターの通院・治療につ

いて、「原告がc歯科医院に通院したのは同事故から約5か月経過後であり、dインプラントセンターに通院したのは、それから更に2年以上の空白期間を経た後であるところ、同事故と上記各傷害との間の因果関係、同事故と上記各通院に係る治療費等との間の相当因果関係を認めるべき客観的証拠は存在しない。」として、事故との因果関係を否定した。

〔コメント〕

　原告が歯科医院に通院したのが事故から約5か月経過後であることやインプラントセンターへの通院が更にその2年後であることであることからすれば、歯科医学的にも歯科領域の傷害について事故との因果関係を否定した結論は妥当であると考えます。

【事例61】大阪地裁平成25年12月13日判決（平24（ワ）4279）

　事故発生日は、平成22年2月12日。

　原告は、歯科クリニックに平成22年2月14日ないし同年10月3日（実通院日数10日）まで通院した。

　原告は本件事故により、頚椎捻挫、腰部挫傷、頭部打撲、眉間部擦過創、視力低下及び歯牙外傷等の傷害を負ったと主張した。

　被告らは、「本件事故において、原告車及び被告車の速度は低速であったこと、並びに双方車の損傷がほとんどなく事故による衝撃が極めて軽微であったことに照らし、本件事故によって、原告が主張するような傷害が生じたとは考えられず、因果関係がない。」と争った。

　裁判所は、歯科クリニックの診療録に「ぐらつく（じこで）」、「そのよこもさしばうごいた」との記載及び「外傷性歯牙脱臼時の暫間固定」との記載があることを認定しつつ、「本件事故により原告の身体に生じた衝撃の程度は小さいこと、原告は、歯牙欠損が生じ、補綴物が取れたと供述するが、それほどの衝撃であれば、口腔内に何らかの傷などがあると考えられるが、それがない（原告本人）ことなどからすれば、歯牙外傷等と本件事故との因果関係を認めることはできない。」として、事故と歯科治療との因果関係を認めなかった。

第1章　因果関係　　69

〔コメント〕

　歯科の診療録に「ぐらつく（じこで）」、「そのよこもさしばうごいた」
などと、事故によって歯が動揺したかのような主訴の記載がありま
したが、裁判所は、事故態様から歯科領域の傷害と事故との因果関係
を否定しています。診療録に記載されている主訴は、あくまで患者の
訴えをそのまま記載するものです。そのため、診療録に記載されてい
たとしても医学的な裏付けのあるものではありませんので、裁判所は
事故態様を重視したものと考えられます。

【事例65】名古屋地裁平成26年3月6日判決（平23（ワ）2356）

　事故発生日は平成20年1月25日であった。
　原告によれば、左下1番及び左下2番が平成20年2月6日に脱落した。
　原告は、平成20年2月16日から平成21年3月31日までの間に60回歯科
医院に通院し、左下2番、同3番、右下2番、同3番の抜髄、根管治療
の上で同4歯を支台歯とする左下3番から右下3番のブリッジによる補
綴、右上7番の抜髄、根管治療、左上6番及び同7番の抜髄、根管治療
の上で左上4番及び同5番は硬質レジン前装冠、左上6番及び同7番は
全部鋳造冠による左上第4～7歯の連結固定、右上4番及び同5番の抜
髄、根管治療の上で同歯の全部鋳造冠による連結固定、左下6部及び同
7部の可撤性義歯の新製、右上7番の根面アタッチメントによる右上6
部及び同7部の可撤性義歯の新製等を受けた。
　被告らは、別の医療機関が作成した診断書に顔面部、口唇部や歯牙部
に関わる傷病名がないこと、原告が本件事故から23日間が経過するまで
歯科医院を受診していないことなどから、本件事故と原告の歯牙傷病と
の間に因果関係はないと主張した。
　裁判所は、原告が本件事故による転倒の際に下顎部を強打したものと
認めたものの、左上1番～3番、右上1番～4番に歯牙動揺が生じてい
ないことを理由に、右上4番・同5番・同7番、左上5番、同6番、同
7番の歯牙動揺は、本件事故による転倒の際の外力によって生じたもの
とは認められないとした。

その上で、本件事故と因果関係があるのは左下1番と右下1番の2歯の歯牙脱落のみであるとした。

〔コメント〕

原告は、事故の約4年前の平成16年12月に歯科医院を受診し、「全体に歯肉が発赤しており、左右上第7歯、左右下第1歯の動揺度が1とされ、左右下第1〜3歯の動揺固定処置が検討されていた」ことから、歯周病に罹患していたと思われます。そうすると、被告側としては、裁判所が事故との因果関係を認めた左右下第1・2歯の歯牙脱落についても、もともと歯周病で周辺の歯槽骨が減少するなどしていたとして、素因減額を主張することも考えられると思います。

【事例81】東京地裁平成27年10月14日判決（平24（ワ）35326）

平成21年6月7日事故発生。

反訴原告は、大学歯科病院に平成21年7月9日から同年11月5日まで通院（実通院日数5日）した。

反訴原告は、本件事故により、後頭部打撲・擦過傷、外傷性頚部症候群（頚椎捻挫）、右下顎・右腰部打撲の傷害を負った。反訴原告は、他にも前歯3本（右上3番、右上1番、左上1番）を受傷したとして、右上3番、右上1番、左上1番、左上2番を支台歯にしたブリッジを装着している。

反訴被告は、歯牙損傷については、「本件事故直後には何ら愁訴がなく、本件事故の1か月後に診断を受けていることなどからしても、本件事故と相当因果関係があるとは認められない。」と主張した。

裁判所は、①左上1番の亀裂が本件事故の前から存在していたこと、②医療記録には、本件事故により、反訴原告の前歯部に損傷が生じたことや、従前からあった損傷部が拡大したことをうかがわせる記載がないこと、③本件事故以前から右上2番が保存不可能とされていたこと、などを理由に反訴原告が本件事故により歯牙損傷を負ったとは認められないとした。

第1章 因果関係　　71

〔コメント〕

　判決文にある「＃13、＃11、＃21、＃22」とは、それぞれ右上3番、右上1番、左上1番、左上2番の4本の歯のことです。上記4本を支台歯にしたブリッジによる補綴治療と事故との因果関係が否定された事例ですが、事故発生前から上記ブリッジによる補綴が検討されていたことなどからすれば、歯科医学的にも妥当な判断であると思われます。

【事例83】横浜地裁平成27年11月26日判決（平26（ワ）3915）

　事故発生日は平成24年7月28日であり、原告は本件事故当時45歳であった。

　原告は、歯科医院に平成24年8月3日から平成25年1月11日（通院5日）まで通院し、右上顎7番及び右下顎4ないし7番歯牙破折、右頬粘膜裂傷等の診断がなされ、右下4番ないし右下7番の抜歯と右上7番抜歯の処置を受けた。

　原告は、「左肘に被告車が衝突した衝撃で大きく右に体勢を崩し、空中に放り出される感じで自転車にまたがったまま右前方に前のめりになり、そのまま右前方に転倒し、右手、右腕、右肩、右下顎、右腰部等を本件道路の路肩に打ち付けた結果、右下4ないし7番及び右上7番の5歯を破折し、これを全て抜歯した上で歯科補綴を加えざるを得ない状況となったもので、これは後遺障害13級5号に該当する。」と主張し、歯科治療費27万1,635円と将来の治療費272万1,600円を請求した。

　被告は、「本件事故により歯牙の損傷を伴うような受傷機序は存在せず、本件事故に伴う歯牙破折の損傷はない。原告の歯牙には、カリエスや歯周病の進行が認められ、もともと健常な状態ではなかったもので、原告が主張する5歯の抜歯は、これらによるものと考えられる。」と主張した。

　裁判所は、原告が本件事故当日と事故2日後に受診した医療機関で、口蓋部、下顎部、顔面については何ら症状の訴えもないこと、平成24年8月9日に初めて下顎痛（咬むと痛い）の訴えがカルテに記載されてい

72 第1章　因果関係

ること、原告が本件事故により破折したと主張する5歯については、歯
科を受診した平成24年8月3日の時点でいずれの歯牙もう蝕が進行した
状態であり、診察した歯科医師において、破折が事故によるものと断定
することは難しい状態であったこと、などから本件事故によって右側5
歯の歯牙を損傷した事実は認められないと判断した。

〔コメント〕

　判決文中にある「カリエス」とは、いわゆる虫歯のことであり、「う
蝕」とも呼ばれます。本事例では、原告が事故で受傷したとする歯が
いずれもう蝕が進行していた状態であったことから、事故との因果関
係が否定されています。

【事例93】東京地裁平成29年3月7日判決（平26（ワ）23471・平27（ワ）
　　　　　24796）

　不法行為日は平成24年8月8日であり、原告は当時33歳だった。
　原告は、右頬付近を左拳で1回殴るなどの被告の暴行によって、「歯が
欠けた」、「全治3か月以上の右側顎関節症の傷害」を負った、などと主
張した。
　裁判所は、「歯の欠けについては、欠けた面が滑らかになっていること
から明らかに数か月以上前に欠けたものであると判断されている。ま
た、咬み合わせについては、確かに高さが左右異なっていたことは認め
られるものの、それが過度の外力による結果であるか否かについては、
原告の主訴以外に特段の根拠はない」として、被告の暴行と歯の欠けや
顎関節症との因果関係を認めなかった。

〔コメント〕

　本事例でも、裁判所は、診療録に記載されている主訴については、
重要視していません。

第1章　因果関係　　73

【事例95】 名古屋地裁平成29年９月19日判決（自保2002・１）

　　事故発生日は、平成22年７月15日であり、原告は、事故当時17歳であった。
　　原告は、本件事故により、脳震盪、両側肺挫傷、両側外傷性血気胸などの傷害を負った。
　　さらに、原告は、歯科医院に平成24年４月２日と同年５月11日に通院し、左下２番、左上７番歯牙切端破折の診断を受けた。
　　原告は、「左下２番、左上７番歯牙切端破折」の傷害についても本件事故と因果関係があると主張した。
　　裁判所は、原告が本件事故から１年８か月以上経過した後に歯科医院を受診していることを理由に、事故と歯牙破折との因果関係を否定した。

〔コメント〕
　　本事例も、事故と歯牙破折との因果関係が否定されていますが、歯科を受診したのが事故から１年８か月以上も後のことであることからすれば、当然の判断と思えます。

【事例97】 福岡地裁平成29年10月17日判決（自保2013・62）

　　事故発生日は平成25年５月10日。
　　原告は、本件事故により、右上１番、右上２番及び右上３番並びに左上１番及び左上２番の歯につき歯牙脱臼並びに右上６番及び右上７番並びに左上３番、左上５番及び左上８番の歯につき歯根破折の傷害を負ったとして、平成25年11月26日から平成26年５月19日にかけて、歯科医院にてインプラント治療を行ったと主張した。
　　被告は、「原告は、本件事故により歯牙脱臼及び歯根破折の傷害を負っていない。仮にその傷害があったとしても、本件事故との因果関係はない。」として争った。
　　裁判所は、本人尋問で衝突の際に前歯をぶつけていないと供述していること、歯科医院の診療録に歯牙脱臼の記載がないこと、事故直後に入院した病院では歯や口腔内の痛みや出血、ブリッジの不具合に関する訴えがなかったこと、などを理由に歯牙脱臼及び歯根破折と事故との因果関係を認めなかった。

〔コメント〕

　本事例では、原告本人の供述、診療録の記載、受診した医療機関での訴え、などと複数の観点から事故と歯科領域の傷害との因果関係の有無を判断しています。

【事例98】東京地裁平成29年10月31日判決（平27（ワ）4642）

　　事故発生日は平成24年8月1日であり、原告は、事故当時64歳であった。

　　原告は、歯科医院に平成24年9月20日から平成25年2月12日まで通院した。

　　原告は、本件事故時に歯を食いしばったことにより、左上5番の歯の「歯牙破折、急性根尖性歯根膜炎」、右上4番の歯の急性歯髄炎を発症したと主張した。

　　被告らは、①本件事故による衝撃は強いものではなく、歯を食いしばることで歯が破折することは起こりえないこと、②原告が本件事故前から歯根膜炎の診断を受けていたこと、③歯髄炎は歯髄の炎症であり、外傷によるものではないこと、④原告が初めて歯科医院に通院して歯髄炎等の診断を受けたのが本件事故の約1か月半後であること等を理由に、歯科医院での治療は本件事故と因果関係がないと主張した。

　　裁判所は、本件事故の態様や被告車の損傷状況から直接ないし間接の衝撃で原告の歯に強い力が加わったとにわかに考えがたいこと、原告が本件事故に初めて歯科医院に通院したのが本件事故から1か月半以上経過した平成24年9月20日であること、原告が本件事故前から様々な痛みを訴えて複数の病院に通院していたことからすると本件事故から間もない時点で原告の歯に痛みが生じていたとにわかに考えがたいこと、原告が、平成19年中から歯科医院で歯周炎の診断を受け、齲蝕した歯の治療を受けたり、平成24年4月の受診時にも歯周炎に対する処置を受けたりしていたことなどの事情から、「本件事故前から罹患していた歯周炎等が原因となって歯根膜炎、歯髄炎、歯の齲蝕を発症した可能性があるといえる」として、本件事故と歯科治療の因果関係を認めなかった。

〔コメント〕

　被告からは、「歯髄炎は歯髄の炎症であり、外傷によるものではないこと」が原告の歯科関連の傷害と事故との因果関係を否定する理由として主張されていますが、外傷によっても歯髄炎が生じることはよくありますので、歯科医学的には根拠のない主張であるといえます。

【事例101】名古屋地裁平成30年8月29日判決（自保2032・60）

　　事故発生日は平成23年1月20日。
　　反訴原告は、本件事故でFrT歯間離開、歯牙打撲、顎関節症を負ったとして、歯科医院に平成23年2月26日から平成24年8月11日まで通院（実通院日数13日）したと主張した。
　　反訴被告は、事故と歯牙損傷との因果関係を争った。
　　裁判所は、FrT歯間離開及び歯牙打撲について、主治医ではない歯科医師の意見書において、本件事故の前後で変化は認められないため、外傷による歯牙損傷は考えにくいと指摘されていること、本件事故直後に受診した総合病院において反訴原告が歯や口の周囲について痛み、違和感などを訴えていた形跡がないことなどの事実から、本件事故との因果関係を認めなかった。

〔コメント〕

　本事例では、主治医も意見書を作成していましたが、前提とする受傷態様が事実と異なることを理由に、判断の根拠に採用されていません。なお、判決文では、「FrTc歯間離開」になっていますが、歯の破折を意味する「FrT」の誤記と思われます。

【事例102】東京地裁平成30年8月30日判決（自保2037・40）

　　事故発生日は平成24年8月25日。債務不存在訴訟。
　　被告D（本件事故当時11歳）は、ペットボトルから水を飲んでいる時に本件事故に遭い、ペットボトルの飲み口で上顎前歯部を打撲し、本件事故から約1年後に右上2番の歯につき根尖性歯周炎と診断されたこ

と、及び、平成25年9月12日から同年10月24日にかけて根管治療を受け
たものの痛みが再発しており、いずれブリッジ手術又はインプラント手
術が必要となることが確実であることを主張し、既払いの治療費及び将
来のブリッジ手術又はインプラント手術の費用を請求した。

　原告は、被告Dは、本件事故で顔面を打撲しておらず、そもそも歯牙
障害を発症する受傷機転がないこと、医療記録上も、事故後約1年にわ
たって歯に関する訴えや顔面打撲に関する訴えはみられないこと、本件
事故後に被告Dが歯に関する症状を訴え始めたのは平成25年8月22日か
らであること、などを理由に被告Dの歯に関する症状と本件事故との間
には相当因果関係がないと主張した。

　裁判所は、被告Dが本件事故当日の平成24年8月25日と同月28日に受
診した医療機関では、顔面又は歯を打撲したという発言をしていないこ
と、被告Dが平成25年5月27日に本件事故後初めて歯科口腔外科で受診
した際には本件事故に遭ったこと自体言及していないこと、被告Dが右
上2番の歯の治療と本件事故を結びつける発言を初めてしたのが、歯の
治療に係る2回目の受診日である平成25年8月31日であったこと、など
の事情に加え、被告Dが後部座席にシートベルトを装着して座っていて
追突に遭ったものであり、被告Dが主張するような機序で上顎前歯部に
打撲傷が生じるとはにわかに考え難いこと、事故後の救急搬送時の記録
にも上顎前歯部の打撲をうかがわせる所見がないことなどの事実から、
被告Dの本件事故後の歯の治療と本件事故との間に相当因果関係がない
と判断した。

〔コメント〕

　本事例は、被告が歯科領域の傷害を訴えたのが事故から1年以上経
過してからであり、それだけでも事故との因果関係は認められ難いと
いえますが、その他にも、事故直後に受診した医療機関での主訴や事
故態様なども理由に挙げて、事故との因果関係を否定しています。

【事例103】大阪地裁平成30年8月31日判決（自保2033・103）

　事故発生日は、平成27年3月12日であり、原告X₁は当時50歳であった。

第1章　因果関係　　77

　原告X₁は、本件事故により、左上7番と左上8番について「Per、歯根破折、急性歯周炎→慢性歯周炎」等の傷害を負ったと主張した。

　裁判所は、原告X₁が本件事故直後にわざわざ東京で整形外科を受診しているが歯科を受診していないこと、原告X₁が欠けた歯を写真に撮ったというものの写真が提出されていないこと、原告X₁が本件事故から1週間も経過してから歯科を受診していること、などを理由に原告X₁の歯の治療については、全て本件と相当因果関係がないとした。

〔コメント〕

　本事例では、事故から1週間後に歯科を受診した点について、「1週間も経過してから」として受診が遅かったと評価していますが、受傷した歯が前歯ではなく臼歯部であることからすると、それほど緊急性も高くないと思えますので、受診が遅いとするのは若干厳しいように思えます。

【事例104】大阪地裁平成30年9月14日判決（平29（ワ）10705）

　事故発生日は、平成29年2月25日。債務不存在確認請求事件。

　被告は、本件事故により差し歯が欠けるなどの傷害を負ったと主張した。

　被告は、歯の治療を事故から1か月半後の平成29年4月11日に開始したが、この理由について「傷の痛みがあり、また、傷を負ったところが麻痺をしていたことから、歯が取れた意識がなかった。本件事故から2、3週間後、親から、歯がないことを指摘され、そのとき初めて歯がないことに気付き、病院に行った。前歯2本について、本件事故以前に義歯や欠損があったのは間違いないが、本件事故で差し歯が取れ、紛失した。」と主張した。

　原告は、被告が本件事故によって顔面部を強打していないこと、原告の歯科治療の開始が合理的理由もなく遅れていることなどから、歯科治療と事故との因果関係はないと争った。

　裁判所は、被告の歯科治療開始が事故から1か月半後だったことについて合理的な理由がないとして、歯科治療と事故との因果関係を否定した。

〔コメント〕

　事故で取れたと被告が主張する差し歯の部位は不明ですが、親に指摘されて初めて差し歯が取れていることに気が付いたということからすれば、奥歯ではなく前歯であると思われます。そうであれば、なおさら、親に指摘されるまで気が付かないというのは不自然に思えます。

【事例106】 大阪地裁平成30年10月1日判決（自保2038・19）

　平成18年10月17日事故。債務不存在請求訴訟。被告は、本件事故当時、48歳であった。

　被告は、平成18年11月26日、右上の奥歯と前歯の痛みを訴え、同年12月1日、歯科医院を受診し、受診の結果、歯牙21本（左上1、2、4、6、7番、右上1、5ないし7番、左下1、2、4ないし7番、右下1、3ないし7番）の破折のほか、入院等による口腔ケアの低下により全顎に歯周病の増悪、歯折や打撲により知覚過敏が広範囲に認められ、左下6番については、根破折の疑いがある旨診断された。

　裁判所は平成21年2月までの歯牙21本の破折等に対する治療と本件事故との相当因果関係を認めたが、その後の治療については因果関係を否定した。

〔コメント〕

　本件では、歯科を受診したのは、事故から1か月以上経過してからですが、事故から数日間意識が回復しないほどの大きな傷害を負っていることからしますと、その程度の期間が経過してしまうのも当然といえるかと思います。

【事例111】 熊本地裁人吉支部令和元年5月29日判決（自保2052・53）

　事故発生日は、平成28年5月26日であり、反訴原告は、本件事故当時59歳の男性であった。

　反訴原告は、平成28年5月30日、B歯科を受診し、同年7月15日まで

第1章　因果関係　　79

歯科治療を受けた。

　反訴原告は、歯牙障害について、Ｂ歯科発行の後遺障害診断書等を根拠に、本件事故後の治療で喪失又は歯冠部の大部分を欠損した歯が16歯であり、ただし、本件事故前に４歯を欠損していたものと認められるとして、自賠責から10級４号（ただし14級２号からの加重障害）に該当する旨の認定を受けていた。

　しかし裁判所は、反訴原告には10級４号に相当する既存障害（14歯以上の歯牙が喪失欠損歯）があり、他方で、本件事故によって生じた反訴原告の歯牙障害は、左上２番の喪失及びブリッジないしその前装部の破損にとどまっているとして、本件事故によって、後遺障害の発生ないし加重は認められないとした。

　さらに、裁判所は、反訴原告が、事故後に歯科を受診した際に、自発痛を訴えていないことやレントゲン検査をしていないことなどから、本件事故と因果関係のある反訴原告の歯牙障害は、左上２番の歯牙破折のほか、Ｂ歯科から提出のあった写真によって確認することができる上顎③②１１②③のブリッジ破損、右下⑥５４③のブリッジのうち、右下３のブリッジ前装部破損の３点であるとした。

〔コメント〕

　一般的には、後遺障害の等級については、自賠責の判断を重視する裁判事例が多いですが、本事例では、事故と因果関係のある歯科領域の傷害を限定的に捉え、自賠責の判断と異なる後遺障害の等級を認定している点に特徴があります。

【事例118】大阪地裁令和３年１月20日判決（交民54・１・106）

　事故発生日は、平成26年９月30日であり、原告Ｘ₁は当時47歳であった。

　原告Ｘ₁は、両側上顎１番、左側上顎２番は本件事故の衝撃で抜歯に至ったと主張した。

　しかし、裁判所は、事故当日の所見やその後の所見でも歯の動揺に触れていないことを理由に、本件事故と歯牙喪失との因果関係を認めなかった。

〔コメント〕

　原告は、「両側上１、左上２が連冠。動揺度Ｍ３→要抜歯」と診断されていますが、「連冠」というのは冠同士を連結させた連結冠の略称です。連結冠にすると、一つの冠がダメになった時、連結している他の冠もやり直さざるを得なくなることがあるため、複数の冠を同時に作成・装着するときでも、原則的には連結させず、それぞれ独立させます。このように連結させるのは、一つ又は複数の歯に歯周病等を原因とする歯の動揺が認められる場合ですので、本事例の原告も、連結冠が装着されていることからすれば、もともと歯周病等を原因とする歯の動揺があったと思われます。

【事例120】東京地裁令和３年２月19日判決（自保2092・76）

　事故発生日は、平成27年11月７日。

　原告は、本件事故後、左上２番、右上１番、右上２番を支台歯にするブリッジが離脱し、右上７番のクラウンが離脱したと訴え、歯科医院に平成29年10月14日から平成30年２月17日（通院実日数10日）まで通院し、左上２番、右上１番、右上２番の抜歯、左上７番、左上６番、左上５番、左上３番ないし右上７番の有床義歯による補綴を受けた。

　原告は、ハンドルに顔をぶつけて歯牙障害を負ったこと、遅くとも平成28年４月18日より前には原告は歯牙障害を主張していたことを理由に、本件事故と歯牙障害との因果関係があることを主張した。

　被告は、原告の顔面打撲と歯牙欠損が事故直後から数日間のカルテに一切記載がないこと、原告が歯科を受診したのは本件事故から１年11か月が経過した後であること、といった事情から本件事故と歯牙欠損との間に相当因果関係はないと主張した。

　裁判所は、原告が本件事故から間もない時期に受診した医療機関において歯牙障害や顔面を打撲したことを一切訴えていないこと、本件事故から約１年11か月後に初めて歯科を受診していること、歯科でも歯の脱落と歯根破折が確認されただけで外傷によることの客観的所見はなかったこと、事故態様に関する原告の供述が変遷していること、事故態様に

第1章　因果関係　　　81

関する供述が不自然であることなどといった事情から、原告の歯牙障害
と事故との因果関係はないとした。

〔コメント〕

　本事例でも、原告は事故から約1年11か月後に歯科を受診していま
すので、それだけでも十分に事故と歯科領域の傷害との因果関係が否
定されそうですが、裁判所は、その他にも事故直後に受診した医療機
関での主訴や原告の供述の変遷なども理由にしています。

【事例121】大阪地裁令和3年2月24日判決（平31（ワ）839）

　事故発生日は、平成25年6月9日であり、原告は、本件事故当時60歳
であった。
　原告は、歯科医院に平成25年8月2日から平成28年7月27日（実35日）
まで通院し、外傷性歯牙破折、外傷性歯牙脱臼、外傷によるブリッジ（Br）
脱離が本件事故によるものであると主張した。
　被告は、原告にはもともと重度の骨吸収を指摘される歯周病の既往が
あったこと、平成25年8月2日発症という症状の経過が不自然であるこ
と等から、原告の歯牙障害と本件事故との因果関係はないと主張した。
　裁判所は、①原告が主張する障害歯がもともと被せ物治療、重度の歯
周炎、Br脱離の治療を受けるような状態で、歯周炎について定期的な管
理が必要と説明されながら、約1年6か月間、通院していなかったこと、
②原告が本件事故の4日後の通院時に歯の症状を訴えず、原告が歯牙破
折・歯牙脱臼・Br脱離を訴えたのが本件事故の約2か月後であったこと、
といった事情から本件事故との因果関係は認められないとした。

〔コメント〕

　本事例では、原告が事故前から重度の歯周炎に罹患していたことが
歯科領域の傷害と事故との因果関係が否定された理由の一つになって
います。重度の歯周病といっても、歯槽骨（歯を支える骨）が歯根長
（歯の根の長さ）の2分の1程度残っているものから、歯槽骨がほと

んどなくなっているものまで程度の差があり、一概に、事故との因果関係が否定されるものではないと思いますので、レントゲン写真などで脱落した歯の周囲の歯槽骨の状況を確認する必要があると思います。もっとも、事故との因果関係が認められたとしても、重度の歯周病であった場合は、一定の素因減額は必要だと思います。

【事例122】 金沢地裁令和３年２月25日判決（自保2112・60）

平成28年５月25日事故。債務不存在確認訴訟。

被告は、「頚部、腰部及び下肢の疼痛並びに痺れの自覚症状の残存に伴ってクレンチング（無意識の食いしばり）が発生し、これに端を発して上顎左側第一大臼歯歯根破折及び上顎右側第一大臼歯限局性辺縁性歯周炎等を発症し、治療が必要な状態に至った。」とした上で、「本件事故が原因となって歯根破折を生じた結果、咬合支持が失われて不正咬合の進行が進み、咬合機能回復治療の一環として、本件事故前に欠損していた歯についても矯正治療としてインプラント治療が必要となり、また、全顎的矯正治療を要することとなったものである。」として、その治療費178万2,000円を請求した。

裁判所は、①被告が本件事故前から母の介護についてストレスが多いと述べていたこと、②被告が本件事故後母の介護等のストレスから歯ぎしりがあることや、母の介護時に歯の食いしばりがあることを述べていたこと、③本件事故後、被告が継続的な歯科医院への通院を開始したのは、本件事故からおおむね１年後であり、上顎左側第一大臼歯の歯根破折が確認されたのもその年の９月であること、などの事情から、「歯根破折の原因となったというクレンチングが、専ら本件事故に伴う被告の症状の増悪によるものであるとは断じ難い。」として、事故と歯科治療費との因果関係を認めなかった。

〔コメント〕

本事例では、事故での直接の受傷によって歯科領域の傷害が発生したと主張するものではなく、頚部や腰部の症状に伴う無意識の食いしばりを原因とする歯科領域の傷害を主張するものですが、因果関係は

第1章　因果関係　　83

認められていません。【事例44】と同じく、間接的な影響による因果関係を主張しているケースでは、基本的には因果関係が認められていないようです。

【事例133】東京地裁令和5年1月23日判決（令4（ワ）10388）

　　平成30年3月20日発生。原告は、当時、71歳であった。
　　原告は、左上（※「左上の奥から5番目の歯」とあるが部位は不明。）の「差し歯」が取れたこと、及び、右下7番の歯が折れ右下5番と右下7番を支台歯とするブリッジが脱離したことについて、タイ王国で受けた被告の暴行によるものであると主張した。
　　裁判所は、①原告が本件暴行直後の平成30年3月22日に撮影したとする写真が不鮮明で、左上部及び右下部の歯の状態が明らかでないこと、②原告は本件暴行があった翌日である平成30年3月21日にタイ王国の病院に通院しているが、その日に歯科治療は受けていないこと、③原告が、右下7番の歯について診察を受けたのは、本件暴行から1年以上が経過した平成31年4月17日であり、治療が行われたのは更に3か月以上経過した同年（令和元年）8月5日であること、④「右下第二大臼歯歯牙破折」との診断が本件暴行から1年以上経過した令和元年4月17日時点のものであること、⑤ブリッジが脱落していた事実が確認できるのが本件暴行から1年以上が経過していた時点である上、平成24年時点で既に一度ブリッジをやり直す治療を受けていたこと、⑥原告が本訴訟において、当初、右下部の2歯を折る傷害を負ったと主張していたところ、その後に、本件暴行によりブリッジが外れたもので、折れたのは右下7番の歯のみであると主張し、その内容を変遷させていること、などということを理由に、被告の暴行と原告の歯科領域の傷害との因果関係を否定した。

〔コメント〕
　本事例では、治療開始時期や従前の患歯の状態などを因果関係を否定する要素としています。なお、「差し歯」とは、一般的には、抜髄をしメタルコアやファイバーコアなどを装着した後に冠による歯冠補綴をした歯のことを指します。

第2 不法行為と顎関節症との因果関係

1 解 説

（1） はじめに

事故等の不法行為を契機として顎関節症を発症したと被害者から主張されるケースがある。これは、顎関節症の原因の一つに下顎骨や顎関節周辺への外来の衝撃により顎関節が損傷することが挙げられているためであると思われる。しかし、顎関節症は、日常生活の様々な因子が積み重なり、個体の耐性を超えた場合に発症するとされており、発症のメカニズムも不明なことが多い。また、口を大きく開閉した時の顎関節の痛みや顎関節から音が鳴るという顎関節症の諸症状については、一定割合の成人に認められるという調査結果も存在する。そのような事情もあり、事故との因果関係を肯定した事例は【事例46】と【事例89】の2例しか見当たらなかった。一方で、因果関係を否定した事例は多数存在した。

なお、労働能力喪失については別項で説明をするが、歯牙障害では認められないケースも多いところ、数少ない顎関節症と事故との因果関係肯定例では、いずれも労働能力喪失が認定されている。

（2） 裁判事例の特徴

不法行為と顎関節症の因果関係を否定した事例は多数あるが、その考慮要素は、①発症・診断・治療開始時期（事例28、51、53、67、78、79、84、101、117、129）、②事故後の治療経過（事例28、31、64、79、90、129）、③従前の顎関節の状態（事例64、101、117）、④事故等の態様（事例79、90、105、117）、⑤事故等直後の本人の訴え（事例79、129）、⑥医師・歯科医師の証言・診断（事例28、51、78、93、101）などである。

顎関節症の発生機序が多元的であることは先に述べたが、それを因果関係否定の根拠としている事例もある。

第1章　因果関係　　　85

　【事例64】は、「一般に、顎関節症は、症状の強弱を呈しながら推移することが多いこと、日常生活（硬固物の摂取、噛みしめ行為、コンピューター作業など）で症状が悪化することもあること」を、因果関係を否定する根拠の一つとしている。

　同じく、【事例79】も「顎関節症は、元来の顎関節の強さ、歯並び、性差、性格、ストレス、外傷、食いしばり、歯ぎしり、顎部への異常外力、補綴物の不調和、姿勢、異常開閉口運動、生活習慣等の多数の因子が積み重なり、これが固有の許容範囲を超過したときに発症する」ことを、因果関係を否定する根拠に挙げている。

　医師・歯科医師の証言や診断を因果関係否定の根拠とした事例は、いずれも医師・歯科医師が事故等と顎関節症との因果関係について否定的な意見を述べているものであるが、逆に、【事例113】は、歯科医師が顎関節炎の診断書を作成していたものの、自賠責保険が後遺障害に該当しないと判断していることを根拠に事故との因果関係を否定している。

2　事例紹介
（1）　顎関節症との因果関係を肯定した事例
【事例46】徳島地裁平成23年12月8日判決（自保1868・75）

> 　平成20年7月14日事故。
> 　原告は、事故翌日の平成20年7月15日から平成21年4月16日まで、大学病院を含む複数の病院に通院し、頚部捻挫、頭部打撲、難聴（疑い）、顎関節症（疑い）、両側顎関節症などと診断された。
> 　原告に対する後遺障害認定について、一旦は後遺障害に該当しない旨の認定がなされたが、異議申立ての結果、器質的な異常所見は認められないものの、右顎関節部に筋性の顎関節症が生じて疼痛を自覚しているとして、14級9号「局部に神経症状を残すもの」に該当するとの認定がなされた。

裁判所は、原告の治療の経過などを踏まえ、「原告が本件事故直後から訴え続けていた右耳の違和感や痛みは、本件事故によって生じた顎関節症に起因することが認められる」として、事故と顎関節症との因果関係を認めた。

〔コメント〕

顎関節症と事故との因果関係を肯定した数少ない例の一つですが、事故の11日後という比較的早い時期から大学病院の歯科口腔外科を受診し、同科にて診断を受けている事実が大きい要素なのではないかと思われます。

【事例89】 神戸地裁平成28年12月13日判決（平26（ワ）1371）

平成24年3月3日、原告は、被告から右拳で左顎付近を段られ、その衝撃で足もとがよろめき、近くにあった室内練習場の鉄柱（H鋼柱）に左顔面を衝突させ、受傷した。

原告は、平成24年3月3日、大学病院で診察を受け、加療約6か月を要する下顎正中部及び左側関節突起部骨折との診断を受けた。

原告は、残存している顎関節痛の症状は、他覚的所見により医学的に証明されたものであり、「局部に頑固な神経症状を残すもの」として、後遺障害等級12級に相当すると主張した。

被告は、原告の顎関節痛は、自覚症状によるもので他覚的所見によって医学的に証明されているとはいえないと主張した。

裁判所は、「開閉口時の顎関節痛は、他覚的所見による裏付けがあるものと認められる。」として、原告の顎関節の症状について、局部に頑固な神経症状が残存しており、後遺障害等級12級に相当するとした。

〔コメント〕

本事例も、【事例46】と同様に早期に大学病院の歯科口腔外科を受診し、診断を受けていることに加え、顎関節を構成する関節突起部の骨折があったことが大きいと思われます。

第1章　因果関係　　87

（2）　顎関節症との因果関係を否定した事例

【事例28】東京地裁平成22年5月28日判決（平18（ワ）10345・平21（ワ）
　　　　43794）

　　不法行為日は、平成14年11月29日であり、原告は、当時32歳の女性で
　あった。原告は、職場での飲み会の会場において、被告から背部に身体
　を接触させるという行為を受け転倒し、受傷した（被告がタックルをし
　たという原告の主張は、認められなかった）。
　　原告は、被告の行為によって頚椎捻挫の傷害を負い、その頚椎捻挫に
　対する治療として、頚部固定装具の使用を必要としていたところ、同装
　具の使用により両側顎関節が傷害され、両側顎関節症となったと主張し
　た。
　　被告は、原告の頚部挫傷は本件行為によるものではないから、それに
　対してなされた頚部固定装具の使用は、本件行為と関係ないこと、また、
　頚部固定装具使用が、両側顎関節部を傷害したかどうかも本件行為とは
　関係ないと主張し、因果関係を争った。
　　裁判所は、医師の診断書には、本件行為による頚椎損傷に対してなさ
　れた頚部固定装具の使用が顎関節を傷害した可能性が高いとする記載が
　あることを認めた。
　　しかし、裁判所は、本件事故による原告の頚椎周辺に対する影響が一
　過性のものであり、その後半年も経過した時点における頚部固定装具の
　使用が本件事故との関連でなされたものとは認め難いこと、別の医師の
　意見書には、本件事故に基づく頚部の症状について頚部固定装具の装用
　は一般的に必要ではなく、また、そもそも頚部固定装具の装用により両
　側顎関節が傷害されることはないとの記載があること、原告の両側顎関
　節症の治療経過からは、この病変が器質的なものであるかについても疑
　問の余地があること、などといった事情から、原告の両側顎関節症は、
　本件事故と相当因果関係を有するものとは認められないとした。

〔コメント〕

　本事例は、事故で直接顎関節症を発症したと主張するものではなく、

頚椎捻挫のための治療具を使用したことで発症したと主張するものですので、因果関係が否定されるのもやむを得ないと思われます。

【事例31】福岡地裁平成22年7月15日判決（自保1834・60）

平成15年5月4日事故発生。

原告は、右顎関節症及び歯周病の治療を行ったとして、歯科治療費6万2,520円を請求した。

裁判所は、右顎関節症及び歯周病の治療について、証拠によっても、「右顎関節症と本件事故との因果関係は明らかでなく、また、歯周病については、ほとんど記載がなく、その具体的状況、治療の必要性、本件事故との因果関係は全く不明である」として、歯科治療費を本件事故と因果関係のあるものとは認められないとした。

〔コメント〕

事故で負った歯牙の傷害の治療と合わせて、歯周病検査やスケーリング（※歯石を除去する処置のこと）など歯周病（歯肉炎、歯周炎）に対する治療がされているケースが時々ありますが、歯周病は基本的に細菌感染によるものですので、被告（加害者側）としては、事故との因果関係を争うべきと考えます。

【事例51】東京地裁平成24年9月13日判決（自保1885・25）

事故発生日は、平成13年3月19日であり、原告は、事故当時36歳の主婦であった。

裁判所は、①原告が顎の異常を初めて訴えたのは、本件事故後約2年9か月経過してからであった上、その際には外傷性頚部症候群としか診断されなかったこと、②原告が顎関節機能不全の診断を初めて受けたのは、本件事故後約3年半が経過してからであったこと、③原告が頭蓋内圧亢進に対する治療を受けていたところ、特発性頭蓋内圧亢進症の臨床症状には顔面・三叉神経障害などがあること、④医師が、本件事故後に

第1章　因果関係　　89

顎関節機能不全が発症したとしても、本件事故との関連は不明であるとの説明をしていたことといった事情から、原告に生じた顎関節症と本件事故との間に相当因果関係を認めることはできないとした。

〔コメント〕

　事故から2年9か月が経過した時点で初めて顎の異常を訴えたことなど理由として原告の主張する顎関節症と事故との因果関係を否定した事案ですが、歯科医学的にもその結論は妥当であると考えます。

【事例53】京都地裁平成24年12月17日判決（交民45・6・1478）

　原告は、症状固定時47歳であった。
　裁判所は、事故によって顎関節症を発症したという原告の主張を、歯科医院に通院したのは事故から約5か月経過後であったことを理由に認めなかった。

〔コメント〕

　原告が歯科に通院したのが事故から約5か月経過後であることからすれば、歯科医学的にも顎関節症と事故との因果関係を否定した結論は妥当であると考えます。

【事例64】大阪地裁平成26年2月28日判決（自保1921・69）

　事故発生日は、平成21年1月6日であり、原告は、事故当時33歳であった。
　原告は、歯科大学附属病院において、傷病名を外傷性両側顎関節症、症状固定日を平成23年1月19日、自覚症状を開口障害、関節雑音、咀嚼障害、発音障害、既存障害を両側顎関節症などとする後遺障害診断を受けた。
　原告は、自賠責保険からは、顎関節症に関する症状について、本件事故との相当因果関係を認めることは困難で非該当と判断された。
　原告は、裁判において、外傷性両側顎関節症による関節雑音や疼痛は、

後遺障害等級12級13号に、咀嚼障害は、同10級３号にそれぞれ該当すると主張した。

　裁判所は、①原告が本件事故前から両側顎関節症の既往症があったこと、②平成21年４月９日には本件事故前と同程度、治療を要しない程度に改善していたこと、③その後１年半以上受診していなかったこと、④顎関節症は事故とは関係のない日常生活で悪化することもあること、⑤後遺障害診断の際に訴えた自覚症状について継続的に通院して治療を受けた様子はないこと、などの事情から、原告主張の顎関節症に関する後遺障害は本件事故と相当因果関係のあるものとは認められないとした。

〔コメント〕

　本事例では、事故の２日後から大学病院を受診し、顎関節症の診断を受けていましたが、もともと、原告が顎関節症の既往があり、通院までしていたことから、事故と顎関節症との因果関係が否定されました。その他にも、顎関節症が事故と無関係に日常生活の行動によって悪化し得ることを指摘している点に特徴があります。

【事例67】大阪地裁平成26年３月25日判決（平24（ワ）12067）

　事故発生日は、平成21年８月21日。

　反訴原告は、本件事故により顎関節症を発症したと主張した。

　裁判所は、診断書に、「傷病名顎関節症」、「上記傷病名にて、平成26年２月４日初診。初診日以後約２か月の通院加療を要する見込みです。」との記載があるため、「その診断時期からして、本件事故との間に相当因果関係を認めることができない」として、事故と顎関節症とに因果関係はないとした。

〔コメント〕

　顎関節症については、診断書に事故から４年半ほど経過した日が初診日とされていたことから、事故との因果関係が否定されていますが、歯科医学的にも極めて妥当な結論です。

第1章　因果関係　　91

【事例78】 名古屋地裁平成27年7月22日判決（交民48・4・875）

　　事故発生日は、平成22年9月2日。

　　原告Xは、平成22年11月29日、歯科医院を受診し、かみ合わせが悪い旨を訴え、平成23年1月26日、左側顎関節の開口時疼痛を訴え、クリック音が確認され、顎関節症と診断され、同年6月29日まで（通院実日数28日）通院した。

　　同歯科医院のE医師は、左側顎関節の疼痛の訴えが本件事故から約5か月後の受診であるため、本件事故との因果関係は明らかではないが、本件事故の際に左側を強打していることから、顎関節症の発症に本件事故が関係している可能性が高いとしている。

　　原告Xは、平成23年1月24日、大学病院歯科口腔外科を受診し、左開口時痛、クリック音を訴え、同年3月29日には左閉口時痛、クリック音を訴え、同年4月にも左開口時痛、左右クリック音を訴え、同年5月14日まで通院した。医師は、左顎関節の症状は、本件事故によるものかどうかは判断が困難と説明した。原告Xは、平成24年11月27日、通院を再開し、前歯違和感と左顎のクリック音を訴えた。同口腔外科の医師は、口腔乾燥、前歯唇側傾斜と診断し、本件事故が原因というよりは、加齢による歯周病の進行と口腔乾燥が背景にあると診断した。また、左顎の症状については、直接的な因果関係の証明は難しいが、経過から考えて本件事故が何らかの影響を及ぼしている可能性はあるのではないかと思われると説明した。

　　裁判所は、①原告Xが左顎の症状を訴えるようになったのは事故から5か月近く経過した平成23年1月23日頃のことであること、②左顎の症状と本件事故との因果関係を証明する客観的証拠はなく、医師も左顎の症状と本件事故との因果関係を積極的に肯定しているわけではないこと、③原告Xの述べる現在の主たる症状は口腔乾燥、前歯唇側傾斜であって加齢による歯周病の進行等と捉えられること、という事情から、本件事故によって左顎関節症を発症したと認めることはできないとした。

〔コメント〕

　本事例では、事故から約5か月後に症状を訴えていることに加えて、

歯科医師が積極的に因果関係を肯定していないことを根拠に因果関係を否定していますが、顎関節症は、様々な原因で発症しますので、歯科医師としても下顎骨の骨折などがないと積極的に事故との因果関係を肯定するのは難しいのではないかと思います。

【事例79】東京地裁平成27年9月29日判決（平25（ワ）20502）

事故発生日は、平成16年3月16日。

原告は、①本件事故により、顎関節症（左側顎関節症）を発症し大学病院に通院して治療を受けた、②本件事故により、咀嚼障害の後遺障害が残った旨の主張をした。

原告を診察したデンタルクリニックの歯科医師は、歯牙の補綴物の破折、顎関節症の発症を確認した旨の陳述をしていること、大学病院の医師作成に係る後遺障害診断書には、原告は左側顎関節症であり、MRI検査により、左下顎頭の骨変形、復位を伴わない関節円板前方転位、関節円板の穿孔が確認された旨の記載があること、被告側の保険会社の担当者は、原告に対し、顧問医、顧問弁護士とも協議の上、「前歯の損傷（歯の割れ、補綴物のずれ）、顎関節症及び咬合不全については、本件事故との間に因果関係が認められる」との回答をしたことという事実があった。

しかし、裁判所は、①顎関節症は、元来多数の因子が積み重なり、これが固有の許容範囲を超過したときに発症する（いわゆる積み木理論）、②原告の受傷部位や診療経過に照らすと、本件事故により顎関節症を発症したとは考え難いと指摘する歯科医師の意見があること、③原告がデンタルクリニックを受診したのは、本件事故発生日から3か月余りが経過していること、④原告は本件事故直後に受診した医療機関で歯牙の補綴物の破折も顎関節の異常（咀嚼、言語機能障害）も訴えていないこと、といった事情から原告の顎関節症の発症及びその通院治療と本件事故との間に因果関係があるとは認められないとした。

〔コメント〕

本事例では、大学病院で顎関節症の治療を受けていますが、顎関節症の発生機序、歯科医師の意見、歯科の受診時期、事故直後の原告の

第1章　因果関係　　93

訴えなどを考慮事由として、顎関節症と事故との因果関係が否定され
ています。

【事例84】名古屋地裁平成28年5月25日判決（平26（ワ）3552）

> 事故発生日は平成20年4月6日。
> 　原告は、本件事故により顎関節症を発症し、咀嚼及び言語の機能に障
> 害を残しており、9級3号に該当すると主張した。
> 　原告は、平成20年4月18日に歯科医院を受診し、外傷性の顎関節症と
> 考えられ、患部疼痛及び開口障害のため、食事が困難ということで咬合
> 挙上副子により顎関節部患部の緩衝療法がなされた。また、平成27年5
> 月20日、市民病院において、両側顎関節症と診断された。
> 　裁判所は、歯科医院での診断は、咀嚼及び言語の機能に後遺障害を残
> していることを裏付けるものではないし、市民病院での診断は、本件事
> 故から7年余りが経過しており、本件事故との相当因果関係を認めるこ
> とは困難であるとして、本件事故により顎関節症が発症したという原告
> の主張は採用できないとした。

〔コメント〕

　咬合挙上副子とは、アプライアンス療法で用いられる装置の呼称の
一つです。プラスチック材料でマウスピースのように歯列を覆い、咀
嚼筋の緊張緩和や下顎頭位の変更などを目的として装着されます。

【事例90】名古屋地裁平成28年12月26日判決（自保1995・116）

> 事故発生日は平成23年12月5日であり、原告は、事故当時16歳であっ
> た。
> 　原告は、本件事故により咬合異常及び顎関節症の傷害も負い、その結
> 果、頭痛、咀嚼障害、頭頚部可動域制限といった症状が出現したと主張
> した。
> 　被告は、本件事故当日の救急搬送先の病院においても、事故翌日の大
> 学病院受診時にも、平成23年12月9日から通院した整形外科でも、原告
> が頭痛、顎関節痛、開口障害などの訴えをしていないことなどを理由に、

本件事故と顎関節症との因果関係はないと主張した。

　裁判所は、①本件事故前に改善がみられていた症状が、本件事故後に現れたという症状経過からは、直ちに本件事故が原因で生じた症状であるということはできないこと、②原告が主張する検査結果から、本件事故で原告に顎関節の偏位が生じたとは認められないこと、③原告について本件事故後、顎関節症と類似疾患との鑑別が行われた否かは明らかではないことなどの事情から、原告が本件事故によって咬合異常及び顎関節症の傷害を負ったとは認められないとした。

〔コメント〕

　原告は、「原告にはむち打ち症も生じているが、これは口腔内外傷と口腔外外傷の双方が原因となって頚椎に異常が生じたものであるといえ、歯科治療で対応可能である。」との主張をしていますが、歯科医学的な根拠があるとは思えません。

【事例93】東京地裁平成29年3月7日判決（平26（ワ）23471・平27（ワ）24796）

　事故発生日は、平成24年8月8日であり、原告は、当時33歳であった。

　原告は、被告による右頬付近を左拳で1回殴るなどの暴行によって顎関節症を発症したと主張した。

　裁判所は、歯科医院の診断書に「過度の外力による急性の右側顎関節の変位、顎関節症」と記載されている点については、原告の主訴が「ひったくりにあい右頬をなぐられ、歯が欠けた」とする点で信用できないとして、原告の顎関節症と被告の暴行との因果関係を認めなかった。

〔コメント〕

　歯科医師は、あまりに客観的な所見と異なる場合を除いて、あくまで患者から言われた受傷状況を前提にして診断をしますので、裁判所の判断としても信用性を欠くと判断されることもあり得るかと思います。

第1章　因果関係　　95

【事例101】 名古屋地裁平成30年8月29日判決（自保2032・60）

　　事故発生日は、平成23年1月20日。
　　反訴原告は、両側顎関節症という診断名で、大学病院に平成24年11月
　9日から平成25年4月19日まで通院（実通院日数4日）し、咀嚼又は言
　語の機能に障害を残すものとして10級3号の後遺障害に該当すると主張
　した。
　　反訴被告は、反訴原告に本件事故による頭部打撲の所見がないこと、
　本件事故後約1年9か月は顎関節症の治療が行われていないことなどか
　ら、本件事故の外力によって顎関節症が発症したとは認められないと主
　張した。
　　裁判所は、反訴原告の顎関節症について、診断時期が事故から1年9
　か月後であること、事故前に反訴原告に開口制限があったこと、主治医
　以外の歯科医師の意見書の記載内容などから、本件事故によって反訴原
　告に顎関節症の後遺障害が生じたとは認め難いとした。

〔コメント〕

　　本事例では、顎関節症と診断されたのが事故から1年9か月後のこ
とですので、歯科医学的にも事故との因果関係を肯定することは難し
いと思われます。

【事例105】 東京地裁平成30年9月28日判決（平28（ワ）23496）

　　不法行為日は、平成25年7月26日であり、原告は、当時64歳であった。
　　原告は、被告が右肘で原告の右下顎を殴打した暴行により、下顎骨骨
　折、顎関節症、などの傷害を負い、咀嚼又は言語の機能に障害を残す後
　遺障害（後遺障害等級10級3号相当）が発生したと主張した。
　　裁判所は、原告が下顎骨骨折の傷害を負った旨の診断をした医師が、
　証人尋問において、原告の下顎骨骨折は、非常に軽微なものであると供
　述したことから、原告が下顎骨骨折の傷害を負ったものであるとしても、
　その下顎骨骨折を生じさせた外力の強さは、それほど大きいものではな
　かったとして、被告以外の人物の身体の一部が原告の下顎に当たったこ

とも否定できないとして、被告による暴行によって生じた傷害であると認めなかった。

〔コメント〕

　本事例では、下顎骨の骨折があったとされていますが、具体的な部位は不明です。しかし、顎関節症と暴行との因果関係が否定されたことからしますと、顎関節を構成する関節突起部ではなかったと推測されます。

【事例113】大阪地裁令和元年 9 月27日判決（自保2058・ 1 ）

　事故発生日は、平成25年 4 月28日であり、原告は事故当時65歳であった。

　原告は、本件事故で負った傷害の治療のために入院中の平成25年 5 月13日、入院中の病院の歯科を受診し、同年 6 月10日付けの診断書において、右側顎関節外傷性顎関節炎の診断を受けた。その後、原告は、歯科大学附属病院などに通院した。原告は、右側顎関節炎、両側性顎関節症との傷病名のもと提出された、咀嚼障害等の自覚症状については、自賠責保険における後遺障害には該当しないものと判断された。

　原告は、裁判において、顎関節症と本件事故との因果関係があると主張した。

　被告らは、本件事故では原告主張の頭部左側への衝撃は加わっていないことなどを理由に、本件事故と顎関節症との間に因果関係はないと争った。

　裁判所は、①原告が本件事故により顎部や左側頭部に衝撃を受けたと認めるに足りる証拠はないこと、②顎関節症との後遺障害診断書を作成した医師が、原告が顎部や左側頭部に衝撃を受けたことを前提としていたため、診断書の医師の見解を採用できないこと、③原告の主治医の意見も採用できないこと、④原告の下顎は、右下顎を中心に、本件事故前から慢性的に変性していた可能性が高いこと、などを理由に、本件事故と顎関節症との因果関係を認めなかった。

第1章　因果関係　　　97

〔コメント〕
　本事例では、事故態様、事故前の原告の下顎の状態などから顎関節症と事故との因果関係が否定されています。また、診断書や主治医の意見については、原告の言い分を前提にしていることから信用性が否定されています。

【事例117】東京地裁令和2年12月18日判決（自保2089・62）

　事故発生日は、平成28年9月12日である。
　原告は、本件事故により、開口障害、顎関節症、顎関節強直症疑いなどの傷害を負い、後遺障害が残存したと主張した。
　損害保険料率算出機構は、①顎関節部画像上、本件事故に起因する外傷性の異常所見は認められないこと、②症状の出現時期が事故から約2か月経過した平成28年11月頃と捉えられること、③歯科を受診した時期が本件事故から約5か月が経過しており、その間の症状や治療状況等は判然としないことなどから、顎関節症状については、後遺障害に該当しないと判断した。
　裁判所は、事故発生直後から車内でしばらく原告が左顎付近を押さえている映像があること、被告の一人に対して顎が痛いと述べている様子があったこと、事故翌日の医療機関で、愁訴として口が開けづらいと述べていること、といった事実を認定した。
　しかし、裁判所は、①原告の診療経過から、開口障害や咀嚼障害の原因となる顎関節部の骨折その他の画像所見は認められず、開口障害を裏付ける客観的所見に乏しいこと、②原告の歯科受診も本件事故から5か月程度経過頃であること、③原告が一定期間治療を受けなかった合理的理由は認め難いこと、④医師らの報告書の記載についても、原告に開口障害がある場合の原因の可能性について言及するものにすぎないと評価できること、などという事情から、原告の主張が客観的に裏付けられているとは認めることはできないとした。裁判所は、さらに、⑤本件事故直後の被告との会話や、本件事故から約5か月が経過した平成29年2月1日の示談交渉における相手方弁護士とのやりとりをみても、原告が開口障害により支障が生じている様子は確認できないこと、⑥原告は、平

成23年や平成26年にも交通事故に遭って顔面部を打っており、開口制限を述べた様子もうかがえること、⑦本件事故前の歯の状況としてインプラントを含む補綴を要する状態となっていたこと、なども併せ考慮して、本件事故により本件口腔障害等の原因となる傷害が発生したと推認することはできないとした。

〔コメント〕

　本事例では、裁判所は、原告の診療経過、歯科の受診時期、事故後の代理人弁護士とのやりとり、本件事故以前の事故での受傷状況、事故前の口腔内の状態など、多くの考慮要素を踏まえて、顎関節症と事故との因果関係を否定する判断をしています。

【事例129】名古屋地裁令和４年５月11日判決（交民55・３・575）

　事故発生日は、平成28年１月25日であり、原告は、事故当時16歳であった。

　原告は、本件事故の６日後である平成28年１月31日、10歳の頃から歯科矯正治療のために通院していたＡ歯科医院を受診した。原告は、Ａ歯科医院の歯科医師の指示で平成28年２月８日、総合病院の歯科を受診した。原告は、同病院歯科を受診の際、本件事故後、顎の音、痛みがある旨を訴え、外傷性顎関節症と診断され、平成28年３月７日、傷病名を「外傷性顎関節症」とする診断書が発行された。

　平成28年５月27日、Ａ歯科医院の歯科医師は、従来の治療方針を変更し、口腔外傷に伴う咬合異常の発現に伴う咬合関連症状の治療を追加することとした。

　裁判所は、①原告が、本件事故当日に受診した整形外科において頭部打撲なしと説明をしていること、②原告が本件事故翌日に受診したクリニックにおいて実施されたMRI検査において頭部に出血性病変は認められなかったこと、③原告が平成28年２月８日に受診した総合病院の歯科外来における所見ではクリックほとんどなし、咬合偏位なしとされていること、④総合病院の歯科医師は、外傷性顎関節症とする診断書を発行しているものの、当初、発行に難色を示していたこと、⑤精密咬合紙に

第1章 因果関係　　99

よる咬合検査は、本件事故前の状態と対比することができないこと、などの事情から、顎関節症ないし咬合関連症状（外傷性頚部症候群）を理由として長期にわたる口腔外傷の治療が必要になる程度の衝撃を受けたと認めるに足りないとして、口腔外傷に伴う治療のうち、平成28年5月27日以降の治療は本件事故と相当因果関係が認められないとした。

〔コメント〕

　本事例では、裁判所は、事故当日に受診した医療機関での原告の説明、事故翌日に実施したMRI検査の所見、事故から約2週間後に受診した歯科口腔外科での所見、診断書発行の経緯、検査結果が事故前と比較できないことなどを、考慮要素として、一定期間後の顎関節症にかかる治療と事故との因果関係を否定しています。

第3　不法行為と歯科矯正治療との因果関係

1　解　説

　（1）　はじめに

　受傷した歯が脱落した場合に、その欠損部分に隣在歯を移動させる矯正治療を行うことや、欠損部に補綴処置をするためのスペースがない場合に、隣在歯を動かして、スペースを確保する矯正治療が行われることがある。

　しかし、受傷前から歯列不正が認められたり、もともと矯正治療を受けていたりする場合などに、矯正治療と事故等との因果関係が争われることがある。

　そこで、本項では、不法行為と歯科矯正治療との因果関係が争われた事例を紹介する。

　（2）　裁判事例の特徴

　不法行為と歯科矯正治療との因果関係を認めた2事例の原告は、い

ずれも、事故前から不正咬合があったり、事故前から矯正治療を受けていたりしていた。

　否定された2事例中1事例は、全ての歯科矯正治療との因果関係を否定されたものではなく、一定時期以降の矯正治療について因果関係を否定されている。

2　事例紹介

（1）　歯科矯正治療との因果関係を肯定した事例

【事例49】仙台地裁平成24年2月28日判決（自保1870・28）

　事故発生日は、平成20年12月26日であり、原告は本件交通事故時13歳であった。

　原告は、本件事故で顔面多発裂傷、顔面骨多発骨折、歯牙（3歯）欠損の傷害を負った。

　原告は、インプラント治療を実施するに当たっては、矯正治療が前提となるとして、矯正治療費は合計98万7,000円を請求した。

　また、原告は、矯正の動的治療終了から5年後までそのメンテナンス及び検査が必要であるとして、その費用合計10万円に8年のライプニッツ係数を乗じた6万7,680円を請求した。

　被告は、原告には本件交通事故より前から重度の不正咬合が存在し、その矯正治療は、本件交通事故と関わりなく、不可欠であったとして、矯正治療費について争った。

　裁判所は、インプラント治療の相当性を認めた上、インプラント治療を実施する前提として矯正治療が必要であることが認められるとして、本件交通事故と矯正治療との相当因果関係を認めた。ただし、将来の矯正のメンテナンス費については、将来のインプラントメンテナンス費を認めたことを理由にして、認めなかった。

　裁判所は、原告には事故前から重度の不正咬合があったから事故とは関係なく矯正治療が必要だったとする被告の主張については、矯正治療は多くの一般家庭において、日常の咀嚼に支障がなければ、行われるこ

とが期待できない治療であること、原告が不正咬合により日常の咀嚼に支障を来していたとは認められないことから、原告の不正咬合は本件交通事故と関わりなく矯正治療が不可欠であったとはいえないとして排斥した。

〔コメント〕

もともと不正咬合があった原告について、矯正治療と事故との因果関係が認められた事例ですが、裁判所が、その理由として、「矯正治療は多くの一般家庭において、日常の咀嚼に支障がなければ、行われることが期待できない治療であること」を挙げている点に特徴があります。

【事例129】名古屋地裁令和４年５月11日判決（交民55・３・575）

事故発生日は、平成28年１月25日であり、原告は、当時16歳であった。原告は、10歳からＡデンタルクリニックで歯列矯正治療を開始していた。

Ａデンタルクリニックでは、平成27年１月24日の原告の口腔内の写真を撮影しているところ、同日当時、原告の上顎の歯列、下顎の歯列のいずれにも、外側からブラケット及びワイヤーによる固定がされており、歯列に乱れはなかった。また、同日のレントゲン写真では下顎前歯４本の配列は正常であった。本件事故前の最終通院日は平成27年12月20日であり、１か月後の通院時に矯正装置を除去して、保定装置作成のための印象採取を行うことが予定されていた。

原告は、本件事故の６日後である平成28年１月31日、Ａデンタルクリニックを受診した。

原告は、本件事故により追加の矯正治療が必要になったと主張し、被告らは、本件事故発生前から継続されていた歯科矯正治療の一環であると主張した。

裁判所は、①本件事故の１か月前の平成27年12月20日の段階で歯列が正常な状態になったことから動的治療を終了することが確認されており、本件事故時の原告の歯列に乱れはなかったと推認できること、②原

告は本件事故時に歯列矯正治療中であったところ、歯列矯正中の歯根は不安定な状態でゆるんでいる又は柔軟性に富んだ状態にあること、③本件事故の6日後に撮影された写真上、原告の下顎前歯には歯列不正が確認できること、④原告は平成28年2月8日に総合病院の歯科外来を受診した際に下顎の矯正装置がずれてしまい外している旨の説明をしていることからすれば、原告の下顎の歯列不正は本件事故の衝撃によって上顎前歯内（舌）面と下顎前歯唇面がぶつかるという機序にて生じたと推認できること、などの事情から、本件事故により原告の矯正治療の追加が必要になったと認めた。

〔コメント〕

本事例は、本件事故前から矯正治療をしていた原告について、追加の矯正治療と事故との因果関係が認められた事案です。裁判所は、事故前の時点で原告の動的治療（歯を動かす段階のこと）が終了していたこと、矯正中の歯が動きやすい状態にあること、事故から6日後の写真で歯列不正が確認できること、原告の歯科受診時の説明などを根拠にしています。本事例は、矯正治療の動的治療と静的治療（保定）のうち、動的治療がほぼ終了していた事案ですが、仮に、動的治療が途中の段階である場合は、事故によるものか否かという判断が難しいものになるのではないかと思われます。

（2）　歯科矯正治療との因果関係を否定した事例

【事例58】横浜地裁平成25年8月8日判決（交民46・4・1083）

事故発生日は、平成18年7月11日であり、原告は、本件事故当時10歳であり、本件事故により永久歯2本が脱落した。

原告は、平成17年ころから開始していた歯の矯正治療について、本来ならば、3年程度で終了するところであったが、本件事故により延長せざるを得なくなったとして、その分の矯正治療費も請求した。

裁判所は、平成19年6月までの矯正治療費は事故と因果関係があるこ

第1章　因果関係　　　　　　　103

とを認めた。しかし、同年7月以降の矯正治療費については、同月以降に装着された上下顎の矯正装置は、混合歯列の状態にあった原告の歯牙の萌出や成長に合わせたもので、前月までの矯正治療によって本件事故前の状態に戻ったものと判断されることが認められるという理由で、事故との因果関係を認めなかった。

〔コメント〕

　「混合歯列」とは、永久歯と乳歯が混在している状態のことをいいます。

【事例62】東京地裁平成25年12月27日判決（平23（ワ）35884）

　原告が、平成22年1月21日、同じく中学1年生であった被告から顔面を手拳で1回殴打されたことにより1歯の歯牙破折、1歯の歯髄壊死等の傷害を負った。

　破折した歯（歯①）については、抜髄、根管治療、根管充当が行われ、仮歯が装着された。歯髄壊死した歯（歯②）については、感染根管治療が必要であると診断された。

　原告は、①従前歯列矯正の必要性を指摘されていなかったこと、②本件暴行により2歯に隙間が生じていること、③本件暴行により全体として歯の根に衝撃が加わっていること、を根拠に、本件暴行により原告は歯列不正が生じたとして、歯列不正に伴う矯正費用計116万400円を請求した。

　被告は、歯間空隙の程度はごく軽微であって、歯間空隙による生活上の機能障害は生じていないとして、治療として矯正を実施する必要性はないと主張した。

　裁判所は、原告について従前歯列矯正の必要性を指摘されていなかったことを認めるに足りる客観的な証拠がないとした上で、本件暴行により原告の前歯に衝撃が加わっていることや、原告の右上3番から右上1番の歯の歯間に空隙があることを考慮に入れても、本件暴行により原告の歯列不正が生じたと断定することは困難であるとして、矯正治療費と暴行との因果関係を認めなかった。

〔コメント〕

　通常、事故などで歯科領域の傷害を負って矯正治療が必要になる場合とは、受傷歯が脱落した欠損部分に隣在歯を移動させて空隙を埋めたり、インプラントを埋入するためのスペース確保のためだったりします。それに対し、本事例では、原告は、被告の暴行によって前歯が移動して歯と歯の間に隙間ができたとして、矯正治療費を請求しているようです。しかし、歯が脱臼を伴うことなく側方に移動するためには、矯正治療のように持続的に力がかかり続ける必要がありますので、暴行のような瞬間的な外力によって、脱臼を伴わずに側方に移動したとは歯科医学的には考えにくいです。判決文からは、原告の空隙が生じた歯について、脱臼性の傷害（側方脱臼、挺出、陥入など）が生じたと診断されたという事実は読み取れませんので、事故との因果関係を否定した結論は妥当だと考えます。

第 2 章

歯科治療の必要性・相当性

第
2
章

106

第
2
章

第2章　歯科治療の必要性・相当性　　107

第1　総　論

　歯科の補綴治療では、健康保険適用の治療と適用外の治療が存在している。

　例えば、歯を根元から失った部分を補綴する方法（＝欠損補綴）としては、インプラント、ブリッジ（架橋性義歯）、可撤性義歯（俗にいう入れ歯）などがあり、インプラントは保険適用外の治療である。他方で、ブリッジと可撤性義歯は基本的には保険適用であるが、ブリッジの人工歯の部分をセラミックにしたり、可撤性義歯の床部分を金属にしたりするなど、使用する材料によっては保険適用外になる。

　また、歯根が残っている場合に歯冠部分を補綴する（＝歯冠補綴）場合にも、セラミックを使用したオールセラミック冠など歯冠部分に使用する材料によって、保険適用と適用外が別れる。

　保険適用外の補綴治療の方が審美性や機能性の面で優れることが多く、被害者側が保険適用外の治療方法を選択することが多い。もっとも、保険適用外の治療の方が、当然に治療費が高額であり、加害者側から相当性や必要性が争われるケースも少なくない。

　本章では、健康保険適用外の代表的な治療方法であるインプラントの必要性・相当性（因果関係も含む。）が争われた事例と、オールセラミック冠などの健康保険適用外補綴冠の必要性・相当性が争われた事例を紹介する。

第2　インプラントの必要性・相当性に関する事例

1　解　説
（1）　はじめに
　インプラント治療は、審美的にも機能的にも最も優れた欠損部に対

する補綴方法であるといえるため、近年では、広く社会に浸透しており、欠損部の補綴方法のうちの有力な選択肢になっている。もっとも、ブリッジや可撤性義歯などの補綴方法に比較して金額が高額である点が、選択の際の障壁になっている。

しかし、加害者がいる事案では、治療費を相手に請求でき、特に、加害者側が賠償責任保険に入っているケースでは、治療費も賠償金として回収できる見込みがかなり高い。そのため、前述のような治療費が高額という障壁がないので、治療方法として選択されやすくなっていると思われる。

なお、治療する歯科医院についても、大半は通常の患者と同様の金額でインプラント治療を行うが、まれに、治療費を損害保険会社に請求できることをいいことに、平時の価格設定よりも高額な治療費を請求するケースもある。

このようにインプラントによる補綴治療を行った場合、治療費が高額になりがちであるため、加害者側から因果関係も含め治療の必要性・相当性が争われることが多い。

（2）　裁判事例の特徴

【事例11】では、原告・被告双方から四肢麻痺となった原告にとっての各種補綴方法の具体的なデメリットが主張されている点に特徴がある。【事例41】は、事故前から欠損していた左上１番の部位へのインプラント治療費についても、相当性を認めている点に特徴がある。【事例88】では、各種欠損部補綴方法について、一般的なメリット・デメリットを詳細に論じ、必要性・相当性判断の基礎にしている。【事例99】では、インプラントの必要性・相当性を認められたものの、治療費については、全国平均額を根拠に請求額より減額されたところに特徴がある。

必要性や相当性を否定した事例をみると、①治療開始時期が事故か

第2章　歯科治療の必要性・相当性　　109

ら長時間経過しており、そもそも事故と治療との因果関係が否定されている事例（事例66、73）、②歯根まで破折が及んでいないというインプラント非適応症例である事例（事例92）、③必要性・相当性の立証をしていない事例（事例37）といったものに限られており、基本的には事故等で歯が欠損した場合には、インプラントによる補綴治療の必要性・相当性が認められると考えられる。

　もっとも、もともとブリッジで補綴していた欠損部について、事故でブリッジが破折・脱落したことを理由に同欠損部をインプラントで補綴するなど、事故前の状態よりもよい状態に回復させるような場合は、その相当性が否定されると考えられる。

　また、必要性・相応性が認められた上で、相場以上の金額が請求されている場合には、金額が減額されている事例もある。

2　事例紹介
（1）　インプラントの必要性・相当性を肯定した事例
【事例11】大阪地裁平成19年12月10日判決（交民40・6・1589）

　原告X_1は、本件事故により、脳挫傷、外傷性くも膜下出血、外傷性頚髄損傷（第6頚椎脱臼骨折）、骨盤骨折、右大腿骨骨折、歯牙欠損（部位、本数は不明）等の傷害を負った。

　原告X_1は、歯牙欠損した部位について、一旦歯冠補綴（方法は不明）による治療をしていたが、インプラントにやり替えた。

　原告X_1は、歯牙欠損部の補綴方法について、可撤性部分床義歯は義歯の着脱が四肢麻痺を有する患者には容易ではなく誤嚥・誤飲のリスクもあること、ブリッジは合計4本の健全歯削合を要するため二次う蝕のリスクや支台歯への力学的負担が大きいこと、などと両補綴方法のデメリットを挙げ、インプラントによる方法が望ましいと主張した。

　原告X_1は、既払いのインプラント治療費31万8,680円と今後必要と見込まれる治療費60万円の計91万8,680円をインプラント費用として請求

した。

　被告は、原告X₁が四肢麻痺のためインプラント維持に重要な手入れ（プラークコントロール）ができにくい状態であるから、ブリッジによる治療を行えば十分と主張した。また、原告X₁の請求するインプラント治療費も他の病院と比較しても高額であると主張した。

　裁判所は、インプラント、可撤性部分床義歯及びブリッジの3つの方法を比較し、可撤性部分床義歯は、原告X₁には四肢麻痺があるため誤嚥・誤飲のリスクがあること、ブリッジの方法については、健全歯削合を要し、二次う蝕のリスクや、支台歯への力学的負担が大きいことなど、不適当な点を挙げ、インプラント費用81万8,680円を認めた。

〔コメント〕

　原告X₁は、本件事故で歯牙欠損（部位、本数は不明）の傷害を負い、裁判所は、その治療法として、インプラントによる補綴治療が相当であると認めました。

　ただ、本事例の原告X₁は、本件事故により四肢麻痺の障害が残存しているため、被告が指摘しているとおり、その後のメンテナンス（プラークコントロール）が難しく、インプラント周囲炎などを発症しやすい可能性が高くなると考えられます。また、一度、インプラントが感染源となってしまうと、全身状態との兼ね合いで通常のケースよりもインプラントの除去が困難になることも考えられます。このような問題もあるため、本事例のようなケースでインプラントによる補綴が最適かどうかは難しい判断になると考えます。

【事例41】東京地裁平成23年7月20日判決（平22（ワ）31628）

　原告の左側上顎中切歯（左上1番）は、本件暴行を受ける前から既に欠損しており、この箇所には右側上顎中切歯（右上1番）及び左側上顎側切歯（左上2番）を土台とするブリッジが装着されていた。

　本件暴行により、原告の右側上顎中切歯（右上1番）は、外傷性歯牙

第2章　歯科治療の必要性・相当性　　111

脱臼により抜歯し、左右上顎側切歯（左上2番、右上2番）は、歯根破折又は同疑いと診断された。

　そのため、上記ブリッジは除去され、右上1番と左上1番の欠損部には、2本のインプラントが埋入され、左上2番と右上2番には歯冠修復処置が行われる予定となっている。

　原告は、本件暴行により負った上記傷害について、受けたブリッジやインプラントによる補綴治療及び今後治療予定のインプラント治療について、本件暴行と因果関係を有すると主張した。

　被告は、「原告が主張する歯のブリッジ又はインプラントの治療代金は、通常の歯科医院における代金に比較して高額にすぎる。原告は事件発生日以後、毎晩のように飲酒しており、歯の治療を要する状況とは考えられない。」として、事故との因果関係を争った。

　裁判所は、インプラント治療については、インプラント治療が保険外の治療であることをもって、本件暴行と相当因果関係を有しないということにはならないなどとして相当因果関係を認め、もともとブリッジで補綴していた部分についても、暴行によって支台歯であった右側上顎中切歯が脱臼したため、インプラントにより補綴することも相当因果関係を認めた。

〔コメント〕

　本事例では、事故前からもともと欠損していた左上1番の場所に埋入するインプラント治療費についても、相当性を認めています。これは、インプラントと天然の歯根をつないだブリッジは原則的に行われないため、もともと装着されていた左上1番と左上2番を支台とするブリッジを再度作成・装着することができなくなったためであると考えられます。

【事例57】東京地裁平成25年5月22日判決（平24（ワ）29323）

　当時33歳の原告が、被告から受けた暴行によって右上3番の歯を抜歯した上でブリッジの設計を変えた新しい補綴物を入れるか、インプラントによる治療を要する本件歯牙破折等の傷害を負ったとして450万円余

りの歯科治療費を請求した。

裁判所は、原告の請求を認め、全額認容した。

〔コメント〕

判決文からは、具体的な受傷歯の部位、本数や治療方法が判然としないところがありますが、「右上3番の歯を抜歯した上でブリッジの設計を変えた新しい補綴物を入れる」という文言からしますと、もともと右上3番を支台歯の一部としたブリッジが装着されていたものの、右上3番が抜歯せざるを得なくなったため、従前の設計のブリッジを作り直すことができなくなったものと思われます。また、歯牙欠損について後遺障害の主張や認定がされていないことからすると、被告の暴行で欠損した歯の本数は多くないと思われます。他方で、治療費が、450万円超ということからしますと、埋入したインプラントの本数もかなりの数であったと推測されます。そうしますと、当時33歳と若い原告について、もともと多くの欠損部があったのだとしますと、ブリッジで再補綴できなくなったことについて素因減額を主張することもあり得るのではないかと考えます。

【事例88】名古屋地裁平成28年11月30日判決（自保1992・113）

原告は、本件事故により歯槽骨骨折、歯牙脱臼（左前歯1本、部位不明）、左肩甲骨骨折、右手舟状骨骨折、右月状骨周囲脱臼の傷害を負った。

原告は、歯牙脱臼で歯を喪失した部位について、受けたインプラント治療費として合計110万8,657円を請求した。

被告は、インプラント治療は費用が高額となり治療期間も長期に及ぶのに対して、ブリッジによる治療であれば手術の必要はなく治療期間も短期間となること、ブリッジについては、本件のように前歯1本の欠損であれば両隣の歯への負担は限られたものであることなどを理由に、本件のように左前歯1本の欠損に対する治療としては、ブリッジによる治療で十分であり、インプラント治療の必要はないと主張した。

第2章　歯科治療の必要性・相当性　　113

　裁判所は、「可撤性義歯の場合、容易で安価に作成でき、治療期間も極めて短縮できるが、Ⅰ咬合能力の回復、Ⅱ審美性の回復、Ⅲ補綴物の長期安定性全ての点でブリッジやインプラントより著しく劣っていること、ブリッジの場合は、Ⅱにおいては外傷で歯槽骨が萎縮している原告に適用すると、補綴物と歯槽骨間の空隙が目立つこととなり、審美的に非常に劣るものとなることが予測されること、Ⅲにおいては比較的長期間安定することが予測されること、両側臨在歯を大きく切削しなければならず、両側隣在歯はともにう蝕のない健全歯であるため、切削することは大きなマイナスで、切削したことが原因で、将来的に歯髄が壊死する危険性が考えられること、インプラントの場合、Ⅰ、Ⅱは圧倒的に優れていること、欠点として、埋入する手術が必要であり、手術の際のリスクがあるが、原告の手術部位近辺には、損傷で問題となる血管・神経は存在しないため、このリスクはほぼ関係ないこと」を挙げ、ブリッジで十分であるという被告の主張を排斥し、インプラント治療の必要性を認めた。

〔コメント〕

　本事例は、可撤性義歯、ブリッジ、インプラントのそれぞれのメリット・デメリットを詳しく述べた上でインプラント治療の必要性を認めている点に特徴があります。

【事例99】横浜地裁平成29年12月4日判決（自保2018・75）

　原告（本件事故当時20歳）は事故により、右上1番、右上2番、右上4番及び左上1番、左上2番を喪失し、インプラントを埋入し、上部構造にはジルコニアを用いた冠を装着するなどの歯科治療を受けた。それらの治療費は合計334万5,000円（インプラント手術85万円、埋入手術代40万円、GBR20万円、プロビジョナル装着費用12万5,000円、ジルコニア上部構造体等153万円、ジルコニアポーセレン冠24万円）であった。

　被告は、上記の歯科治療費について、インプラントが保険診療の対象外であり、咀嚼機能や言語機能等の原状回復のために先進医療であるインプラント治療を行う必要性、相当性はないこと、最高級品のジルコニ

ア構造体の費用を損害として認定するのは当事者間の公平に反することを主張し、争った。また、仮にインプラント治療の費用を認めるとしても、相当因果関係のある損害は義歯1本当たり30万円であることなどを主張した。

　原告は、「治療器具や材料等の選定について実務上使用例が多数認められており、不当に高いものを選定したという事情がなければ、医学的必要性ないし合理性があるというべきである。ジルコニアの特徴は、軽量で強度もあり、生体親和性もある素材であり、ラミネートクラウンと同様に審美性のみで選択されたわけではない。」と反論した。

　裁判所は、「現在のインプラント治療の普及状況、原告の歯牙の損傷が複数の歯に及んでいること、治療時の年齢に鑑みて長期的な使用に耐えるような治療方法の選択をすることに合理性があったといえること、インプラント治療には審美性の向上という面もあるが、その反面、感染症の危険が大きいなどの短所もあることからすれば、複数の治療方法の中からインプラントを選択すること自体が直ちに相当性を欠くとはいえない。」とした。ただし、金額については、インプラント費用の全国平均額は約32万5,000円であることを理由に162万5,000円（＝32万5,000円×5本）に限って認めた。

〔コメント〕

　本事例は、インプラントによる補綴治療の相当性を認めた上で、治療費について、原告の請求金額ではなく全国平均額をもとに損害額を認定している点に特徴があります。被告が賠償保険に加入している事案ですと、インプラント治療をする歯科医院が極めて高額な見積りを出してくるケースも散見されますので、被告側としては、同歯科医院のホームページを確認するなどして、通常の治療費を請求しているのかを確認する必要があろうかと思います。

　判決文に出てくる「GBR」とはインプラントを埋入する骨に厚みや高さが不十分な場合に行う、歯槽骨を再生する治療です。「プロビジョナル」とは最終的な補綴物や上部構造を作製する前に装着される仮歯

第2章　歯科治療の必要性・相当性　　115

のことをいいます。

　なお、原告の主張に「ラミネートクラウン」という言葉が出てきます。単なる誤記なのか、ラミネートベニアとセラミッククラウンが混同したのか、少なくとも筆者はそのようなものを見たことがありません。

【事例127】京都地裁令和４年３月17日判決（交民55・２・371）

　　自転車を運転していた第１事件被告は、事故当時37歳であった。第１事件被告は、右上１番歯根破折し、抜歯し、インプラントで補綴した。
　　第１事件原告は、第１事件被告のインプラントの二次手術の相当性・必要性を争った。
　　第１事件被告は、「インプラント治療の方法には、１回法と２回法がある。１回法を採り得るのは、患部の骨の量、硬度が十分にある場合に限られるところ、被告の欠損歯は、歯肉縁下まで斜めに破折し、骨欠損量が多く、インプラントの初期固定が得られなかったことなどから、２回法が採用され、１回目は令和元年６月20日、２回目が同年11月21日に実施されたものであって、インプラントの２次手術の必要性・相当性は明らかである。」と主張した。
　　裁判所は、第１事件被告がインプラントの治療方法として２回法（１回目の手術でインプラント体の埋入のみを行い、インプラント体と骨の結合を数か月待った上で、２回目の手術でアバットメントや上部構造を装着する方法）を採用したことについて、「１回目の手術後に骨増生を待つ必要があったり、各手術後の経過観察が必要であったりするため、相応の期間を要することは避けられない」と認め、事故日である平成31年１月７日から令和２年３月23日までの１年２か月強の期間は必要かつ相当なものと判断。その期間中の歯科治療全体が本件事故と相当因果関係のある治療と認めるのが相当であるとした。

〔コメント〕

　本事例では、「被告の欠損歯は、歯肉縁下まで斜めに破折し、骨欠損量が多く」とあることから、右上１番の歯の周囲の歯槽骨も事故によ

って大きく欠損したことを理由に、2回法によるインプラント治療の相当性が認められています。仮に、歯周病などで事故前から歯槽骨の骨量が減少していた場合も同じく相当性が認められるのかは気になるところです。

【事例128】 岡山地裁令和4年3月28日判決（判自499・94）

　原告は、事故当時30歳であり、事故により右上4番、右上5番を喪失し、32歳の時に同部をインプラントで補綴した。

　被告は、インプラント治療は医療保険が適用されないものであること、その費用がインプラントの1／10〜1／30程度である義歯やブリッジでも咀嚼機能や審美性等においてインプラント治療よりも劣る面はあるものの、日常生活を送る上で問題はないことを理由に挙げ、インプラント治療の必要性を争った。

　裁判所は、インプラント治療も社会に相当程度普及していることやその効果、医師の診断内容、原告の年齢・希望等も考慮してインプラント治療の相当性を肯定した。

〔コメント〕

　令和4年に出された判決ですが、インプラント治療の必要性を認める理由の一つに、インプラント治療が社会に相当程度普及していることを挙げている点に特徴があります。

（2）　インプラントの必要性・相当性を否定した事例

【事例37】 東京地裁平成22年12月21日判決（自保1853・85）

　原告は、本件事故で右上1番、左上1番、左下1番に歯冠及び歯根を欠損する傷害を負い、その歯科治療費は、インプラント埋入も含めて87万4,000円であると主張した。

　被告は、インプラント埋入は不要であるとして争った。

　裁判所は、インプラント埋入の必要性・相当性の立証がないとしてインプラント代を否定し、33万4,000円の限度で歯科治療費を認めた。

第2章　歯科治療の必要性・相当性　　117

〔コメント〕

右上1番、左上1番、左下1番のいずれの歯が歯根を欠損したのか
は不明ですが、裁判事例の傾向からしますと1歯でも歯根が欠損した
のであれば、少なくともその欠損した箇所のインプラント治療費は相
当性が認められそうです。しかし、本事例では、「インプラント埋入の
必要性・相当性の立証はない」とされていますので、少なくとも【事
例88】で判示されているような各補綴方法のメリット・デメリットを
比較した上でのインプラントの必要性・相当性を主張・立証する必要
があるのではないかと考えます。もっとも、ただ漫然と、一般論とし
てのメリット・デメリットではなく、当該患者に適用される場合を踏
まえたメリット・デメリットの比較が必要だと思われます。

【事例66】東京地裁平成26年3月25日判決（自保1925・163）

> 事故発生日は平成24年7月18日。
> 　原告は、「本件事故により顎を強く打ち付け、昭和63年頃に治療した上
> 前歯5本にかけてのブリッジが損傷し、外れた。ブリッジの支えとなる
> 歯は損傷が激しく、かかる歯の治療のために再度ブリッジの方法による
> ことはできず、インプラントの方法によるほかない。」として、インプラ
> ント費用194万2,500円を請求した。
> 　被告は、歯の治療については、本件事故との間に因果関係がないとし
> て争った。
> 　裁判所は、ブリッジが脱離したのが事故から4か月後であること、そ
> れまで歯科に継続的に通院していた原告が何の異常も訴えていなかった
> ことから、事故とインプラント治療の因果関係を否定した。

〔コメント〕

ブリッジの装着から約25年も経過していたことからすると、事故以
外の原因で脱落しても何ら不自然ではないと思われます。

【事例73】 大阪地裁平成26年９月５日判決（平23（ワ）9360）

　　原告は、本件事故により、10歯の補綴を要する傷害を受けたとして、歯科治療費として合計696万5,185円を請求した。

　　裁判所は、原告が受診した病院の記録には、歯牙の欠損を伴うような顔面ないし頭部の打撲等の内容がなく、歯科医院の予診表のみに「１年前事故、１か月後に歯がぽろぽろ抜けてきた。弁護士と相談し、見積もりを聴きに来た。インプラント一本に付き、という条件で見積もり渡した」との記載があること、同歯科医院の診療録には「事故との関連が不明な部分は請求できないだろうと説明。初期治療が済んだ時点で再度見積もり必要。初期治療は保険でしてはと提案している」との記載があることなどから、歯牙の欠損と本件事故との因果関係を認めるには足りないというほかはないとして歯牙欠損（インプラント治療）と事故との因果関係を否定した。

〔コメント〕

　　原告が事故から１年３か月以上経過したのちに歯科を受診していることや事故直後に受診した病院での主訴が四肢擦過や打撲のみで顎顔面部に何ら傷害を負っていないことなどから、歯科領域の傷害と事故との因果関係が否定されていますが、歯科医学的な見地からしても当然の結論といえます。

【事例92】 東京地裁平成29年１月31日判決（平27（ワ）24970・平28（ワ）2798）

　　本訴被告Ｙは、本訴原告の暴行によって歯を４本失ったとして、インプラントによる自由診療を前提する歯科治療費130万円を請求した。

　　本訴原告は、「本件事件当日、被告Ｙは、前歯２本以外は負傷部位として申告していないのであり、本件殴打行為と因果関係ある歯牙の破折は２本にとどまる。また、被告Ｙの主張する歯科治療費は、保険適用外の治療を前提とするものであるが、差し歯による治療が可能であるから、前歯２本の治療費は合計１万4,000円にとどまる。」と争った。

第2章　歯科治療の必要性・相当性　119

　裁判所は、本訴被告Yが歯の破折本数について、「刑事事件の捜査時、治療時の申告時及びその診断時、本訴提起時等の各段階において合理的理由なく主張を変遷していること」から、本訴被告Yが破折したと主張する歯4本全てが本件段打行為により破折したと認めることはできないとした。

　その上で、裁判所は、本訴被告Yによる前歯2本が破折したという申告が一貫していること、前歯2本が破折した機序についても相応の説明をしていること、本件事故当日に診察した大学病院の医師から両側上顎切歯破折と診断されていることなどから、本訴被告Yは、本訴原告による本件段打行為により前歯2本を破折したと認定した。

　もっとも、裁判所は、本訴被告Yの「前歯の欠損が歯根部分まで及んでいないことからすると、保険診療を前提とした1本7,000円の治療費の限度で認めるのが相当である」として、インプラントの治療費の必要性を否定し、歯科治療費1万4,000円のみ認定した。

〔コメント〕

　裁判所の認定のとおり、破損箇所が歯根まで及んでいないのであれば、歯科医学的には残存した歯根を支台にして補綴冠を装着するのが通常であり、わざわざ残せる歯根を抜いてまでインプラントで補綴することはありません。ですので、インプラントの必要性を否定した結論には妥当性があります。しかし、補綴方法についてまで、保険適用の方法の限りでしか必要性を認めなかったことは疑問です。

第3　保険適用外補綴冠の必要性・相当性に関する事例

1　解　説

（1）　はじめに

歯冠補綴の方法にも、健康保険適用内のものと健康保険適用外のも

のがあり、基本的には補綴物に使用する金属や材料によって分けられる。

保険適用内の硬質レジン前装冠などと保険適用外のオールセラミック冠では、審美性に大きな差があり、金額にも大きな差がある。また、ブリッジのように補綴歯数が多くなればなるほど、その金額の差は大きくなる。

このような特性から、インプラントによる補綴治療でない場合にも、補綴治療やその治療費の必要性・相当性が争われることが多い。

そこで、本項では、オールセラミック冠などの健康保険適用外の補綴冠の必要性・相当性が争われた事例について、必要性・相当性が肯定された事例と否定された事例をそれぞれ紹介している。

（2） 裁判事例の特徴

肯定例では、オールセラミック冠などの保険適用外の補綴治療の相当性の判断において、性別・年齢・職業などを考慮要素としている事例もある。しかし、保険適用内の治療に【事例110】で指摘されているようなデメリットがあることからすれば、被告の過失によって天然の歯冠部を喪失せざるを得なくなった原告が、年齢や性別、職業によっては、保険適用内の補綴方法を甘受しなければならない場合があるというのは不合理であると思われる。

否定例の【事例68】、【事例108】、【事例111】のように、もともと保険適用の硬質レジン前装冠が装着されていた歯に保険適用外のメタルボンド冠を装着したり、もともとメタルボンド冠が装着されていた歯に対してより審美性の高いオールセラミック冠を装着したりというように、もともとの状態よりもよい状態まで回復をさせることを、加害者の負担にすることは公平ではないため、相当性が否定される結論は妥当であろう。

他方で、もともと天然歯であった歯について、【事例22】のようにオ

第2章　歯科治療の必要性・相当性　　121

ールセラミック冠での補綴治療を「専ら審美的な目的のため」として
相当性を否定することは、天然の歯冠が人工の歯冠になってしまった
不利益を考えると疑問の残る結論である。

2　事例紹介

（1）　保険適用外補綴冠の必要性・相当性を肯定した事例

【事例9】東京地裁平成19年5月25日判決（平18（ワ）20445）

　　原告は、20代の女性であり、クラブホステス及びコンパニオンをして
いた。
　　原告は、被告の行為により転倒して、上顎左右前歯（右上1番・左上
1番）、上顎左右側切歯（右上2番・左上2番）及び上顎左側犬歯（右上
3番）には動揺が生じ、上顎左右前歯、上顎左側犬歯、上顎左右第1小
臼歯（右上4番・左上4番）及び上顎右側第2小臼歯（右上5番）は破
折したと主張した。
　　原告は、破折した各歯について、抜髄、根管治療処置を行った後、支
台形成を行い、上顎右側第2小臼歯から上顎左側第2小臼歯までメタル
ボンド冠を装着した。
　　原告は、原告が「妙齢の女性でホステス、コンパニオン等の接客を主
体とする職業に従事していたほか、歌手としても稼働することを希望し
ていたものであり、今後も同様の職業に従事することを希望しているも
のであるから、口を開いた際に外部から見える範囲の歯の治療について
は、清潔かつ自然に見える素材を使用し、容易に変色等しないことが必
要である。保険診療のレジンは耐久性が劣り、変色したり、摩耗によっ
て金属冠が露出したりするおそれがあるため、これを使用した診療を行
った場合には、被害回復が極めて不十分となる。」として、メタルボンド
冠での補綴治療の相当性を主張した。
　　被告は、「原告の主張する歯科治療は、損害賠償として行うべき原状回
復を超えたものであり、ホステスという職業についている女性が常に審
美的な歯科治療をしているという事実が前提とならなければ成り立ち得
ない。本件において、ホステスであるということが審美的治療を必要と

する特段の事情となるものではない。」と反論した。

　裁判所は、「原告の年齢及び職業を考慮すると、原告にとって本件不法行為により受けた歯牙打撲、歯牙破折の傷害を、機能的にも外観的にも可能な限り原状に戻すことが重要であると考えられる。」として、メタルボンド冠での補綴治療の相当性を認めた。

〔コメント〕

　裁判所は、健康保険適用の補綴方法（前歯部はレジン前装冠、小臼歯部は金属冠）での補綴治療で足りるという被告の主張を認めませんでした。健康保険適用の補綴方法は、健康保険適用外のものと比較して特に審美性が著しく劣ることからすれば、裁判所の判断は妥当であると考えます。

【事例15】東京地裁平成20年12月10日判決（平17（ワ）15562）

　原告（事故当時中学2年生）は、友人の悪ふざけで松葉杖の一部が口元に当たり、歯牙破折2歯、外傷性歯牙亜脱臼4歯（いずれも部位は不明）、下口唇裂傷の傷害を負った。

　原告の上記の傷害にかかる歯科治療費は9万3,370円であり、そのうち8万円がメタルボンド冠の治療費であった。

　被告は、「医療機関における治療は、各種医療保険の対象となる範囲内で行われるのが一般的であり、原告の前歯の歯冠修復についても、医療保険の対象となる材料（硬質レジン等）を使用した処置によって十分快癒できたものであり、原告において、医療保険の対象にならないセラミック歯を使用する必要性、相当性はなかった。」として、メタルボンド冠の必要性・相当性を争った。

　裁判所は、「破折した前歯の補綴の場合、硬質レジン前装冠か硬質レジンジャケット冠が保険治療で認められている治療方法であり、機能的にはセラミック歯（メタルボンド）と比べても遜色はないことが認められる。」として、保険適用の治療法でも機能的には保険適用外の治療法と遜色がないとした上で、「セラミック歯（メタルボンド）は、耐久性、特に審美性に優れ、保険治療では認められていないが、特別な治療方法では

第2章　歯科治療の必要性・相当性　　123

なく、普通に行われている治療方法であることが認められ、以上を総合考慮すれば、原告が選択したセラミック歯（メタルボンド）が、医学的必要性ないし合理性が否定される治療方法であるということはできず、また、8万円という診療報酬が一般の歯科の治療費水準に比して特に高額であるともいえない」としてメタルボンド冠での補綴治療の相当性を認めた。

〔コメント〕

　硬質レジン前装冠は、表面にレジンという材質が使用されていますが、メタルボンド冠の表面に使用されているセラミックと異なり、吸水性があるため、年月の経過で変色してしまいます。この変色は、表面に色がつく着色と異なり、研磨などでは解消できませんので、審美性の面で大きく劣ってしまいます。また、レジンはセラミックよりも強度が低いため、耐久性に劣るといえます。これらの点を考慮すれば、事故によって、天然歯を失った者が、審美性の低い補綴方法を甘受しないといけないというのは不合理に思いますので、裁判所の判断は妥当であると考えます。

　なお、判決中では、「前歯の補綴の場合、硬質レジン前装冠か硬質レジンジャケット冠が保険治療で認められている治療」とされていますが、これは裁判当時のもので、現在は、CAD/CAM冠も保険適用内になっています。

【事例18】東京地裁平成21年9月28日判決（平20（ワ）13996）

　本訴被告が車のパワーウィンドウを誤操作して歯牙損傷を負わせたとして、不法行為に基づく損害賠償を求めた事案。
　本訴原告は、オールセラミック冠での治療について、「最新治療を行うことの必要性につき、スポーツインストラクターであること以外に被告は何ら主張立証しておらず、本件において、このような最新の治療方法を採用することが医学的に見て必要かつ合理的であることは認められな

い。」として、オールセラミック冠で治療する必要性がないと主張した。

　裁判所は、「セラミックは、現在使用される歯科材料の中で最も生体親和性があって天然歯の硬さにも最も近いものであり、審美性の回復にも最適の材料であるところ、被告のような歯牙損傷の治療には、オールセラミック冠による歯冠修復が最良・最新の方法であること」などを挙げた上で、本訴被告の性別や職業等（スポーツインストラクター、女性）をも考慮すれば相当性が認められるとした。

〔コメント〕

　本事例では、被告のオールセラミック冠による補綴の相当性を認める理由に被告の性別が女性であることを挙げていますが、今の時世ですと、相当性を基礎付ける根拠とすることは難しいのではないかと思います。

【事例26】東京地裁平成22年3月16日判決（平20（ワ）32939）

　原告は、本件事故により、右上1番と左上1番の2本の前歯を破折し、抜髄の上、メタルボンド冠で補綴治療をした。

　裁判所は、メタルボンド冠での治療の相当性を認めた。将来のメタルボンド冠の更新のための治療費やメンテナンス治療費などの請求はされていない。

〔コメント〕

　判決文中にある「金属製の歯冠をセラミックで覆って修復した」とあるのは、メタルボンド冠で補綴したことを意味しています。

【事例110】宮崎地裁平成31年2月1日判決（平29（ワ）477）

　原告は、事故当時中学1年生。

　原告は、本件事故により、上顎の中切歯2本（右上1番・左上1番）及び下顎の中切歯2本（右下1番・左下1番）を破折した。

　原告は、「保険診療では、補てつ材料や治療方法等に制約があり、適切な治療を受けられない」と主張し、上顎中切歯2本については、ファイ

第2章　歯科治療の必要性・相当性　　125

バーコアとオールセラミック冠での補綴治療が、下顎中切歯2本については、ラミネートベニアによる修復治療が相当であると主張した。

　被告は、「保険診療の内容は、各界の利害を調和させた公正妥当なものであるところ、歯科治療においても、保険診療によって治療することが十分可能な場合には、保険診療が賠償額の基準とされるべきである。」として、原告が主張する保険適用外の治療について相当性を争った。

　裁判所は、保険診療としての硬質レジンを用いる方法については、「すぐに変色したり、虫歯や歯周病を引き起こしたりする要因になるなどの欠点が認められること」から「被害回復方法としては、不十分である」とした。また、自由診療としてのハイブリットセラミック冠による補綴については、「価格の割に破折の確率が高いなどの問題があるため、治療方法として適当とはいえない。」とした上で、原告の主張する治療方法（オールセラミック、オールジルコニア、メタルボンド冠、又は、ラミネートベニア）による補綴・修復の相当性を認めた。

〔コメント〕

　本事例では、硬質レジン前装冠とハイブリッドセラミック冠について、具体的な欠点を摘示した上で、オールセラミック冠などセラミックを用いた補綴物等による治療の相当性を認めている点に特徴があります。

【事例119】大阪地裁令和3年2月5日判決（交民54・1・242）

　原告は、本件事故当時60歳であった。

　原告は、本件事故により、左上1番の歯冠部2/3が破折し、オールセラミック冠により補綴した。その治療費として16万5,560円を請求した。

　被告は、より安価な方法による治療が可能であったとして、治療費の相当性を争った。

　裁判所は、「破折した歯は人目に付きやすい左上第1歯（前歯）である」ことを理由に、「審美上の観点からオールセラミッククラウンによる補綴を行うことが不相当であるとはいえない。」として、原告の請求を認めた。

〔コメント〕

　判決文中に原告の性別が分かる記述はありませんが、裁判所は、原告の性別に言及することなく、受傷歯が人目につきやすい前歯であることを理由に、審美性の高いオールセラミック冠（クラウン）による補綴の相当性を認めています。

【事例126】東京地裁令和４年３月２日判決（判時2550・59）

　テニス部に所属していた高校１年生の原告が、試合中にコンクリート壁に衝突し、左側上顎中切歯（左上１番）及び右側上顎中切歯（右上１番）を完全脱臼する等の傷害を負った事故である。

　原告は、平成28年８月13日に左右の上顎側切歯（右上２番、左上２番）及び左右の上顎犬歯（右上３番、左上３番）の合計４本を削ってオールセラミックによるブリッジを製作・装着し、治療費67万2,408円を支払った。

　被告は、ブリッジを製作する材料が保険適用外のものである必要性を争った。

　裁判所は、「本件事故による原告の傷害部位が左側上顎中切歯及び右側上顎中切歯であり人目に付きやすい箇所であって、しかも原告が本件事故当時は16歳、ブリッジの手術当時は20歳から21歳にかけてであり、これから社会に出て人と接する機会が増加することが見込まれる若年の身であることに鑑みれば、上記２歯の支柱となる両脇の４歯をも含めて、全６歯に審美性に配慮したオールセラミックでのブリッジの手術を受けることは必要かつ相当である」として、必要性・相当性を肯定した。

〔コメント〕

　オールセラミックブリッジの相当性を認めるという結論には合理性がありますが、治療内容としては疑問があります。原告の年齢からすれば支台歯とした４本の歯は、健全歯だったと考えられるところ、２本の前歯を補綴するために健全歯４本を削るというのは、治療の妥当性としてはいかがなものかと思われます。本事例であれば、成人するま

第2章　歯科治療の必要性・相当性　　127

で暫間義歯などで保隙し、成人後にインプラントで補綴するケースが
多いのではないかと思われます。そうしていたとしても、インプラン
ト治療費は、相当性があると認定されたと思われます。

（2）　保険適用外補綴冠の必要性・相当性を否定した事例
【事例22】東京地裁平成22年1月21日判決（平20（ワ）20853・平21（ワ）
　　　　17155・平21（ワ）20639）

　　原告X₁は、本件ケンカにより、右上1番外傷性歯牙脱臼の傷害を負い、
　オールセラミック冠で補綴したとして、その治療費として32万2,210円
　を請求した。
　　裁判所は、右上1番の歯牙欠損について治療の必要性自体に疑問があ
　るとした上で、「その治療内容は、専ら審美的な目的のために、オールセ
　ラミック冠を用いた自費診療分として支出した29万5,000円が含まれて
　いるのであって、少なくとも当該自費診療支出分については、損害の公
　平な分担を旨とする不法行為損害賠償請求においては、相当因果関係を
　欠く支出というべきであって、被告Y₁に対する賠償請求をすることは
　できない。」とした。その上で、原告X₁の請求額から自費診療分29万
　5,000円を控除した残りの診療代2万7,210円は、本件ケンカと相当因果
　関係のある損害と認めた。

〔コメント〕
　もともと天然歯であった歯に対するオールセラミック冠での補綴治
療を「専ら審美的な目的のため」として相当性を否定していますが、
前歯部の補綴治療においては、審美性は重要な要素ですので、もとも
と硬質レジン前装冠などが装着されていたのであればともかく、天然
歯であったのであれば、より天然歯に近い審美性を持つオールセラミ
ック冠での補綴治療を「専ら審美的な目的のため」という理由で因果
関係や相当性を否定することは妥当ではないと考えます。

128　　第２章　歯科治療の必要性・相当性

【事例68】東京地裁平成26年３月28日判決（平23（ワ）27638）

　　原告は、死亡したＡの長女である。
　　原告は、Ａは、本件事故により、右上３番の補綴物脱離及び歯根破折、
上顎ブリッジ半脱落破折、左下２番及び３番の各歯冠破折の損傷等の傷
害を負ったと主張。
　　Ａは、上顎について、15本全歯にわたるメタルボンドブリッジの新製
装着療という補綴治療を、下顎について、右下５番から左下３番の８本
の歯にわたるメタルボンドブリッジの新製装着という補綴治療をそれぞ
れ受けていた。
　　被告は、「メタルボンドは陶材で審美性に優れているが、高価なために
保険適用外とされており、前歯以外の歯牙に用いる必要性はあまりない
から、メタルボンドブリッジを使用したことについても、必要性と相当
性を欠いている。」と主張した。
　　裁判所は、①Ａにもともと装着されていた上顎ブリッジがメタルボン
ドのものではないこと、②上顎については、右上２番から左上３番まで
を利用することにより、右上６番から左上３番までの範囲で保険適用の
ブリッジを作製することができること、③下顎についても、右下３番か
ら左下３番までの範囲で保険適用の前装冠ブリッジを作製することがで
きること、④Ａにおいてあえて審美的な観点からメタルボンドのブリッ
ジを使用する必要があると認められないこと、⑤メタルボンドの有用性
の程度が金額の差に匹敵すると認めるに足りる証拠もないこと、などを
理由に、保険適用外のメタルボンドブリッジを入れたことについて、相
当性を否定し保険適用のブリッジの限りで治療費を認めた。

〔コメント〕

　本事例では、もともと被害者の口腔内に健康保険適用内のブリッジ
（レジン前装冠ブリッジ）が装着されていたことなどから、保険適用
内のブリッジの金額の限りで相当性が認められています。しかし、被
害者については、もともと全体で19本しか歯が残っていなかったこと、
そのうち６本が動揺度２であったこと、抜歯に至った右上３番の歯に

第2章　歯科治療の必要性・相当性　　129

ついては、差し歯が脱離を繰り返している状態であったことなどの事
情からすれば、事故との因果関係が否定されたり、素因減額がされた
りすることもあり得る事例であると考えます。

【事例108】神戸地裁平成31年1月16日判決（自保2047・48）

原告は、事故当時50歳である。
　原告は、本件事故により、右上4番（第1小臼歯）の歯根が破折し、
右上3番（犬歯）の被覆冠（補綴物）が破損、脱離したとして、右上4
番の抜歯及びインプラント治療を行い、右上3番にジルコニアオールセ
ラミックの補綴物を作成、装着した。
　原告は、それらの治療費として、112万3,680円を請求した。
　被告は、「原告が本件事故以前に既存の歯科疾患を有していることが
うかがえること、及び、原告に対するインプラント治療は、本件事故に
よる歯牙損傷に対する治療として必要性・相当性に疑問がある中で特別
に行われたものであることから、歯科治療に要した費用は、本件事故と
相当因果関係がないものであるか、特別損害であって、被告に予見可能
性がないものである。仮に、そうでないとしても、保険適用外であるセ
ラミックの中でも特に高額なジルコニアオールセラミックを用いた補綴
物の作成、装着は本件事故と相当因果関係がない。」と争った。
　裁判所は、原告が請求する歯科治療費112万3,680円について、そのう
ち、「右上3番の補綴物の作成に当たってジルコニアオールセラミック
を使用し、15万円を要しているところ、本件全証拠によっても、上記の
補綴物にジルコニアオールセラミックを使用する医療上の必要性は認め
られない。他方で、本件事故以前に装着していた右上3番の補綴物（陶
材焼付鋳造冠）の作成には12万円を要することが認められる。」として、
オールセラミック冠での補綴治療費は認めず、事故前に装着されていた
メタルボンド冠の金額の限りで事故との相当因果関係を認めた。その結
果、歯科治療費総額112万3,680円から、差額である3万円を控除した109
万3,680円を本件事故と相当因果関係のある損害と認めた。

〔コメント〕

　本事例では、事故で損傷した右上３番の歯について、事故前から陶材焼付鋳造冠（＝メタルボンド冠）が装着されていたため、右上３番のジルコニアオールセラミック冠による補綴については、メタルボンド冠の治療費の限りで相当性を認めています。メタルボンド冠は、内側を金属で被覆して外側をセラミックで覆っているため、光の透過性がないことなどからオールセラミック冠よりも審美性が劣るとされており、一般的には、メタルボンド冠よりオールセラミック冠の方が治療費が高額です。なお、ジルコニアとは、セラミックの一種で、審美性と強度が一般的なセラミックに勝るとされていますので、金額も上がります。右上４番のインプラント上部構造の補綴物もジルコニアオールセラミック冠のはずですが、減額をしていないのは、もともと右上４番が右上３番と違って天然歯であったためであると思われます。

【事例111】熊本地裁人吉支部令和元年５月29日判決（自保2052・53）

　反訴原告は、本件事故当時、59歳の男性である。

　反訴原告は、本件事故以前から、継続的に歯科治療を受けており、本件事故前の時点において、右上７番、右上６番、右上１番、左上１番、右下７番、右下５番、右下４番、左下４番、左下６番及び左下７番の10歯が喪失し、左上２番、左上６番、左上７番及び右下６番の４歯は、歯冠部の体積の４分の３が欠損していたほか、右上２番、左上２番、右下６番も失活歯であった。

　本件事故によって生じた反訴原告の歯牙障害は、左上２番の喪失及びブリッジないしその前装部の破損。

　反訴原告は、上顎⑤④③②１１２③④⑤⑥⑦のメタルボンドブリッジを作成・装着した。

　裁判所は、上顎⑤④③②１１２③④⑤⑥⑦のメタルボンドブリッジを不相当な治療と認定し、上顎③②１１２③④のブリッジの再製作を相当とした上で、従前保険適用の補綴物が入っていたことを理由に陶材焼付鋳造冠による再製費用を否定し、保険治療費分のみ認定した。

第2章 歯科治療の必要性・相当性　　131

〔コメント〕
　本事例は、事故前に保険適用の補綴物が装着されていたことを理由
に、事故後に保険適用外の補綴物について相当性を否定した点に特徴
があります。裁判所が、上顎⑤④③②１１２③④⑤⑥⑦のブリッジを
上顎③②１１２③④限りで認めたのは、前者のブリッジが本来必要な
数以上の歯を支台歯としているからと思われます。なお、○囲みの数
字は、同番号の歯が支台歯であること、○で囲まれていない数字は、
同番号の歯が欠損しておりポンティックと呼ばれる人工歯であること
を示しています。

第 3 章

歯科領域の後遺障害と
労働能力喪失

第
3
章

134

第
3
章

第3章　歯科領域の後遺障害と労働能力喪失　　135

1　解　説

（1）　はじめに

歯科領域の後遺障害には、歯牙障害、咀嚼機能障害、言語機能障害などがある。

このうち、特に歯牙障害については、障害そのものと労働能力喪失が結び付きにくいため、争われることが多い。

そこで、本項では、主に歯牙障害による労働能力喪失の発生が争われた事例を紹介している。

（2）　裁判事例の特徴

歯科領域の後遺障害による労働能力喪失を認めた事例は、【事例23】、【事例33】、【事例34】、【事例46】、【事例48】、【事例56】、【事例80】、【事例89】、【事例116】、【事例124】、【事例130】であるが、そのうち、【事例33】、【事例34】、【事例48】、【事例56】、【事例124】、【事例130】は、該当する後遺障害において基準にされている労働能力喪失率より低い喪失率の認定になっている。

また、労働能力が喪失したといえるためには、後遺障害の内容と被害者の職業や業務内容が関連している必要があるため、事務職や営業職のような仕事よりも、料理人などの職業である方が労働能力喪失の認定がされやすいと思われる。

【事例48】は作業療法士、【事例56】はパンの製造に使用する風味改良剤等の営業に従事する者、【事例80】は料理人、【事例116】は言語聴覚士、【事例130】は潜水士について、それぞれ受傷者の具体的な業務内容とそれに対する歯牙障害による支障を認定し、労働能力喪失の発生を認めている。

その他の事例は、特殊な業務内容ではないが、【事例33】は、咀嚼機能障害、開口障害により咀嚼に相当時間を要していることが労働時間に影響し得ることを、【事例124】は、歯を食いしばることができない

136　　第３章　歯科領域の後遺障害と労働能力喪失

ことによる現在の業務への支障や将来の力仕事への転職の可能性が狭められる可能性があることなどを理由に、それぞれ歯科領域の後遺障害による労働能力喪失の発生を認定している。

　他方で、受傷者が家事従事者である【事例23】及び【事例34】や受傷者が受傷当時16歳であった【事例89】のように、具体的な業務内容とそれに及ぶ支障について触れることなく労働能力の喪失を認定している事例もある。

　労働能力喪失の発生を否定した事例のうち、【事例３】、【事例４】、【事例６】、【事例59】、【事例69】、【事例77】、【事例85】、【事例110】、【事例114】では、労働能力喪失の発生を否定した上で、慰謝料算定において考慮するとしている（第５章参照）。

2　事例紹介

（1）　労働能力喪失を肯定した事例

【事例23】横浜地裁平成22年１月27日判決（自保1825・15）

　　事故発生日は、平成12年１月17日。事故当時35歳の原告（家事従事者）は、歯科領域の治療について、平成12年３月３日から平成19年４月６日まで2,592日間（７年35日間）通院した。

　　原告は、自賠責保険により、整形外科の症状については14級に該当すると認定されたが、歯科症状については、①画像に骨折などは見受けられないこと、②事故直後のカルテ上に開口障害や歯牙破損などを認めた記載もないこと、③本件事故外傷によるものと捉えるに足りる医学所見に乏しいこと、以上を理由に、本件事故との因果関係が否定された。

　　原告は、歯科症状と事故との因果関係があると主張し、18歯に対し、歯科補綴を加えているため後遺障害等級は10級３号に該当すると主張した。

　　被告は、原告が事故前に10歯を欠損していたことなどから、事故後の歯科補綴18歯は、本件事故前から行っていた歯科治療が継続し、歯科補

第3章　歯科領域の後遺障害と労働能力喪失　　　137

綴がたまたま本件事故後にされたに過ぎないとし、本件事故と18歯の歯科補綴との間の因果関係がないと主張した。

　裁判所は、「原告は、本件事故による顔面打撲により、歯科的症状を惹起され、その結果、次々と歯科的不具合を惹起した末、18歯の補綴を受けるに至ったことが認められる。」として、全ての歯科治療と本件事故との因果関係を認めた上で、「18歯に補綴を加えているため、後遺障害等級は第10級が相当である。」と認定した。

　さらに、裁判所は、労働能力喪失期間について、「歯の補綴が直ちに労働能力喪失には結びつかないことから、整形外科的な後遺障害の残存期間にあわせ、喪失期間を5年間とみるべきである」としながら、労働能力喪失率については、10級の基準値である27％と認定した。

〔コメント〕

　本事例では、自賠責の認定で否定された歯牙障害の後遺障害を認定している点や歯牙障害によって日常生活や家事労働に具体的にどのような支障が生じるかを認定することなく27％の労働能力喪失率を認めている点に特徴があります。

【事例33】東京地裁平成22年7月22日判決（交民43・4・911）

　原告は、事故当時中学3年生で裁判時は22歳になっていたが、裁判時に就労していたことが分かる記述はない。原告は、本件事故により上下顎骨骨折や8歯欠損などの傷害を負っており、上下顎骨骨折に伴う歯牙障害については、12級3号に該当するとされた。また、咀嚼機能障害、開口障害が「そしゃくに相当時間を要する場合」として12級相当とし、歯牙障害と合わせて併合11級と認定された。

　被告は、原告に残存した後遺障害はいずれも労働能力に影響するものではないと争った。

　裁判所は、上下顎骨骨折に伴う歯牙障害（8歯欠損）については、「歯牙障害が、直接的に労働能力に影響を及ぼすものとは認めがたい上、原告についてはインプラント治療費も損害として認めているのであるから、より一層労働能力への影響は認め難いというべきである。」として労

働能力喪失を認めなかった。また、咀嚼機能障害、開口障害については、「それ自体は直ちに労働能力へ影響を及ぼすものとは言い難いが、原告は、そしゃく機能障害、開口障害によりそしゃくに相当時間を要しており、これが労働時間に影響したりすることが考えられる。」として、労働能力喪失を認めた上で、「その程度はそれほど大きくないといえる」として、5％の労働能力喪失率を認めた。なお、労働能力喪失期間は、48年間とした。

〔コメント〕

　本事例の特徴は、咀嚼機能障害や開口障害により、咀嚼に相当時間を要していることが労働時間に影響するという間接的な影響による労働能力喪失を認めている点にあります。

【事例34】東京地裁平成22年8月31日判決（自保1833・124）

　原告は、症状固定時26歳の主婦であった。
　原告は、本件事故により、左上第4番ないし6番歯牙破折、右上第1番ないし3番・6番歯牙破折、右下第6番歯牙破折等の傷害を受けた。
　原告は、自賠責保険では、外貌醜状について7級12号、左上4・5・6番の喪失について14級2号、併合7級と認定されたが、咀嚼障害・歯周炎について後遺障害であることは否定された。
　被告は、主婦である原告に逸失利益は発生しないと主張した。
　裁判所は、歯牙欠損による補綴についても「家事労働その他に一定の程度影響を与えると考えられる」として、外貌醜状と合わせて16％の労働能力喪失率を認定した。
　労働能力喪失期間は、症状固定時が26歳であるから41年とした。

〔コメント〕

　本事例は、歯牙障害が「家事労働その他に一定の程度影響を与えると考えられる」とした点に特徴があります。ただ、労働能力喪失率については、外貌醜状と合わせての判断ですので、歯牙障害単独でどのくらいの数値と捉えられているかは不明です。

第3章　歯科領域の後遺障害と労働能力喪失　　　139

【事例46】 徳島地裁平成23年12月8日判決（自保1868・75）

　美容師である原告は、右顎関節部に筋性の顎関節症が生じて疼痛を自覚しているとして、自賠責から14級9号「局部に神経症状を残すもの」に該当するとの認定がなされた。

　原告は、後遺障害により「ヘアカットの際に手先の細かな作業に集中困難となったり、婚礼等の客に対する着付け作業も難しくなったりなど美容師としての業務に多大な制約を被っているほか、会話がしづらいなど接客業務にも支障が生じており、症状固定日から2年間について10パーセント、その後10年間について5パーセントの労働能力を喪失した。」と主張し、逸失利益として414万9,684円を請求した。

　被告は、原告の後遺障害自体を争った上で、「美容師としての就労に影響を及ぼすとは考えられない。」として逸失利益の発生も争った。

　裁判所は、原告の顎関節部の症状について14級9号の後遺障害に該当すると認定した上で、「治療経緯や原告の愁訴に照らして、局部神経症状として労働能力の低下をもたらすことが推認できる。」とした。ただし、労働能力喪失率については、「美容師業務における様々な支障について縷々供述するが、本件認定がなされた顎関節症自体は有病率が比較的高い症状である上、労働能力に与える影響についても14級9号認定がなされるべき他の症状と比べて特に異なるとは認めがたい。」として、5％の労働能力喪失を認定し、労働能力喪失期間12年とした。

〔コメント〕

　本事例は、顎関節症による労働能力喪失を認めた事例です。原告は、当初2年間は基準の割合を超える10％の労働能力喪失を主張しましたが、裁判所は、基準どおりの喪失率を認定しています。ただ、喪失期間は、一般的な14級の事例よりもやや長めに認めています。

【事例48】 横浜地裁平成24年1月26日判決（自保1876・65）

　原告は事故当時25歳の作業療法士である。
　原告は、本件事故により、歯牙欠損（部位不明）等の傷害を負った。

原告は、自賠責より、①外貌醜状（改正前12級13号）と②「10歯以上に対し、歯科補綴を加えたもの」として11級4号の併合10級（※27%）と認定されていた。

原告は、作業療法士という職業に対して歯牙障害が及ぼす労働能力への影響について「立っている患者の体を支え、或いは寝ている状態から持ち上げたりする肉体労働としての側面が含まれている。よって、作業療法士は歯を食いしばって力を入れるような仕事といえるので、原告の歯牙障害は原告の労働能力に影響を及ぼす。」と主張した。

被告は、「原告の歯牙障害は、インプラント治療等が実施されたことにより、機能的・審美的には100%改善されていること、外貌醜状は、原告の作業療法士という職業の業務内容からして、いずれも原告の労働能力に影響を及ぼさない。」として争った。

裁判所は、作業療法士である原告について、外貌醜状による労働能力喪失に加え、「インプラントを入れているとはいえ、10歯に補綴を施していることから、訪問リハビリの際などに歯を食いしばれないために負担がかかったり、工夫を要したりすること、歯牙障害により聞き取りにくい発音があることなど、作業療法士の業務にも影響を受けている」として歯牙障害による労働能力喪失を認め、その喪失率を15%とし、症状固定時29歳の原告について労働能力喪失期間は38年間とした。

〔コメント〕

本事例では、歯牙障害が原告の業務内容に及ぼす具体的な支障を認定し、労働能力喪失の発生を認めています。ただし、該当する後遺障害等級の原則的な喪失率より低い数値で認定されています。

【事例56】名古屋地裁平成25年4月19日判決（平24（ワ）1339）

原告は、パンの製造に使用する風味改良剤等の営業販売に従事していた。

原告は、右側下顎頭骨折、右上1番歯牙欠損、右上2番・左上1番・左上2番歯冠破折、正中下顎骨折などの傷害を負った。

原告は、自賠責の後遺障害等級事前認定手続において、原告の①下顎

第3章　歯科領域の後遺障害と労働能力喪失　　141

骨骨折に伴う咀嚼障害、開口障害は、別表第2第12級「そしゃくに相当時間を要する場合」に、②右上1歯牙欠損、右上2・左上1・2歯冠破折による歯牙障害は、同第14級2号「3歯以上に対し歯科補綴を加えたもの」にそれぞれ該当するが、③発語障害、顔貌の変形は自賠責保険における後遺障害には該当しないとして、併合12級と判断された。

原告は、後遺障害が及ぼす業務への影響について、「原告は、パンの製造に使用するイーストフード、乳化剤、風味改良剤の営業販売を行っており、パンを試食して風味、食感、口溶け、味等を確かめ、営業先にこれを伝える必要がある。そうしたところ、下顎骨骨折後の咀嚼障害、開口障害に伴う疼痛等により、十分咀嚼して試食することができなくなり、また、歯牙欠損部分を歯科補綴したことで、固いフランスパン等をかじって引きちぎることができず、パン本来のひき具合を知ることができなくなるなど、本件事故により十分な営業活動ができなくなった。」として、労働能力喪失率14％、喪失期間27年間の後遺障害逸失利益612万486円を請求した。

被告は、「咀嚼し続けた時の噛みごたえや口溶けが歯牙欠損のために分からないとは考えられない。パンや製菓は食べるのに相当時間を要するものではないし、試食であればむしろゆっくり食べることが求められる。」として、原告に労働能力の喪失はないと主張した。

裁判所は、原告の後遺障害を併合12級と認定した上で、「原告の職務内容に照らせば、咀嚼に相当時間を要することや3歯以上に歯科補綴を加えたことが何ら労働能力に影響を及ぼさないとは考え難く、原告に現実の減収は生じていないものの、原告の特段の努力によるものとして後遺障害逸失利益の発生を認めるのが相当である。」として、労働能力喪失を7％と認定した。また、労働能力喪失期間は、就労可能年数と同じ27年と認定した。

〔コメント〕

本事例では、パンの味見をするという原告の業務内容を踏まえて、労働能力喪失の発生を認めています。ただし、その喪失率は、該当する後遺障害等級の原則的な喪失率より低い数値で認定されています。

142 第3章 歯科領域の後遺障害と労働能力喪失

【事例80】大阪地裁平成27年10月1日判決（自保1964・51）

　　原告は料理人であった。

　　原告は、本件事故により顔面骨多発骨折、歯牙損傷、肺挫傷等の傷害を負った。

　　原告は、自賠責から①外傷による歯牙欠損等で14級2号に、②左上顎骨骨折等に伴う咀嚼障害・開口障害が10級3号に、③左口角から頚部までの感覚消失等が12級13号に該当するものとされ、併合して同表併合9級に該当するとの等級認定がなされた。

　　原告は、裁判において、35％の労働能力喪失率を主張した。

　　被告は、「労働能力喪失率は、慣れや代償機能の獲得により逓減が見込まれるから、症状固定当初は35％が相当としても、5年後以降は14％相当とすべきである。」と主張した。

　　裁判所は、咀嚼障害については、「飲食業に従事する原告にとって、食材や酒類の調達で重い物を持ち上げる際に、噛み合わせが悪いことによって支障が生じると考えられる上、調理にも支障を及ぼし得るものといえる。原告が、将来的にも飲食業への従事を続ける意向を示していることからすると、生活の適応により労働能力喪失率の逓減があると思われるとはいえ、労働能力への影響は小さいとはいえない。」とした。他方で、歯牙欠損については、「一般的には労働能力に与える影響は少ないと考えられる上、原告が矯正と補綴の治療を受けていることなども考慮すると、労働能力に直接大きい影響を及ぼすものとまでは認め難い。」とした。

　　裁判所は、これらを踏まえて、原告の労働能力喪失率は、当初の5年間は35％、それ以降67歳までの27年間は20％と認めた。

〔コメント〕

　本事例は、原告が料理人であることも踏まえて労働能力喪失の発生を認めた上で、当初の5年間については、該当する後遺障害等級の原則的な喪失率と同じ数値の喪失率を認定している点に特徴があります。

第3章　歯科領域の後遺障害と労働能力喪失　　143

【事例89】神戸地裁平成28年12月13日判決（平26（ワ）1371）

> 硬式野球部に所属していた原告（当時16歳の高校生、裁判時は大学生）
> が、野球部の先輩である被告から暴行を受け、これによって下顎正中部
> 及び左側関節突起部骨折の傷害を負い、開閉口時の顎関節痛の後遺障害
> が残存したとして損害賠償請求をした事案である。
> 　原告は、顎関節痛の症状は、他覚的所見により医学的に証明されたも
> のであり、「局部に頑固な神経症状を残すもの」として、後遺障害等級12
> 級に相当すると主張した。
> 　その上で、原告は、労働能力喪失率は14％、労働能力喪失期間は18歳
> から67歳までの49年間として逸失利益を算定すべきであるとして1,347
> 万3,035円を請求した。
> 　裁判所は、原告の開閉口時の顎関節痛について、「局部に頑固な神経症
> 状が残存しており、後遺障害等級12級に相当すると認められる。」と認定
> した。その上で、「後遺障害の内容、程度からすると、労働能力喪失率を
> 14％、労働能力喪失期間を15年間とするのが相当」であるとして労働能
> 力喪失を認めた。

〔コメント〕

　本事例では、まだ学生である原告について、具体的な将来の職業や
その業務内容を勘案することなく、該当する後遺障害等級の原則的な
喪失率と同じ数値の喪失率を認定している点に特徴があります。

【事例116】鹿児島地裁令和2年8月6日判決（自保2082・70）

> 言語聴覚士である原告X_1は、本件事故により、右脛骨顆間隆起開放骨
> 折、右大腿骨外顆開放骨折、右膝蓋骨開放骨折、右大腿四頭筋断裂、上
> 顎骨骨折、右尺骨鉤状突起骨折、前額部挫創、歯肉外傷、舌裂創、顔面
> 汚染創、肺挫傷の傷害を負った。
> 　原告X_1は、自賠責保険にて①右肘部由来の神経症状（14級9号）、②
> 右膝関節の可動域制限（12級7号）、③顔面部醜状痕（12級14号）、④歯
> 牙破損（12級3号）の併合11級と認定された。

144　　第３章　歯科領域の後遺障害と労働能力喪失

　原告X₁は、「コミュニケーションや嚥下に問題のある患者に対してリハビリテーションを行う言語聴覚士として勤務しているところ、原告X₁に残存した右肘及び右膝の可動域制限、外貌醜状並びに歯牙欠損により、患者に対して行うリハビリテーションに大きな支障が生じている。」として、後遺障害による労働能力喪失率は通常よりも大きく、併合10級相当の27％とすべきであると主張した。

　被告らは、「原告X₁の後遺障害のうち、醜状痕と歯牙欠損については、労働能力喪失に直結するものとはいえない。原告X₁の労働能力に関わる後遺障害は、右肘部由来の神経症状及び右膝関節の機能障害であるところ、これらの後遺障害による労働能力喪失率は14％が相当である。」と主張した。

　裁判所は、言語聴覚士である原告X₁について、「歯牙欠損の治療として人工歯に入れ替えたことにより、単語の正確な発音が困難となり、言語障害を抱えた者に対するリハビリ業務に支障が生じている」として、歯牙障害も労働能力喪失の一因と認定、神経症状と可動域制限と合わせて喪失率を20％と認定した。

　また、労働能力喪失期間については、症状固定日から就労可能年齢である67歳までの46年間と認定した。

〔コメント〕

　本事例は、言語聴覚士という特殊な原告の職業について、その業務内容に及ぼす具体的な支障を認定し、労働能力喪失の発生を認めています。ただし、神経症状と可動域制限と合わせて喪失率を算定していますので、歯牙障害による労働能力喪失率が具体的にいくらとされているかは不明です。

【事例124】名古屋地裁令和３年６月16日判決（交民54・3・743）

　原告は、事故当時22歳の学生であり、卒業後は会社員であったが、「デスクトップパソコンの移動や設置など相当な力を要する場合がある」という記載はあるものの、具体的な業務内容は不明である。

第3章　歯科領域の後遺障害と労働能力喪失　　145

　原告は、自賠責保険により、「顔面部受傷後の歯牙障害」について、本件事故に起因して破折・脱臼した右上5歯（右上5番、右上4番、右上3番、右上2番、右上1番）及び左上6歯（左上1番、左上2番、左上3番、左上4番、左上5番、左上6番）の計11歯に、既存障害歯（左上7番）を加えた計12歯が現実に喪失又は著しく欠損したものと捉えられることから、「10歯以上に対し歯科補綴を加えたもの」として、11級4号に該当するものと判断された。

　原告は、本件事故により、労働能力喪失率を20％、労働能力喪失期間43年間と主張し、後遺障害逸失利益1,928万597円を請求した。

　被告は、「歯牙障害は労働能力への直接の影響はなく、逸失利益は否定されるべきである。」と主張した。

　裁判所は、自賠責の判断と同じく、原告の後遺障害について、「10歯以上に対し歯科補綴を加えたもの」として11級4号に該当するものと認定した。

　その上で、裁判所は、歯牙障害は労働能力喪失率に直結するものではないとしつつ、原告が業務において歯をくいしばって力を入れることができない支障が現に生じていること、力仕事への転職の機会が狭められる可能性も否定できないこと、また、固い物や粘着性の物が噛めないという日常生活上の不便があることや「サ行」の発音がうまくできず人との会話にもストレスを感じていることが間接的に労働能力に影響を与えるとして、歯牙障害による労働能力喪失率を5％と認定した。労働能力喪失期間については、67歳までの43年間を認めた。

〔コメント〕

　本事例の原告は、歯牙障害が業務内容の支障に直結する特殊な職業ではありませんが、転職時の不都合、食事時の不便、会話時の不便などを認定し、労働能力喪失の発生を認めている点に特徴があります。ただし、その喪失率は、該当する後遺障害等級の原則的な喪失率より低い数値で認定されています。

146　　第3章　歯科領域の後遺障害と労働能力喪失

【事例130】仙台地裁令和4年5月20日判決（自保2131・63）

　　潜水士である原告X₁は、本件事故により、左上1番、左下1番・2番、右下1番・2番の5本の歯について歯牙脱臼と診断され、抜歯した。また、左上2番及び右上2番の2本の歯は本件事故による歯牙破折・打撲等により歯髄炎を生じたため、抜髄を施した。

　　裁判所は、本件事故以前から、原告X₁の①右上7番はC4の虫歯、②左上1番は根管治療後歯冠部の大部分を補綴したもの、③左上6番はC4の虫歯、④左上7番はC3の虫歯、⑤左下7番は欠損の状態であったから、これらの5本の歯は既存障害として評価すべきとし、本件事故による障害歯は6本であると認定した。

　　その結果、原告X₁の歯牙障害は、本件事故による障害歯6本及び既存障害歯5本を加えた合計11本について、補綴を行ったものとして11級4号「10歯以上に対し歯科補綴を加えたもの」に該当するとされた。ただし、既存障害歯5本は、13級5号「5歯以上に対し歯科補綴を加えたもの」に該当する既存障害として評価すべきであるともされた。

　　裁判所は、原告X₁の外貌醜状については12級14号に該当すると認定し、上記の歯牙障害と合わせて、併合10級（既存障害13級5号）と認定した。なお、歯茎短縮は後遺障害該当性を否定した。

　　裁判所は、潜水士である原告X₁について、歯牙障害により、一定以上の水深を超えて潜水すると痛みが生じる、レギュレーターを長時間くわえられないなどの業務上の支障が生じており、レギュレーターをくわえる必要のあるスキューバ潜水の作業ができなくなっていること、下前歯茎の短縮により、滑舌が悪くなり、他の作業従事者と意思伝達が円滑に行えず、作業が遅れるなどの支障が生じていることから、15%の労働能力喪失を認定し、労働能力喪失期間は67歳までの28年間とした。

〔コメント〕

　本事例は、潜水士という特殊な原告の職業について、その業務内容に及ぼす具体的な支障を認定し、労働能力喪失の発生を認めています。ただし、その喪失率は、該当する後遺障害等級の原則的な喪失率より低い数値で認定されています。

第3章　歯科領域の後遺障害と労働能力喪失　　147

（2）　労働能力喪失を否定した事例

【事例3】 東京地裁平成9年5月13日判決（交民30・3・704）

　　原告は、事故当時17歳の土木作業員である。

　　原告は、本件事故により10歯（部位不明）に対して歯科補綴をしたことから、自賠責より12級3号の認定を受けていた。

　　原告は、上記後遺障害により症状固定時から67歳までの48年間にわたり14％の労働能力を喪失したとして、逸失利益595万5,717円を請求した。

　　被告は、原告の後遺障害は歯牙欠損であり、原告の労働能力に影響を与えるものではないと主張した。

　　裁判所は、「原告本人によれば、かみ合わせが悪くなり、言葉の発音もはっきりできなくなったことが認められるが、本件事故の前後を通じた原告の減収の事実を認めるに足りる証拠はない上、原告の現在の職業（土木作業員）及び将来就くことを希望していた職業（整備士）、年齢等を前提としても、原告の前記後遺障害が原告の労働能力喪失をもたらすことを認めるに足りる的確な証拠はない。」として、労働能力喪失を否定し、逸失利益の発生を認めなかった。

〔コメント〕

　本事例では、原告の現在の職業だけでなく、原告が将来就くことを希望していた職業も考慮した上で、歯牙障害が労働能力喪失をもたらさないとしている点に特徴があります。

【事例4】 大阪地裁平成13年8月23日判決（自保1447・20）

　　原告X_3は、自賠責保険から歯牙障害につき14級2号の後遺障害等級認定を受けた。

　　原告X_3は、上記歯牙障害の他に顎関節症の障害などが残っているとして、労働能力喪失期間50年間、労働能力喪失率5％とした逸失利益311万9,859円を請求した。

　　被告は、歯牙欠損は、何ら労働能力に影響を及ぼすものではないとして争った。

　　裁判所は、原告の歯牙障害と顎関節症状については、いずれも労働能

148 第3章 歯科領域の後遺障害と労働能力喪失

力の制限を伴うほどのものとはいえないとして労働能力喪失を否定した。ただし、顎関節症状の残存や将来歯牙につき再治療の必要性が生じる可能性があること等の事情を、後遺障害慰謝料において考慮するのが相当であると判示している。

〔コメント〕

　判決文中に「完全脱臼後の再植のため、5〜10年後、歯根吸収し、抜歯になることが多い。」との歯科医師の所見が記載されています。この「完全脱臼後の再植」とは、一度、抜け落ちてしまった歯を再度元の場所に埋め戻す処置のことです。通常は、再植後に、根管治療（歯髄腔内を清掃・消毒する治療）をした上で、冠による補綴治療をすることが多いです。また、完全脱臼は前歯部に多く見られ、歯冠破折を伴わなければ歯髄処置後に、冠による補綴ではなく、CR充填で済ませることもあります。もっとも、歯科医師の所見のとおり、一定の割合で抜歯せざるを得ない状態になってしまいます。

【事例6】東京地裁平成17年12月21日判決（自保1637・9）

　原告は、症状固定時24歳、漢方薬の原材料の輸入販売を業とする株式会社に就職し、貿易事務の仕事に従事していた。

　原告は、本件事故で右下2番・左上1番の完全脱臼、右上1番の歯根破折、右上2番・同1番・左上2番・右下1番・左下1番・同2番・同3番の亜脱臼の傷害を負い、右上1番を抜歯後、右上1番と左上1番にはインプラント補綴、右下2番の欠損部は右下1番と左下1番を支台歯としたブリッジ装着、右上2番・左上2番にはメタルボンド装着をした。

　原告は、自賠責保険により、①歯牙障害について「7歯以上に対し歯科補てつを加えたもの」として12級3号に該当、②外貌の醜状障害について「男子の外ぼうに著しい醜状を残すもの」として12級13号に該当し、併合して11級適用との認定を受けていた。

　原告は、就労可能な67歳まで労働能力を5％喪失したとして、逸失利益487万3,022円を請求した。

第3章　歯科領域の後遺障害と労働能力喪失　　149

　被告は、歯科補綴も顔面醜状もそれ自体直ちに労働能力に影響を及ぼ
さないとして、逸失利益の発生を争った。
　裁判所は、「原告は、前示後遺障害の結果、日常生活において不便を感
じ、精神的な苦痛を被っているということはできるものの、それ以上に
労働能力への直接的な影響を受けているとまではいい難く、他に前示後
遺障害が原告の労働能力に直接的な影響を与えていることを認めるに足
りる証拠はない。」として、逸失利益を認めなかった。

〔コメント〕

　本事例では、貿易事務の仕事をしている原告について、歯牙障害に
よる日常生活上の不便や精神的苦痛の存在を認めながら、労働能力へ
の直接的な影響がないとして労働能力喪失の発生を否定しています。

【事例12】東京地裁平成20年1月15日判決（平18（ワ）28618）

　原告は、事故当時57歳のタクシー運転手であった。
　原告は、本件事故前に上顎の11歯、下顎の3歯を喪失、補綴していた。
　原告は、本件事故の衝撃により原告車のハンドルに顔をぶつけたこと
から、残存していた下顎の8歯を脱臼し、上顎の床義歯を破折した。
　原告は、8歯の抜歯と可撤性義歯を装着したことについて、「発声がは
っきりせず接客に支障を生じ、食事の場所が制限されたり、高速道路の
走行中頭痛が出るなど」しているとして、原告の後遺障害は、12級3号
に該当すると主張した。その上で、原告は、「今後も入れ歯の調整等が必
要であり、首が回らず、高音障害（原文ママ）、左聴力の低下及び左手足
のしびれもあることなどから、現実に逸失利益が存在することは明らか」
であるとして、15％の労働能力喪失率、10年の喪失期間を根拠に逸失利
益625万7,431円を請求した。
　裁判所は、労働能力に影響がないという医師の意見書に加え、「原告の
職業、年齢からすれば、将来的な原告の労働能力に対する歯牙障害の影
響は低いと推測されること、歯牙障害以外の後遺症の存在及び原告が休
業から復帰した後、その収入が現実に減少したことを裏付ける的確な証
拠はないこと」を理由に、歯牙欠損による労働能力喪失を否定した。

〔コメント〕

　本事例では、タクシー運転手である原告が歯牙障害によって、接客時の支障などがあると主張しましたが、裁判所は、それらの主張を認めませんでした。

【事例40】東京地裁平成23年5月17日判決（平21（ワ）3405）

　原告は、暴行によって上顎3歯牙が破折し、このうち前歯1歯は抜歯し、インプラントによる補綴が行われた。

　原告は、上記傷害について、14級に相当する後遺障害を負ったとして、5％の労働能力喪失率と就労可能期間9年間を基礎に、逸失利益426万4,680円を請求した。

　裁判所は、原告の歯牙障害について、「他の2歯を含めて今後も定期的な歯科治療を要し、永年的、審美的に完全な回復は困難と考えられること、その他の傷害部分を含めて、保存的加療及び手術療法を行っても受傷前の状態には戻らないことが認められる。」とした上で、「こうした障害をもって後遺障害別等級表14級に該当するとは認められず、かつ、直ちに原告の労働能力喪失をもたらす事由であるとも認め難いから、結局、こうした障害によって原告が得べかりし収入を失ったことを理由とする逸失利益の損害を認めることはできない」として、転職コンサルタントである原告の労働能力喪失を否定した。

〔コメント〕

　本事例では、被告の暴行によって原告の3歯が破折し、うち1歯にはインプラント補綴がされていることは分かりますが、残り2歯については判決文に処置が明記されていません。しかし、「歯科保存学的治療」という文言があることや14級の後遺障害に該当しないとされていることからしますと、3歯のうち2歯については、冠による補綴治療ではなくコンポジットレジンなどで破折箇所の修復治療が行われたものと思われます。

第3章　歯科領域の後遺障害と労働能力喪失　　151

【事例42】 鹿児島地裁平成23年10月6日判決（自保1863・37）

> 　原告（症状固定時29歳）は、本件事故に基づく後遺障害として、高次脳機能障害が5級2号に、眼球の障害が10級2号に、下唇のしびれ及び嚥下障害を含む咀嚼障害が12級相当に、歯牙障害が12級3号にそれぞれ該当し、全体として併合4級と認定された。
> 　原告は、労働能力喪失率を92％として逸失利益を請求した。
> 　裁判所は、原告の後遺障害について事前の認定どおりの等級どおりであると認定した。しかし、咀嚼障害及び歯牙障害については、「メインテナンスの必要性等を考慮したとしても、その障害の内容に鑑みれば、それらが直ちに労働能力の喪失に結びつくものであるとは認められない。」として、その障害による労働能力喪失は否定し、残りの後遺障害による労働能力喪失率79％に限って認めた。

〔コメント〕

　本事例では、歯牙障害に対する将来的なメンテナンスについては、労働能力には影響しないとされています。

【事例54】 神戸地裁平成25年1月10日判決（自保1894・42）

> 　原告は、事故当時21歳であったが、事故によって外傷性くも膜下出血、外傷性歯折等の傷害を負った。
> 　原告は、自賠責保険会社から、後遺障害等級につき、①神経系統の機能又は精神の障害については、9級10号に、②顔面部の醜状障害については、12級15号（なお、現在は「外貌に醜状を残すもの」として12級14号に該当）に、③歯牙障害については、4歯が現実に喪失又は著しく欠損したものと捉えられることから、「3歯以上に対し歯科補綴を加えたもの」として14級2号にそれぞれ該当し、これらを併合して併合8級と判断する旨の認定を受けた。
> 　原告は、歯牙障害について「インプラント手術を受けたことによってその労働能力を全て回復したわけではなく、歯牙を喪失したこと自体で労働に支障が出たり、労働の能率や意欲を低下させる場合があることは明らかであり、歯牙障害についても、労働能力の喪失が認められる。」と

して、その他の後遺障害と合わせて少なくとも45%の労働能力を喪失したと主張した。

　被告は、歯牙障害について、労働能力の喪失は認められないとして争った。

　裁判所は、歯牙障害については、「原告の歯牙障害の後遺障害が、原告の労働能力に影響を及ぼしていることをうかがわせる事情までは認められない。」として労働能力の喪失を否定した上で、その他の後遺障害による労働能力の喪失を認め、その率を40%とした。

〔コメント〕

　原告からは歯牙を喪失したことによる労働意欲の低下などが主張されましたが、認められませんでした。

【事例59】千葉地裁平成25年10月18日判決（交民46・5・1365）

　給食調理員である原告（事故当時45歳）は、本件事故で歯科領域の傷害としては、左上1番完全脱臼、左上2・3番歯冠破折、右上1番亜脱臼、下唇裂傷を負った。

　原告は、左上1番完全脱臼、左上2・3番歯冠破折、右上1番亜脱臼による歯牙障害について、11級4号に該当すると主張し、労働能力喪失率11%（現存障害の喪失率20%−既存障害の喪失率9%）の逸失利益の発生を主張した。

　裁判所は、歯牙障害については、既存障害歯10歯、現存障害歯12歯であって、いずれも後遺障害等級が11級であるから、歯牙障害は加重障害とはならないと認定した上で、「本件事故によりインプラント治療を余儀なくされ、給食調理員として稼働していく上で精神的な苦痛を被っていることがうかがわれる。もっとも、原告の味覚、嚥下機能、咀嚼機能、言語機能等に障害が生じているなど、歯牙障害が労働能力に直接的な影響をもたらしていることを裏付ける適格な証拠があるとはいえない。」として労働能力喪失を否定した。しかし、「歯牙障害による逸失利益を認めることはできないが、この点は後遺障害による慰謝料の増額事由として斟酌するのが相当である。」としている。

第3章　歯科領域の後遺障害と労働能力喪失　　153

〔コメント〕

　本事例では、裁判所は、給食調理員である原告について、インプラント治療による精神的苦痛を認めましたが、労働能力に直接的な影響を及ぼしていることについては否定しました。

【事例60】東京地裁平成25年11月13日判決（交民46・6・1437）

　　原告は、事故当時は料理人であった。

　　原告は、本件事故により、顔面骨多発骨折（頭蓋底・上顎骨・鼻骨・頬骨・蝶型骨骨折）、歯牙損傷、脳挫傷（味覚・嗅覚麻痺）、右下腿内顆骨折、右結膜下出血の各傷害を負った。

　　原告は、事前認定において、①頭部外傷に伴う嗅覚障害について、嗅覚脱失と捉えられ、12級に相当すると判断され、②歯牙破折による歯牙障害について、本件事故による障害歯3本と既存障害歯2本とを合わせ、5歯が現実に喪失又は著しく欠損したものと捉えられることから、13級5号に該当すると判断され、③顔面部の醜状障害について、14級10号に該当すると判断され、併合11級と判断されていた。

　　原告は、嗅覚障害により、料理の世界で働くことが不可能となったこと、現在従事している肉体労働でも咬合異常のために腰痛が生じていることなどを理由として、20％の労働能力喪失率を主張し、労働可能年数38年間に対応した逸失利益1,352万8,056円を請求した。

　　被告は、歯牙障害については、「通常、歯の状態が職業に影響を与えることはなく、本件事故時の原告の職業や将来の望みを前提としても、他人とのコミュニケーションが重要な職業ではなく、スポーツ選手や肉体労働的側面が強い職種とも評価されない」として、労働能力は減少しないと主張し、嗅覚脱失については、「焼き鳥店店員の労働能力に具体的な影響はほとんどないと判断されるから、仮に認めるとしても、7〜10％程度とすべきである。」と主張した。

　　裁判所は、嗅覚障害については14％の喪失率を認めたが、「原告が現在3トン貨物トラックで酒箱を配送する業務に従事している等という原告の主張を前提としても、証拠によれば、咬合い時に痛み等が認められない状況にあると認められるから、これにより将来にわたる労働能力を喪

失したと認めることまではできない。」として歯牙欠損による労働能力喪失は否定した。

〔コメント〕

　本事例では、事故当時料理人であった原告が、歯牙障害によって料理の世界で働くことが不可能となったことも労働能力喪失の根拠として主張しましたが、裁判所は、その主張を認めませんでした。

【事例65】名古屋地裁平成26年3月6日判決（平23（ワ）2356）

　原告は、本件事故により、残存した歯牙障害は「7歯以上に対し歯科補綴を加えたもの」（12級3号）に該当すると主張した。

　裁判所は、原告の右上第4・5・7歯、左上第5〜7歯、右下第1〜4歯、左下第1・2歯は、本件事故当時、歯周疾患又はストレスからの食いしばりにより、動揺を生じていたところ、本件事故による転倒の際、下顎部を強打したことにより左右下第1・2歯の歯牙動揺が悪化し、左下1番と右下1番が歯牙脱落するに至ったと認定した。

　裁判所は、左右下第1歯の歯牙脱落に伴う歯科補綴による後遺障害が残存したと認めつつも「歯科補綴の状況に照らすと、一般的に労働能力への影響があるとは考えがたい。また、原告が本件事故当時に従事していた業務における労働能力への具体的な影響に関する立証もない。」として、労働能力の喪失やそれに伴う後遺障害逸失利益の発生については認めなかった。

〔コメント〕

　裁判所は、歯牙障害について、「一般的に労働能力への影響があるとは考えがたい。」としていますので、歯牙障害によって仕事に生じる具体的な支障を主張・立証しなければならないと考えられます。

【事例69】名古屋地裁平成26年5月23日判決（交民47・3・667）

　原告は、モデル業や接客業に従事する兼業主婦であった。

　原告は、自賠責保険の事前認定において、左頬骨骨折後の知覚鈍麻に

第3章　歯科領域の後遺障害と労働能力喪失　　　155

つき14級9号に、歯牙障害につき14級2号の併合14級に、それぞれ認定された。

　裁判所は、歯牙障害については、労働能力喪失率認定において考慮せず、左頬骨骨折後の瘢痕が残っていることを理由にモデル業での労働能力喪失14％、5年間のみ認定した。

〔コメント〕

　判決文には、歯冠破折による歯牙障害につき後遺障害等級14級2号に該当するとあるため、少なくとも3歯が歯冠破折したものと思われますが、部位は不明です。

【事例77】　大阪地裁平成27年4月17日判決（平26（ワ）2879）

　原告は、本件事故前後において営業関係や事務職に従事し、一定のコミュニケーションを伴う職種に従事していた。

　原告は、自賠責による事前認定によって、下顎部の線状痕について12級15号に該当し、右上2番、右上1番、左上1番、左上2番、左上3番、左上4番の6歯については、「5歯以上に対し歯科補綴を加えたもの」として13級5号に該当し、咀嚼機能障害は非該当と判断され、併合11級と認定されていた。

　原告は、労働能力喪失率が20％であるとして、逸失利益を請求した。

　裁判所は、上記のとおりの後遺障害を認定した上で、「歯科補綴に関しては、他に、咬合不良等も生じていないとされていることに照らせば、補綴があったことをもって直ちに、身体的な労働能力に影響を及ぼすものとは」いえないとした。また、原告が主張するインプラントの装着や醜状痕の存在による精神的な影響についても、「原告の労働能力に具体的な支障を生じることを窺わせるに足りる内容も見出せない」として、後遺障害逸失利益の発生を認めなかった。

〔コメント〕

　原告からは、逸失利益の発生の理由について、「インプラントには度々原因不明の不具合が生じること」から、それに対する不安感など

156 　第3章　歯科領域の後遺障害と労働能力喪失

から職務に対し消極的になってしまうことなどが主張されています。しかし、問題なく埋入されたインプラントについては、度々原因不明の不具合が生じるものでもないですし、可撤性義歯と比べても外貌への影響もほとんどないことからしますと、逸失利益の発生が否定されたのもやむを得ないものと考えます。

【事例85】大阪地裁平成28年5月27日判決（自保1983・136）

　　原告は、平成19年7月28日の事故発生当時18歳1か月の短大生であった。原告は、本件事故当日、歯学部附属病院を受診し、左上1部から右上4部までの歯槽骨骨折、左上1番、右上2番及び右上4番の不完全脱臼、右上3番の完全脱臼、左上1番の歯根破折、左上1番、右上1番及び右上2番の歯冠破折と診断された。歯槽骨骨折については、非観血的整復後固定が行われ、平成19年10月12日に治癒と診断された。
　　左上1番はレントゲン上、根吸収が認められたため保存困難となり同年9月19日に抜歯術された後、インプラント埋入が行われた。
　　右上1番及び右上2番は、歯牙脱臼の整復後に根管治療が行われ、補綴処置が施されたが、右上1番については歯根吸収の予後が不良だったことから抜歯及びインプラント埋入が実施された。
　　右上3番及び右上4番にも根管治療が行われた後、右上3番につき歯根吸収の疑いで経過観察が続けられた。
　　歯学部附属病院のA医師は、平成25年10月2日、原告の左上1番、右上1番、右上2番、右上3番の4歯が喪失又は歯冠部の大部分が欠損した状態で同年8月28日治癒したと診断した。
　　その上で、右上1番が治療途中に歯根吸収を起こしたことから、右上2番ないし右上4番について6か月に一度のレントゲンによる経過観察が必要であること、インプラントを行った左上1番及び右上1番についても同様の経過観察が必要であること、左上1番及び右上1番ないし同3番についていずれも10年程度毎に再度補綴が必要になるかもしれないと診断した。
　　原告は、歯牙障害について、4歯が現実に喪失又は著しく欠損したものと捉えられることを理由に、自賠責保険により14級2号に認定された。

第3章　歯科領域の後遺障害と労働能力喪失　　157

　原告は、本件事故当時、ブライダル関係の会社への就職を希望していたものの、顔面全体が腫れあがった状態であったため希望の職種に就職できなかったこと、将来にわたり歯科のメンテナンス治療を受けなければならないことを主張し、67歳までの43年間にわたり5％労働能力を喪失するものとして逸失利益を請求した。

　被告は、「14級2号相当の歯牙障害によっては労働能力は喪失しない。」などと反論した。

　裁判所は、「原告の歯牙欠損は、歯冠補綴装置やインプラント等による治療が行われた結果、歯の機能は補完されたということができ、労働能力の喪失は認められない。」として、労働能力喪失を否定し、「原告が指摘する就職活動に対する影響や将来のメンテナンスの負担については、後記のとおり慰謝料で斟酌するのが適当である。」とした。

〔コメント〕

　本事例では、裁判所が歯牙障害について「歯冠補綴装置やインプラント等による治療が行われた結果、歯の機能は補完された」と述べている点が注目されます。

【事例86】東京地裁平成28年7月20日判決（平26（ワ）22396）

　原告は、複数の飲食店を経営する会社の実質的経営者であった。

　原告は、本件暴行以前から、右上5番と右上4番の歯が抜けており、右上6番の歯と右上2番、右上1番、左上1番、左上2番までの歯を支台歯にして、ブリッジを装着していた。

　原告は、本件暴行によって、上記4本の前歯が折れ、うち2本については歯根から折れてしまい、ブリッジの土台として使える状態ではなかったため、左上3番の歯を新たに削ってブリッジの土台にした。

　裁判所は、「原告が本件暴行によって前歯4本が折れて歯科補綴を加えられたことによるものが考えられるが、一般に、歯の障害が労働能力に及ぼす影響は少なく、原告の職業を考慮しても特に歯の障害が減収につながることは考え難い。」として労働能力喪失を否定した。

158　第3章　歯科領域の後遺障害と労働能力喪失

〔コメント〕

　本事例でも、裁判所は、歯牙障害について、「一般に、歯の障害が労
働能力に及ぼす影響は少なく」としていますので、歯牙障害によって
仕事に生じる具体的な支障を主張・立証しなければならないと考えら
れます。

　本事例では、原告の右上5番と右上4番の歯が抜けて、右上6番、
右上2番、右上1番、左上1番、左上2番の歯を支台歯としたブリッ
ジで補綴をしたとされています。歯の並びからしますと、右上3番も
支台歯となっているのが通常ですが、そのような記載は判決文にはあ
りません。そうすると、原告の右上3番はもともと欠損をしていた可
能性が高いと思われます。

【事例91】大阪地裁平成29年1月19日判決（平28（ワ）734）

　反訴原告は、トラック運転手であった。
　反訴原告は、本件事故により、右上2番、右上1番、左上1番、左上
2番の4歯の外傷性歯牙打撲・亜脱臼、右上1番と左上1番の2歯の歯
根破折、右上2番の歯冠破折・歯髄炎、左上2番の歯冠破折・歯髄壊疽
等の傷害を負った。
　反訴原告は、自賠責から、歯牙障害につき本件事故による障害歯3歯
（右上2番、左上1番、左上2番）と既存障害歯2歯（右上5番、右上
1番）を合わせて13級5号に該当し、頚椎捻挫後の頚部の疼痛等の症状
につき14級9号に該当し、併合13級と認定された。
　反訴原告は、歯牙障害による労働能力の喪失について、「トラック運転
手は、長距離・長時間の運転のほか、荷物の仕分け・積み込み・積み下
ろしといった力仕事を日々行っているから、歯牙障害による労働能力の
喪失も認められるべき」として、労働能力喪失率9％、労働能力喪失期
間33年を基礎に逸失利益を請求した。なお、反訴原告は、予備的に頚部
の神経症状による労働能力喪失5％も主張している。
　反訴被告は、「反訴原告の後遺障害のうち歯牙障害については、そもそ
も後遺障害逸失利益の発生は観念しにくい上に、本件事故後、反訴原告

第3章　歯科領域の後遺障害と労働能力喪失　　　159

は、抜歯部分にインプラントやセラミック冠を装着することなどにより、十分に強度のある歯科補綴を受けている。したがって、歯牙障害を理由とする後遺障害逸失利益の発生は認められない。」と反論した。

　裁判所は、歯牙障害については、インプラントやセラミック冠が装着されており、歯の通常の機能は回復しているといい得ること、本件事故後もトラック運転手として稼働し、荷物の積込み・積下ろし等の身体の負荷を伴う作業に従事していることを考慮して、歯牙障害を理由に労働能力が喪失しているとまでは認め難いとした。その上で、頚部の神経症状にかかる労働能力喪失のみ認めた。

〔コメント〕

　本事例では、トラック運転手である反訴原告は、業務上における歯牙障害に起因する支障を具体的に主張しています。しかし、裁判所は、インプラントやセラミック冠によって、歯の通常の機能は回復しているとして、労働能力喪失の発生を認めませんでした。

【事例99】横浜地裁平成29年12月4日判決（自保2018・75）

　原告（本件事故当時20歳）の主たる仕事は、木箱等の梱包作製であった。

　原告は、自賠責より、外貌醜状について9級16号、歯牙障害について本件事故による障害歯7歯（右上4番、右上2番、右上1番、左上1番、左上2番、右下2番、右下1番）に対し歯科補綴を加えたものとして12級3号、併合8級の認定を受けた。

　原告は、「症状固定日以降も頚部痛が残存し、外貌に明らかな醜状が残り、歯牙障害による発音の問題があることなどからすれば、労働能力喪失率は45％を下回らない。」として、労働能力喪失期間45年間の逸失利益4,191万9,326円を請求した。

　裁判所は、原告の主たる仕事が、本件事故後に転職し収入が増加していること、原告本人尋問中に歯牙の障害により応答に支障が生じるような様子は見受けられなかったこと、本件事故後に日給の増額があり、同職種内での転職後も収入への影響がみられないことなどを理由に労働能力喪失を否定した。

〔コメント〕

本事例では、原告は、歯牙障害による発音の問題があることを労働能力喪失の根拠の一つにあげましたが、裁判所は、尋問時の原告の応答の様子などから歯牙障害による労働能力喪失の発生を否定しました。

【事例107】 千葉地裁佐倉支部平成31年1月10日判決（自保2047・32）

原告は、本件事故により右足関節骨折、両側頬骨骨折、下顎骨骨折、上顎骨骨折、右下5番・左下3番、左下4番・左上5番、左上8番歯冠・歯根破折等の傷害を負った。

原告は、自賠責保険の事前認定で、歯牙障害について10級4号に、顔面の線状痕について12級14号に、下唇部のしびれ等について14級9号にそれぞれ該当し、併合9級と認定されたが、労災認定では、併合8級と認定されていた。

原告は、上記後遺障害により、「①そしゃくと言語障害が残存し、食事について大幅な支障が生じていること、②仕事の合間に吸っていたタバコを吸うことができなくなったこと、③滑舌が悪くなったため、仕事に支障が出ていること、仕事内容も制約されていること（接客業務を遂行することができなくなった）、④以前のように残業ができなくなり、昇給が難しくなったこと、⑤睡眠不足になっていること、⑥集中力がなくなってしまったこと、⑦バイクも以前のように乗れなくなり、お酒もほとんど飲めなくなったこと、⑧現に収入が減少し、本件事故時の収入に戻るのに5年以上かかっていること等の多くの支障が生じている。」ことなどを理由に労働能力喪失率が45％を下回ることはないと主張した。

被告は、「インプラントも特段に不具合はなく、職場での制限もなされていない。」などとして争った。

裁判所は、原告が主張する食事や生活面についての不具合については、後遺障害慰謝料で考慮済みとして、歯牙障害が労働能力の喪失に寄与しているとは認めず、労働能力喪失率も14％の限度で認めた。

第3章 歯科領域の後遺障害と労働能力喪失　　161

〔コメント〕

　原告は、歯牙障害により、食事に大きな支障が出ていること、滑舌が悪くなったことが生じたとして労働能力喪失の一因であると主張しましたが、裁判所は、それらの食事や生活面についての不具合については、後遺障害慰謝料で考慮済みとして、歯牙障害によって労働能力が喪失しないとしました。

【事例110】 宮崎地裁平成31年２月１日判決（平29（ワ）477）

　原告は、事故当時中学１年生であり、部活中の事故で上顎の中切歯２本及び下顎の中切歯２本を破折し、裁判時は仮歯の状態である（抜髄の有無は不明）。

　原告は、「本件事故により、前歯という非常に目立つ部位を破折した。原告は、仮歯を入れる前の状態及び仮歯を入れた後の状態により学校生活等を送ることにより、ストレスを感じている。思春期にストレスを抱えて生活することは、原告の他者とのコミュニケーションの積極性を少なからず奪うことになり、就業等の際に不利益な扱いを受ける蓋然性が否定できない」として、５％の労働能力の喪失を主張した。

　裁判所は、ラミネートベニア予定の下顎前歯については「歯科補てつを加えたもの」に該当するとはいえないとして、後遺障害14級に該当せず労働能力喪失もないとした。その上で、歯牙欠損の部位及び状況や原告の年齢等を考慮して、慰謝料を算定するとした。

〔コメント〕

　ラミネートベニアとは、主に前歯に用いられるもので、歯の全体に被せるものではなく、歯の形態や色調を模したセラミックを歯の表面に接着させる処置です。

【事例114】 水戸地裁龍ヶ崎支部令和２年２月20日判決（自保2074・60）

　原告は、既存障害歯は、右下６番、左下６番、左下７番の３歯のみであり、本件事故により右上５番、右上４番、右上２番、右上１番、左上

１番、左上２番、左上３番、左上５番の８歯が欠損し又は補綴を加えており、「７歯以上に対し歯科補綴を加えたもの」として12級３号に該当する後遺障害を負ったと主張した。

　原告は、上記歯牙障害の後遺障害によって、14％の労働能力を喪失したとして逸失利益を請求した。

　被告は、原告の歯牙障害が後遺障害等級に該当しないとした上で、歯牙障害は労働能力に具体的影響を及ぼすものではないとして争った。

　裁判所は、「原告は、本件事故当時、運転手や新聞配達の仕事に従事していたものであるが、本件による歯牙障害が労働能力に直接的な影響を与えているとは認められず」として、歯牙障害による労働能力喪失を否定している。

〔コメント〕

　本事例では、歯牙障害は、運転手や新聞配達の仕事に直接的な影響を与えていないとされました。

【事例132】名古屋地裁令和５年１月18日判決（自保2163・80）

　平成29年４月12日事故発生。原告X₁は会社の代表取締役。

　原告X₁は、本件事故によって右上２番、右上１番、左上１番の歯冠が破折し、右上２番については抜髄した上で、その他の２歯は抜髄せずにジルコニアを用いた歯冠補綴がされた。

　原告X₁は、自賠責により、以下の①〜③の後遺障害を併合した後遺障害等級併合11級相当の後遺障害が生じたと認定された。

　①　外貌醜状について12級14号に該当

　②　本件事故による障害歯３歯（右上２、１、左上１歯冠破折）と既存障害歯２歯（右上６番、右下７番）を合わせ５歯以上に対し歯科補綴を加えたものとして13級５号に該当

　③　頚部痛などについて、局部に神経症状を残すものとして、14級９号に該当

　原告X₁は、本件事故によって、①12級14号相当の外貌醜状、②13級５号相当の歯牙障害、③14級９号相当の神経症状の後遺障害を合わせて、

第3章　歯科領域の後遺障害と労働能力喪失　　163

併合11級相当の後遺障害を負い、症状固定時から就労可能な67歳に至るまでの29年にわたり、労働能力を20％喪失したと主張した。

　被告は、原告X$_1$に生じた後遺障害のうち、外貌醜状と歯科補綴については、運動機能等を喪失する後遺障害ではないこと、既に代表取締役の地位にある原告X$_1$が、外貌醜状や歯科補綴によって昇進や転職の機会等を制約されることは考え難いことを理由に労働能力喪失を争った。

　裁判所は、原告X$_1$に生じた後遺障害のうち、「外貌醜状及び歯科補綴は、身体の運動機能等に影響を及ぼすものではなく、直ちに労働能力を喪失させるものではないし、これによる業務上の支障が生じていないことは、原告X$_1$も本人尋問において自認している。」とした。また、原告X$_1$が経営している２社が変わらず利益を出していることから、「外貌醜状や歯科補綴によって利益が左右されるものではない。」とした。さらに、原告X$_1$が主張する私生活上の不自由についても、「そのことが直ちに労働能力を喪失させるような事情にはならない。」とした。その上で、「外貌醜状及び歯科補綴による現実の減収が生じたものとは認められず、これらの後遺障害による逸失利益を認めることはできない。」とした。

〔コメント〕

　本事例では、歯科補綴（歯牙障害）について、原告X$_1$の業務に支障が生じていないことに加えて、X$_1$の経営している会社の業績に言及している点にも特徴があります。

第 4 章

将来治療費

166

第

4

章

第4章　将来治療費　　167

第1　更新分を含まないインプラント・補綴の将来治療費

1　解　説

（1）　はじめに

　症状固定時には治療が未実施であっても将来的に治療が必要と考えられる治療にかかる治療費については、将来治療費として損害賠償請求の対象となり得る。

　歯科領域の治療に関しても、事故等の影響によって将来的に受傷歯が予後不良（抜歯）となることが見込まれるケースや、未成年者が前歯を欠損した場合に顎骨の成長を待ってインプラントによる補綴を実施するケースなど、症状固定時以降の治療費が問題となるケースがある。

　そこで、本項では将来治療費について争いになった事例を紹介する。なお、インプラントや補綴物については、生涯にわたって維持されるものではなく、ある程度の耐用年数があるとするのが一般的な理解であり、将来のやり直し（更新）の際の治療費も問題となるが、その点が争点となっている事例については、別項で紹介する。

（2）　裁判事例の特徴

　将来治療費としての歯科治療費を認めた事例は、【事例1】、【事例8】、【事例14】、【事例16】、【事例18】、【事例33】、【事例35】、【事例43】、【事例47】、【事例49】、【事例58】、【事例71】、【事例86】、【事例116】であるが、そのうち、【事例1】、【事例8】、【事例14】、【事例16】、【事例18】、【事例35】、【事例43】、【事例47】、【事例86】、【事例116】は中間利息控除をしていない。

児童や20歳未満の若者が将来のインプラント補綴にかかる治療費を
請求した事例は、【事例8】、【事例33】、【事例58】、【事例62】、【事例71】、
【事例85】、【事例126】であるが、そのうち将来治療費としてのインプ
ラント治療費が認められているのは、【事例8】、【事例33】、【事例58】、
【事例71】であり、認められていないのは【事例62】、【事例85】、【事
例126】である。

　将来治療費が認められた事例については、いずれも事故等により受
傷した歯を破折したり脱臼したりするなどして、実際に欠損部が生じ
ている。

　これに対して、将来治療費が認められていない事例のうち【事例62】、
【事例85】は、裁判時点では抜歯に至っていない歯について、将来的
な抜歯の可能性も含めてインプラント補綴治療費を請求したものであ
る。また、【事例126】については、実際に事故の衝撃で歯を喪失して
いたが、諸事情から裁判時点でオールセラミックブリッジにより補綴
していた事案であり、【事例33】のように可撤性義歯で暫間的な補綴を
していたのではなく、隣接歯を削合するなどして通常は最終的な補綴
方法であるブリッジを装着していたことが、結論に影響したものと考
えられる。なお、同様に、【事例12】、【事例29】は、成人（57歳、69歳）
の事例であるが、可撤性義歯で補綴した後に将来的にインプラントに
よる補綴にやり替えるために費用を請求したが、認められていない。

　失活歯は、生活歯よりも寿命が短くなるとされている。そのため、
もともと生活歯であった歯を受傷し失活したけれども歯根が残せたた
めに補綴治療をして症状固定となった場合、将来的に歯を喪失する蓋
然性が高まったとして当該受傷歯が抜歯になった際の欠損部の補綴治
療（基本的にはインプラント治療）にかかる治療費を将来治療費とし
て請求することも考えられる。余命が長い未成年者の受傷者であれ
ば、生存中に受傷した歯を失う確率は上がる。

第4章　将来治療費　　169

しかし、この点について、受傷当時未成年であった受傷者が失活した歯の将来のインプラント治療費を請求した【事例62】と【事例85】では、いずれも将来治療費としてのインプラント治療費が認められていない。

2　事例紹介

（1）　将来治療費を肯定した事例

【事例1】大阪地裁平成6年4月25日判決（交民27・2・514）

　原告は、事故当時5歳であったが、本件事故によって、左右乳中切歯、左右乳側切歯、右第一乳臼歯（いずれも上下不明）が完全脱臼し、右乳犬歯（上下不明）は保存不可能な状態のため抜歯された。

　原告の主治医は、下顎については、その成長を抑制し、成長の終了時点である20歳前後に、下顎の歯列と上顎の歯列を矯正するが、抑制ができなければ、下顎の骨を切る手術を要すると判断している。また、同主治医は、上顎前面の歯列の並び方を原因とする咬合の問題については、継続的な矯正を要すると判断している。さらに、同医師は、上顎前面の歯根形成不全等の障害については、六歳臼歯から六歳臼歯までの10本（本来は12本であるが、将来右上第二小臼歯と左上犬歯が生えない蓋然性が高いため、その2本を除いた10本となっている。）をひと固まりに繋ぐ形での補綴をすることが必要であると判断している。

　そこで、原告は、将来治療費として、顔面の整形手術代120万円、歯科矯正及び補綴費用253万8,190円を請求した。

　裁判所は、主治医の治療計画について、「相当なものといえ、少なくとも、それにおいて必要とされる矯正と補綴の将来治療は必要と解すべきである。」として、将来の矯正治療費と将来の補綴治療費については223万8,190円を将来治療費として認めた。他方で、下顎の手術については、「可能性は低くないものの、蓋然性までは認められないので、将来治療の必要性を認めることはできない。」として認めなかった。

〔コメント〕

　判決文中にある「六歳臼歯」とは、第一大臼歯の別名です。6歳頃に生えるためにそのような呼び方がされることがあります。

【事例8】東京地裁平成19年5月10日判決（平18（ワ）10629）

> 　当時6歳だった原告が、当時通っていた幼稚園のホールで友達と遊んでいて、ホール内の移動式舞台に顔面を強打して下顎前歯4本（2本は乳歯、2本は永久歯。おそらく右下1番、左下1番、右下B、左下B。）を喪失した事故である。
>
> 　裁判当時、原告は、「下顎前歯部欠損に伴う歯列不正、咀嚼機能障害」との診断を受け、また、上記機能障害を改善するためには下顎について固定式全歯装置（固定式の矯正装置のこと）の装着が必要と診断され、その費用は合計金95万2,350円が必要であった。また、上記の処置をした後にインプラント処置をすることが必要とされており、そのためには少なくとも金110万400円の費用が必要と見込まれていた。
>
> 　そこで、原告は、将来治療費として205万2,750円を請求した。
>
> 　被告が争ったものの、裁判所は、原告の請求金額全てを認めた。また、中間利息控除はしなかった。インプラントのやり替えにかかる将来治療費の請求はなかった。

〔コメント〕

　事故当時6歳だった原告は、訴訟当時19歳になっていましたが、事故で抜けた2本の永久歯があった部分へのインプラント補綴はまだ実施されていませんでした。

　これは、本来2本分の歯が入るべきスペースが、隣の歯が動いてきたため、1本分のスペースしかなくなっていたため、矯正処置によってスペースを拡大させた後に、インプラントを埋入する予定となっていたからです。スペースがなくなっていたのは、歯が抜けた場所に保隙処置（隙間を保持するための処置）がない場合、歯は、欠損部を埋めようとして、移動したり傾斜したりするためです。

第4章　将来治療費　　171

【事例14】 東京地裁平成20年8月29日判決（平19（ワ）9150）

　原告（成人男性）が被告の製造販売に係る自転車に乗車して走行中、同車両の接合部の溶接箇所が突然折れたため転倒し、顔面を強打して傷害を負ったと主張して損害賠償を求めた事案である。原告は、本件事故により、右下第二乳臼歯破折により保存不可になったため、抜歯した後、同部位にインプラント治療を要するとして、60万円を請求した。

　裁判所は、本件事故と右下第二乳臼歯破折との因果関係を認め、将来治療費と明示せず60万円を損害として認めた。将来の更新費用やメンテナンス費用の請求はなかった。

〔コメント〕

　原告は、本件事故により、右下第二乳臼歯（右下E）が破折により保存不可となったため、抜歯後、同部位にインプラント治療を要するとして、60万円を請求したところ、全額認められました。原告の正確な年齢は不明ですが、事故当時既に成人でした。一般的には、下顎第二乳臼歯は、13歳頃までには抜けることが多いですが、後続の永久歯がもともと欠損している場合（永久歯の先天性欠如）は、成人になっても抜けていないこともあります。本事例では、永久歯の先天性欠如のケースでもインプラント治療費が損害として認定された点に特徴があります。

【事例16】 東京地裁平成21年1月30日判決（平19（ワ）32822）

　事故発生当時11歳だった原告が、自転車に乗っていたところ、友人にジャンパーをつかまれバランスを崩して転倒し、顔面を地面に打ち付けて①右上乳中切歯歯冠部2分の1破折・急性化膿性歯髄炎、②左上乳中切歯5分の1破折、③右下乳中切歯歯冠部近心隅角部の破折等の傷害を負った事案である。

　原告は、①について、将来、骨格や歯列の変化が生ずることが予想されるため、第二大臼歯の頭出後に補綴を行うことになっていることなど

から、治療費見込額として15万7,500円を請求した。

被告は、健康保険の範囲を超えた治療であり金額が過大であると主張した。

裁判所は、「前歯という機能的にも審美的にも重要な部位の補綴に関するものであること、保険の範囲で治療した場合の金額と比較して不相当に過大といえないことを考慮」して請求額全てを将来の治療費として認めた。

〔コメント〕

事故当時11歳であった原告が破折した右上乳中切歯（右上Ａ）について、将来的に補綴治療が必要であるとして将来治療費を請求し、認められた事例です。一般的には、11歳であれば既に永久歯に置き換わっていることが多いことや後続の永久歯が存在しているのであれば将来的に乳歯に補綴治療をする必要性がないことなどからしますと、本件の原告についても、永久歯の先天性欠如があったと思われます。

【事例18】東京地裁平成21年９月28日判決（平20（ワ）13996）

本訴被告は事故当時40歳の女性で、職業はスポーツインストラクターであった。

本訴被告は、本訴原告運転の車（左ハンドル）の助手席に乗車中、右後方の確認を頼まれて窓から顔を出していたところ、原告が誤ってパワーウインドウを上昇させてしまい、上昇するパワーウインドウに２度口元をぶつけて受傷した。

本訴被告は、本件事故により負った歯牙損傷（歯牙端部破損４か所、歯牙エナメル質亀裂10か所）について、将来的には150万円（オールセラミックによる歯冠修復の費用）を要する見込みであると主張した。

本訴原告は、将来治療費についても蓋然性がないと争うとともにオールセラミックによる治療が不相当であると主張した。

裁判所は、本訴被告の性別や職業等も考慮して「破損も生じた４本の歯については、歯冠修復による治療が今後施行される蓋然性が認められ、この修復術を被告主張のセラミックによるものとする相当性も肯認でき

第4章 将来治療費 173

る。」とした。一方で、「浅い亀裂に止まる6本の歯については、将来的に歯冠修復が施行される可能性の程度やセラミックによることの相当性等を総合的考慮したときには、その半額をもって、本件事故との相当因果関係を肯定するのが相当である。」として、将来治療費105万円（＝1本15万円×4本＋1本15万円×6本×50％）を認めた。

〔コメント〕

　本事例では、破折が生じた4本の歯について将来的にセラミック冠で補綴する蓋然性があると認めましたが、前歯部であるのにまだ何らの処置をしていないことからしますと、破折した箇所は、切端部に限局し、その範囲も大きくないと推測されます。そうだとしますと、通常は、歯の形態修正やCR充填で済ますことが多いですので、どういった点から補綴の蓋然性があると認定したのか興味深いです。また、エナメル質の亀裂の場合も、一般的には将来的に補綴の蓋然性が高いとまではいえませんので同じく相当因果関係を認めた理由が気になります。

【事例33】東京地裁平成22年7月22日判決（交民43・4・911）

　裁判時22歳の原告は、本件事故当時中学3年生の女性であり、事故により8歯（部位不明）を欠損した。

　原告は、8歯欠損部に可撤性義歯を装着していたが、原告が20歳くらいになって骨格が固まった時期にインプラント治療するのが妥当との主治医の意見を根拠に、インプラント治療費として559万6,500円を請求した。

　これに対して、被告は、ブリッジ義歯による治療が十分可能であったこと、インプラント治療は適用除外とされる場合があり、将来原告がインプラント治療を受けることが確実とはいえず、かつ、現時点でインプラント治療を受けていないことからブリッジで必要十分だと主張した。

　裁判所は、主治医の意見を根拠に将来治療費としてのインプラント治療費は認めた。金額については、症状固定後の治療であり、症状固定か

ら4年経過しているため、その間の中間利息を控除するのが相当である
として、559万6,500円に年5分の割合による4年の現価ライプニッツ係
数は0.82270247を乗じた460万円4,254円を認定した。なお、将来のやり
直し分のインプラント治療費及びメンテナンスの治療費は、請求してい
ない。

〔コメント〕

　本事例では、原告は裁判時に22歳になっていますので、年齢的には
顎骨の成長も止まっており、インプラントの埋入も十分に可能である
と思われますが、まだインプラントの埋入を行っていませんでした。
それでも裁判所は将来的なインプラント治療費を事故と因果関係のあ
る損害として認定している点に特徴があります。

【事例35】名古屋地裁平成22年11月5日判決（平20（ワ）3815）

　原告は、本件事故で顔面を強打したことにより、右上3番の歯牙を喪
失し、その他の歯牙（右上5番、右上4番、右上2番、右上1番の歯牙）
にも外傷による動揺を来したとして、治療のためには、右上及び左上の
残存する歯牙全部を抜歯した上で、将来的にインプラント治療を施す必
要があると主張し、その治療費721万3,500円を請求した。
　裁判所は、「事故によって右上3番の歯牙を喪失し、右上5、4、2、
1番の歯牙動揺を来して、その治療のために、12台のインプラントを支
台装置として、右上7番から左上7番に渡る14歯をつなぐインプラント
ブリッジが必要である。」として「将来治療費」と明示はせずに認定した。
ただし、その金額については、素因減額をした。

〔コメント〕

　原告が全顎的に高度に進行した歯周病に罹患していたことからしま
すと、右上5番、同4番、同2番、同1番の歯牙動揺を事故に起因す
るものと認定したことには疑問を覚えます。認定した損害額への疑問
については、**第6章第1**にて詳述します。

第4章　将来治療費　　175

【事例43】 東京地裁平成23年10月19日判決（平23（ワ）12610）

　損害保険会社である原告が、損害保険契約に基づき、交通事故により
人的損害を被った被害者に対して保険金を支払ったとして、加害者であ
る被告に対して求償権を行使した事案。
　事故の被害者は、本件事故当時39歳であった。事故の被害者がどの歯
を喪失したか不明であるが、裁判所は、「将来のインプラント代」として
15万円を認定した。

〔コメント〕

　喪失した歯の部位も本数も不明ですが、インプラント治療の場合は、
埋入するインプラント体の代金に加えて上部構造となる補綴物の金額
も必要になりますので、インプラント代15万円というのはかなり低い
金額だと思います。

【事例47】 名古屋地裁平成23年12月9日判決（自保1872・39）

　事故発生日は、平成16年1月18日である。
　事故当時30歳の女性であった原告X_1は、本件事故により右大腿骨骨
幹部骨折、右橈骨骨幹部骨折、右尺骨骨幹部骨折、左膝挫滅創、顔面挫
創、右膝蓋骨骨折、歯牙欠損、右前腕骨骨折、右後骨間神経麻痺、右前
腕偽関節、右手関節拘縮、右手関節瘢痕の傷害を負った。そのうち、歯
牙欠損については平成16年2月5日から、平成19年4月19日まで治療が
行われた。平成19年4月19日の時点で、破折が一部歯根に及んでいるた
め、将来的に抜歯してインプラントをする可能性があるとされていた。
　その後、原告X_1（症状固定時33歳）は、症状固定日後に実際にイン
プラント治療を受け、症状固定後の治療費として合計46万9,949円を要し
ていた。
　これについて裁判所は、「これらの治療は、上記のとおり、症状固定時
において、将来必要になる可能性があるとされていた治療であるから、
症状固定後の治療ではあるが、本件事故と因果関係があると認められ、
上記治療費46万5,859円は本件事故による損害であるといえる。」として、
損害であると認定した。

〔コメント〕

　破折が歯根に及んでいる場合は、歯根を保存できない可能性が高いです。しかし、なるべくなら天然歯の歯根を残した方がよいですので、本事例でも破折線が歯根に及んでいるもののひとまず経過観察をしたのだと思われます。しかし、おそらく、残した歯根の周囲に炎症が生じるなどしたため、保存不可と判断をして抜歯に至ったものと推測されます。もし、破折が歯根の先の方まで及んでいるなど、保存することができないことが明らかな場合は、経過を見ることなく抜歯をして、なるべく早く補綴処置に移行できるようにすると思われます。

【事例49】仙台地裁平成24年2月28日判決（自保1870・28）

　原告は事故当時13歳（判決時は16〜17歳位）であり、本件事故により顔面多発裂傷、顔面骨多発骨折、歯牙（3歯）欠損の傷害を負った。

　原告は、歯牙欠損の治療としてはインプラント治療が相当であると主張した上で、インプラント治療の費用が本件交通事故後5年間の継続治療で合計135万7,760円であるから、5年のライプニッツ係数を用いた次の計算式による106万3,804円（＝135万7,760円×0.7835）を請求した。

　被告は、原告の歯牙欠損の障害に対する治療としては、他に選択可能な安価な治療法があるから、インプラント治療費の賠償は否定されるべきであるとして争った。

　裁判所は、可撤性義歯については異物感等が強く咀嚼力に劣るという欠点があること、ブリッジについては欠損歯の両側の歯を大きく削る必要がある等の欠点があることなどを理由に、いずれも原告の歯牙欠損の被害回復方法としては不十分であるとして、インプラント治療が相当であると判断し、原告の請求金額をそのまま認めた。

〔コメント〕

　インプラントは、顎骨の成長が止まってから埋入するのが通常であり、事故当時13歳の原告は、事故当時はもちろん訴訟時点でもまだインプラントを埋入していません。5年間の「継続治療」となっている

第4章　将来治療費　　177

のは、歯が欠損した部位をそのままにしていると、見栄えが悪いのは
もちろんですが、欠損部の隣の歯が倒れてきたり、向かいの歯が伸び
てきたりするため、インプラントを埋入できるスペースを確保し続け
るために暫間的な義歯を装着して経過を観察するなどの処置が継続的
に必要であるからと思われます。

【事例58】横浜地裁平成25年8月8日判決（交民46・4・1083）

　　原告は、事故当時10歳であり、事故により永久歯（部位不明）が2本
脱落した。原告は、成長が止まる20～22歳頃に、欠損部にインプラント
による補綴治療をする必要があるとして、その治療費229万7,400円を将
来治療費として請求した。
　　裁判所は、歯科医師の陳述書により症状固定から約10年後のインプラ
ント治療の必要性を認めたが、見積金額が高めに見積もられている可能
性があることや上記10年間の間に費用が逓減する可能性も無視できない
として、100万円の限りで認めた。
　　その上で、10年のライプニッツ係数0.6139を乗じて中間利息控除をし、
61万3,900円を将来治療費として認めた。
　　なお、将来的なインプラントのやり替え分の費用やメンテナンスのた
めの費用は請求されていない。

〔コメント〕
　裁判所は、原告提出の見積書記載のインプラント費用について、見
積金額が高めに見積もられている可能性があることなどを理由に減額
して認定していますが、たしかに2歯分で229万7,400円の見積りは、
相場よりもかなり高いという印象を持ちます。ただ、10歳という若年
で外傷由来の抜歯をしたとすると、埋入時に歯槽骨の再生・造成手術、
又は骨移植手術をしないとインプラントができない可能性があり、そ
れも手術は1回では済まないこともあり得ますし、場合によっては静
脈内鎮静や全身麻酔もあり得るかもしれませんので、何ともいえない
ところです。

第4章　将来治療費

【事例71】東京地裁平成26年8月22日判決（平25（ワ）34087）

　本件事故当時9歳の原告は、本件事故により、頭部外傷、脳挫傷、び
まん性軸索損傷、下顎部・口腔内裂創、5歯完全脱臼（乳歯2本及び永
久歯3本）等の傷害を負った。
　裁判所は、「原告は、成人になった時点で、CT線診断及びシンプラン
トサージカルガイド、インプラント手術及び上部補綴の治療を行う必要
がある」として、将来治療費としてインプラント代を認定した。
　金額については、概算の治療費115万円について、11年（9歳の原告が
20歳になるまでの期間）のライプニッツ係数0.5846を乗じ、67万2,290円
とした。
　（計算式）115万円×0.5846＝67万2,290円
　なお、原告は、将来的なインプラントのやり替え分の費用やメンテナ
ンスのための費用は、請求していない。

〔コメント〕

　本事例も、未成年者の永久歯が脱落した事例ですが、将来顎骨の成
長が止まった時点でのインプラント治療費が将来治療費として認めら
れています。概算の治療費も3本分の費用としては、妥当な金額であ
ると思います。

【事例86】東京地裁平成28年7月20日判決（平26（ワ）22396）

　原告は、被告から、顔面等を傘で殴られ、頭部及び顔面等を拳で殴ら
れ、口元及び腹部等を蹴られるなどの暴行を加えられ受傷した。
　事件当時43歳の原告は、本件暴行以前から、右上5番と右上4番の歯
が抜けており、右上6番の歯と右上3番、右上2番、右上1番、左上1
番、左上2番の各歯を支台歯にして、ブリッジを装着していた。原告は、
本件暴行によって、右上2番、右上1番、左上1番、左上2番の4本の
前歯が折れ、うち2本については歯根から折れてしまい、ブリッジの土
台として使える状態ではなかったため、左上3番の歯を新たに削ってブ
リッジの土台にした。

第4章　将来治療費　　　179

　　原告は、今後は、右上5番・同4番の2本の小臼歯と右上2番から左
　上2番までの4本の前歯にインプラント治療を行う予定であり、その費
　用は概算で300万円程度であると主張した。
　　裁判所は、「原告が、現在までの間に上記治療を受けて治療費を支出し
　たと認めるに足りる証拠はないが、ある程度中期的に使用可能な仮前装
　冠を作成したにとどまっていることからすれば、なおインプラント治療
　の必要性は存続しているというべき」とした上で、本件暴行との因果関
　係のある前歯（右上2番、右上1番、左上1番、左上2番）4本分のイ
　ンプラントの治療費200万円を将来治療費として認定した。もともとブ
　リッジで補綴されていた右上5部と右上4部のインプラント治療費につ
　いては事故との因果関係を認めなかった。

〔コメント〕

　裁判所は、右上5番、右上4番、右上2番、右上1番、左上1番、
左上2番の6本についてインプラント治療の必要性があると認めてい
ますが、右上2番、右上1番、左上1番、左上2番の4歯のうち歯根
から折れたのは2歯（部位は不明）だけであることからしますと、4
歯全てをインプラントにする必要性があると認定した根拠が知りたい
ところです。

【事例116】鹿児島地裁令和2年8月6日判決（自保2082・70）

　　原告X₁は、歯牙破損（部位・本数不明）について、後遺障害等級12級
　3号に該当すると自賠責に認定された。
　　原告X₁は、「歯牙のうち7歯について矯正等の治療を行ったが、今後、
　さらに歯内療法及び補修処置のために治療をする必要があり、その治療
　費は20万円である。」として、将来の手術・治療費等とする20万円を請求
　した。
　　裁判所は、「証拠（甲6）と弁論の全趣旨によれば、原告X₁は、本件事
　故による歯牙破損の治療のため、今後20万円を要することが認められ
　る。」として「将来の手術・治療費等について20万円」を認定した。

〔コメント〕

　「歯内療法」とは、歯髄腔と呼ばれる歯の中の空洞の中を清掃・消毒する処置です。おそらく受傷した歯の中に神経が死んでしまった歯があり、その歯に歯内療法を加えた後に歯冠補綴又は歯冠修復処置をするものと思われます。

（2）　将来治療費を否定した事例

【事例12】東京地裁平成20年1月15日判決（平18（ワ）28618）

　　原告は、事故当時57歳のタクシー運転手であった。
　　原告は、事故の衝撃によりハンドルに顔をぶつけたことから下顎の8歯（部位不明）を脱臼したため、可撤性床義歯を装着した。原告は、将来の歯のインプラント植え付け等費用として256万8,300円を請求した。
　　裁判所は、「原告は、本件事故により喪失した歯の補綴治療を既に受け、症状は固定しており、今後高額な歯のインプラント植え付け等を行う必要性、相当性には疑問が残るから、当該インプラント植え付け等の費用と本件事故との相当因果関係を肯定することはできない。」として、既に可撤性義歯で補綴済みとして将来治療費としてのインプラント治療費を認めなかった。

〔コメント〕

　裁判所は、下顎8本の脱落と事故との因果関係を認めながら、先に可撤式部分床義歯（いわゆる部分入れ歯）で補綴していたために、症状固定後の治療としてのインプラント費用を損害として認めませんでした。しかし、インプラント治療の場合、インプラント体を骨に埋入してから定着して上部構造を装着するまでに時間がかかることが一般的ですので、8本も歯を喪失すれば日々の食事にも相当な困難を伴うので、ひとまずの咀嚼機能を回復させる目的で可撤性義歯を作成・装着することもあり得るところです。それにもかかわらず、可撤性義歯を装着しているからといってインプラントの必要性・相当性を否定することは、両者の咀嚼機能の著しい差を考慮すると不合理に思えます。

第4章　将来治療費　　181

【事例20】 東京地裁平成21年12月10日判決（自保1822・58）

　　原告X$_2$（事故当時13歳）は、本件事故により、顔面骨・上顎骨・下顎骨骨折を負い、平成14年10月1日（当時14歳）に症状固定とされた。

　　原告X$_2$の後遺障害は、頭部外傷後の四肢麻痺、全失語等の症状について後遺障害等級表1級3号に、左大腿骨骨折後の奇形障害について同表12級8号に、それぞれ該当し、全体として併合1級に該当すると自賠責に認定された。

　　原告X$_2$が負った上顎骨骨折については、全身状態の改善を待つ間に受傷後2か月半が経過し偏位骨片は癒合していたため整復は困難で手術侵襲も大きいと判断されたこと、口蓋裂の既往があり上顎骨の成長障害、咬合不全が存在していたことから、手術をすることなくそのまま放置された。

　　このため、原告X$_2$は、顔面骨について、上顎骨の形態及び歯列弓は保たれているものの、外力によって上顎体部が捻転偏位し、左側中顔面が陥凹しているなどの損傷が残存している。そこで、原告X$_2$は、顎骨の成長が停止した将来、これらの損傷部位の外科的矯正治療及び歯科矯正治療を受けることを検討しているとして、その治療費1,608万2,850円を将来治療費として請求した。

　　裁判所は、「原告X$_2$の状態に照らし、原告X$_2$がこれらの治療の目的や内容を理解して長期間にわたる歯科治療に適切に対応するのは容易ではなく、これらの治療の実施には相当な困難が伴うことが考えられる。また、多数回にわたる東京と福島県いわき市との間の長距離移動は、原告X$_2$には体力的に困難ではないかとも考えられる。このような事情を併せ考慮すれば、これらの治療の一般的必要性は認められるものの、その実施の蓋然性は必ずしも高いということはできず、そのための費用は、将来の治療費としては認めることができないというべきである。」として将来治療費としての外科的矯正治療及び歯科矯正治療にかかる費用を認めなかった。

〔コメント〕

　事故によって原告に意識障害や四肢麻痺などかなり重篤な後遺障害

が残存していることなどを踏まえて、将来的な外科的矯正治療及び歯科矯正治療をすることの蓋然性が高くないと判断された点に特徴があります。

【事例25】 大阪地裁平成22年 3 月15日判決（交民43・ 2 ・332）

原告は、事故当時49歳の女性で飲食店を経営していた。

原告は、本件事故により、頭部・顔面打撲、頭皮・顔面挫創、眼窩骨折、歯牙損傷、右鎖骨骨折、左上腕骨骨折（開放性）、腰椎横突起骨折、骨盤骨折、膀胱破裂の傷害を負った。

原告は、症状固定までの歯科治療費24万3,479円に加えて、インプラントによる固定式ブリッジが必要であるとして、825万円を請求した。

裁判所は、上記825万円について、「これは未だ見積に過ぎず、本件事故と相当因果関係にある損害とまで認めるに足りる証拠はないといわざるを得ない。」として認めなかった。

〔コメント〕

判決文には、「歯牙損傷」とのみ表記されており、原告が具体的にどの歯をどのように損傷したのか不明ですが、将来的なインプラント治療と事故との因果関係が否定されていることからすれば、歯牙欠損は生じていなかったと思われます。

【事例29】 横浜地裁平成22年 6 月15日判決（自保1830・116）

事故当時69歳の原告は、本件事故により、顔面多発骨折、顔面挫滅創、口腔内挫滅創、左下腿挫創及び脳挫傷の傷害を負った。

原告は、本件事故による受傷による障害歯が計 7 本となり、既存障害歯 3 歯を加え、計10歯が現実に喪失又は著しく欠損したものと捉えられることから、歯牙障害については、後遺障害等級11級 4 号に当たるものと自賠責に認定された。

第4章　将来治療費　　183

　原告は、本件事故で左下1番・左下2番・左下3番・左下4番を失っ
たため、可撤性義歯（部分床義歯）を作成・装着した。しかし、義歯に
対する違和感から発音がうまくできないことから将来的にインプラント
による補綴をする予定であるとして、将来治療費として178万円を請求
した。
　これに対して、被告は、ブリッジで十分と反論している〔筆者注：し
かし、上記欠損部に対してブリッジで補綴することは、欠損部が長すぎ
るため、歯科的には不適切であると思われる。〕。
　裁判所は、事故後に可撤性義歯（部分義歯）を装着した原告について、
明らかな咬合不良等は窺われないこと、義歯への違和感、発音機能面や
咀嚼力の低下も義歯であるがゆえのものであるからやむを得ない面があ
ること、インプラント処置が健康保険の適用のない処置であることなど
から、原告の損害は一応回復されたものとみざるを得ないとして、将来
治療費としてのインプラント治療費を否定した。

〔コメント〕

　本事例も、【事例12】と同様に、既に可撤性義歯（いわゆる入れ歯）
で欠損部を補綴していることを理由に将来のインプラント補綴治療費
について認められなかった事案です。歯科医師の立場からすれば、イ
ンプラントによる補綴と可撤性義歯による補綴では機能性に大きく差
があるので、先にブリッジを装着していたのであればまだしも、可撤
性義歯を作成・装着していたことをもってインプラントによる補綴に
ついて認められないのは酷に思えます。とはいえ、このような前例が
あることからすれば、患者側としては、欠損部にひとまず可撤性義歯
を装着するということはしないのが無難だと考えます。ただし、未成
年者が顎骨の成長を待つために装着する暫間義歯はこれに当てはまり
ません。

【事例32】　東京地裁平成22年7月20日判決（平21（ワ）15137）

> 　債務不存在確認訴訟。
> 　被告は、本件事故により、第3ないし8肋骨骨折、左血気胸、左下腿骨折、歯牙破損（部位不明前歯5本）等の傷害を受けた。
> 　被告の歯牙障害は、本件事故により歯牙が5本破折し補綴を加えたことが認められ、13級5号の「5歯以上に対し歯科補綴を加えたもの」に該当する後遺障害であると自賠責に認定された。
> 　被告は、将来の歯の治療費が1,000万円（＝200万円×5本）であると請求した。
> 　裁判所は、「被告の歯牙破折に関しては、歯科医師によって『審美的要素を含む場所であるのでオールセラミックスの歯冠補綴が必要』と診断されていることが認められるが、『審美的要素を含む』とされているように、被告の歯牙破折の具体的な状況を前提として、このような歯冠補綴が欠くことができない治療かどうか明らかでなく、また実際に治療を行う具体的な予定があることを明らかにする証拠もないので、将来治療費として認めることはできない。」とした。

〔コメント〕

　前歯5本の治療方法は判決文に明記されていませんが、本数（5本）と金額（14万4,970円）からしますと、健康保険適用外の補綴方法（セラミック冠など）ではなく健康保険適用内の補綴方法によるものと思われます。被告は、上記5本の歯の補綴物について、将来的にオールセラミック冠によるやり直しが必要として、将来治療費を請求していますが、裁判所は認めませんでした。これは、【事例12】、【事例29】と同様に、既に最終的な補綴物が装着されていることから、このような結論になったとも思われ、最初からオールセラミック冠であった場合には、他の裁判事例に照らせばその治療費は、事故と因果関係のある損害と認定されていた可能性もあると考えます。ただし、被告の請求するオールセラミック冠5本分の金額1,000万円は、同様の治療の費用としてはあり得ない金額です。

第4章　将来治療費　　185

【事例62】東京地裁平成25年12月27日判決（平23（ワ）35884）

　　原告は、同じく中学1年生であった被告から顔面を手拳で1回殴打され、1歯（部位不明）の歯牙破折、1歯（部位不明）の歯髄壊死等の傷害を負った。

　　原告の破折した歯（歯①）については、抜髄、根管治療、根管充当が行われ、仮歯が装着され、歯髄壊死した歯（歯②）については、歯髄壊死しており感染根管治療が必要であると診断された。

　　原告は、歯①及び歯②について、冠による補綴治療の他に、将来のインプラント治療費160万円を請求した。

　　被告は、歯①及び歯②に対して最終的な補綴が必要であることは認めるとしたが、インプラント治療費については、「抜歯の必要はないから、インプラント治療も必要でない。」として争った。

　　裁判所は、「歯①は、抜歯する必要があるといえるかはなお判然としない。また、歯②は、歯髄が壊死しても適切に感染根管治療を実施すれば保存は可能であるとして、歯②を抜歯する必要性があるとまでは認め難い。そうすると、抜歯を前提とするインプラント治療が必要であると認めることは困難である。」として、将来のインプラント治療費は認めなかった。ただし、「歯①の仮歯に対しては最終的に補綴が必要であり、歯髄壊死した歯②に対して感染根管治療と最終的な補綴が必要である」　として、最終的な補綴治療費の限度（30万円）で認めた。なお、2歯に対する傷害であるから、後遺障害に当たらないとして、後遺障害慰謝料も認めなかった。

〔コメント〕

　原告は、事故当時中学1年生であり、裁判時は高校生となっていました。事故によって破折した歯①と歯②について、いずれも補綴冠による最終的な補綴治療は未了でした。補綴治療未了の理由について、「原告が現時点でも高校生であり成長期にあること」が挙げられています。一般的に男子は女子よりも成長のピークが遅く、高校生であれば歯や歯根は既に完成している一方で、男子の場合、顎骨の成長がわ

ずかに続いている可能性があります。そのため、患者の身長の変化があるかどうかなどを確認し、まだ成長過程であると想定される場合には、あえて焦って補綴せずゆっくり（高校卒業前後など）まで待つこともあり得ます。

【事例85】大阪地裁平成28年5月27日判決（自保1983・136）

> 原告は、事故当時18歳1か月であり、事故により各歯について以下のような傷害を負い、また、治療をした。
> ・左上1番不完全脱臼、歯冠破折、歯根破折→抜歯・インプラント
> ・右上2番不完全脱臼、歯冠破折→根管治療、補綴処置
> ・右上4番不完全脱臼→根管治療
> ・右上3番完全脱臼、根吸収→根管治療
> ・右上1番歯冠破折→抜歯、インプラント
> 原告は、右上2番、右上4番、右上3番の3本の歯について、「3本の歯が失活しているところ、今後歯根吸収を起こし再治療が必要になる可能性がある。歯の保存が困難となりインプラントを適用する場合には、1本あたり50万円を要する。」として、将来のインプラント費用150万円を請求した。
> 被告は、将来のインプラント費用について、インプラントの適応になる可能性があるにすぎないとして争った。
> 裁判所は、将来のインプラント費用については、将来インプラント治療の適応になることが高度の蓋然性をもって立証されているということはできないとして、認めなかった。

〔コメント〕

本事例も、【事例62】と同様に、抜歯するには至っていないものの、失活（神経が死ぬこと）した歯について、将来的に抜歯する可能性が高まったとして、インプラント治療費を請求した点に特徴がある事案ですが、裁判所は将来治療費を認めませんでした。

右上3番については、完全脱臼の上、歯根吸収まで来しているので

第4章　将来治療費　　187

将来的に抜歯となる可能性もそれなりにあると思えますが、裁判時点で抜歯に至っていない歯については、将来のインプラント治療費を認めないことは、各裁判例で一貫しています。

【事例115】 札幌地裁令和2年4月17日判決（平30（ワ）1206）

受刑者であった原告は、同じ受刑者から顔面を多数回殴打されるなど暴行を受けて上顎部前歯（部位不明）折損、上口唇及び下口唇裂傷、右目打撲による視力低下疑い、腰部及び頚部捻挫、右下腿挫傷との診断を受けた。

原告の折損した上顎前歯1本は、抜歯された。

原告は、出所後にインプラント治療を受けるとして将来治療費40万円を請求した。

被告は、ブリッジや可撤性義歯による治療が可能であるとしてインプラント治療の必要性を争った。

裁判所は、治療方法としてインプラント、入れ歯、ブリッジ治療等があるとした上で、インプラントについては、「見た目が美しく、健康な歯への影響も少ない一方、費用が高額であるといった特徴があり、総額30万から40万円程度を要する例もあるものと認められる。」としたが、「原告に対してインプラント治療を行うのが最適であることを認めるに足りる証拠はない」として、将来治療費としてのインプラント費用を否定。その上で、「何らかの治療を要することは明らか」として、5万円の将来治療費を認めた。

〔コメント〕

本事例では、受傷により実際に上顎前歯1本を抜歯するに至ったにもかかわらず、インプラントが高額であることなどを理由に、将来のインプラント治療費を認めていませんが、天然歯の価値の高さからしますとその結論は疑問です。

第4章　将来治療費

【事例125】 京都地裁令和3年11月26日判決（令2（ワ）2155）

当時小学4年生だった原告が、校外行事中、道路の側溝に転落して上顎左右中切歯（上前歯2本）の先端を一部破折するけがを負った事案である。破折した歯には、CR充填がなされたが、裁判時点で何度か脱落している模様である。

原告は、将来治療費としてセラミック冠の補綴費用70万円を請求した。

被告は、原告の歯の治療は終了しており、機能も外貌も問題がないから将来の治療費は必要ないとして争った。

裁判所は、「セラミック冠を装着する必要が生じるのは、本件傷害の程度が悪化し、神経が失活する場合等であるところ、現時点においては本件傷害による神経の失活は認められず、今後神経が失活し、セラミック冠を装着する必要が生じるであろうことを認めるに足りる証拠はない」として認めなかった。

〔コメント〕

CR充填は、欠けた部分に歯と同色の合成樹脂を充填し硬化させて、歯冠部の修復を行うものですが、歯全体を冠で被覆する治療法に比べて歯の削合部分や範囲は小さいものの、脱離しやすいという短所があります。しかし、受傷者が未成年者であれば、特に歯の削合範囲を小さくすることの重要性が大きいため、CR充填で済むような症例であれば、冠による補綴ではなくCR充填による修復を選択するのが一般的です。ただ、上記のように脱離しやすいという点があり、実際に本事例では、何度か脱離しては充填をやり直しているようです。そこで、本事例の受傷者は、将来的に受傷歯をセラミック冠で補綴する費用を請求しています。しかし、裁判所は、将来のセラミック冠の治療費は認めませんでした。ただし、裁判所は、「今後神経が失活し、セラミック冠を装着する必要が生じるであろうことを認めるに足りる証拠はない」としているので、破折範囲が広く、歯髄に近接しているなど将来

第4章　将来治療費　　189

的な失活の可能性が高いといえる状況であれば、将来の補綴治療費が
認められる可能性もあると考えられます。

【事例126】東京地裁令和4年3月2日判決（判時2550・59）

　テニス部に所属していた高校1年生の原告が試合中にコンクリート壁
に衝突し、左側上顎中切歯及び右側上顎中切歯を完全脱臼する等の傷害
を負った事故（発生日：平成23年7月17日）の事案である。
　原告は、インプラント治療の期間については、前段の歯列矯正の期間
も含めて2年から3年かかるとの説明を主治医から受けていたところ、
海外留学の予定もあったため、平成28年8月に左右の上顎側切歯及び左
右の上顎犬歯の合計4本を削ってブリッジを製作した。
　そこで、原告は、ブリッジで補綴した部位をインプラントで補綴する
必要があるとして、将来治療費としてインプラント治療費（将来のやり
直し分も含む。）426万8,085円を請求した。
　裁判所は、「本件事故による傷害の治療法として、インプラントの手術
とブリッジの手術が存在したところ、原告は、ブリッジの手術を選択し、
同手術を受けたことによって、現在は前歯がしっかりと固定されて不自
由なく食事ができているのであるから、本件事故による傷害の症状は同
治療行為によって既に固定しているのであって、原告が将来インプラン
トの手術を受けることが必要かつ相当であるとはいい難い。」として、ブ
リッジで補綴したことを理由に将来治療費としてのインプラント費用を
否定した。

〔コメント〕

　本事例も、ブリッジと可撤性義歯との違いはありますが、【事例12】
や【事例29】と同様にインプラント以外の補綴方法で既に補綴してし
まっていることを理由に将来的なインプラント治療費を認めていない
点に特徴があります。本件では、原告に留学予定があったという特殊
な事情はありますが、その点については考慮されていません。

第4章　将来治療費

【事例132】 名古屋地裁令和5年1月18日判決（自保2163・80）

平成29年4月12日事故発生。

原告X_1は、本件事故によって右上2番、右上1番、左上1番の歯冠が破折し、右上2番については抜髄した上で、その他の2歯は抜髄せずにジルコニアを用いた歯冠補綴がされた。

原告X_1は、本件事故により破折した歯牙3本について、補綴処置が一時的なものであり、インプラントにすることを予定しているとして、将来治療費としてインプラント治療費と将来のインプラント更新費用を請求した。原告X_1は、インプラントの耐用年数を15年程度、X_1の平均余命が41年であるとして、今後、3回の更新が必要と主張した。その上で、インプラント治療1回当たりの費用を歯牙3本で税抜192万5,000円であるとして、更新分も含む将来治療費を635万2,500円（＝192万5,000円×110%÷3本×9回）と算定した。

被告は、原告X_1の歯牙損傷は、補綴処置がされたことで治療が完了しているとして、将来治療費の発生を争った。

裁判所は、原告X_1の右上2番、右上1番、左上1番は、「ジルコニアの物性に鑑みても、永続性のある補綴処置が行われていることが認められる。」とした。また、原告X_1が、本件訴訟中、医師の意見書を取得すると言いながら、合理的な期間内に取得することができなかったことをもって、「医師自身、インプラント治療を行うことを否定しないものの、必要不可欠なものであるとまでは考えていないことが推認できる。」とした。

その結果、裁判所は、将来治療費としてのインプラント治療費を認めなかった。

〔コメント〕

本事例も、通常は最終的な歯冠補綴で用いられるジルコニアを使用した冠で歯冠補綴をされていることをもって、将来的な抜歯とインプラントへのやり替えの必要性を否定しています。ジルコニアの物性に言及している点に特徴があります。

第4章　将来治療費　　191

第2　インプラント更新分の将来治療費

1　解　説

（1）　はじめに

　症状固定時には治療が未実施であっても将来的に治療が必要と考えられる治療にかかる治療費については、将来治療費として損害賠償請求の対象となり得る。

　インプラントについては、土台の部分となっているインプラント体や上部構造となる補綴物は、生涯にわたって維持されるものではなく、ある程度の耐用年数があるとされているため（もちろん、一生涯機能し続けるケースもある。）、将来のインプラント体や上部構造のやり替えの際の治療費も問題となる。ただし、耐用年数については、いまだ各種研究結果をもっても明確に示されているとはいい難いのが現状である。

　本項では、インプラント更新分の将来治療費が請求された事例を紹介する。なお、本書では、将来のインプラント（上部構造を含む。）や補綴物のやり替え、再製については、更新という用語を用いる。

（2）　裁判事例の特徴

　インプラント更新にかかる将来治療費を認めた事例は、【事例6】、【事例48】、【事例49】、【事例50】、【事例54】、【事例87】、【事例99】、【事例107】であり、認めなかった事例は、【事例74】と【事例126】であった。【事例74】は、インプラント治療費の相当性は認められているが、更新のための費用を否定している理由として、「その全てについてまで本件事故との因果関係を直ちに認めることができないこと」を挙げていることから、素因減額としてインプラント治療費を6割減額していることが考慮されている可能性がある。また、【事例126】は、当時

高校1年生であった受傷者が欠損部位を裁判時点で既にブリッジで補綴していた事例で、インプラントで補綴し直すための治療費を請求していたが、認められなかった事例であり、その結論からすれば、更新のための費用も認められなかったのは当然といえる。

このように、インプラント更新にかかる将来治療費について認められなかった事例は、特段の事情のある事例であり、基本的には認められる傾向にあるといえる。

インプラント更新にかかる将来治療費が認められた事例においては、次に、インプラントや上部構造の耐用年数が問題となる。耐用年数が短く認定されれば、平均余命の期間中に更新が必要な回数も増えるため、将来治療費としての金額も大きくなる。

インプラント本体の耐用年数については、【事例6】は、インプラントの耐用年数が一般的には10年程度としつつ、「広範囲な欠損及び上顎骨骨折を考慮」して「10年に達しない可能性がある」とした。【事例50】は10年、【事例54】は15年（上部構造は10年）とし、耐用年数を20年としたのは、【事例48】、【事例49】、【事例87】（上部構造は10年）である。

【事例99】は、事故当時20歳であった原告について、「症状固定時の平均余命59年の約2分の1に当たる30年後までには少なくとも1回再手術をする蓋然性がある」として、30年後の1回分の更新のための費用を認めた。

【事例107】は、平均余命が40年以上ある原告について、少なくとも2回は更新が必要と認められた。

【事例5】、【事例11】、【事例14】、【事例33】、【事例35】、【事例41】、【事例42】、【事例43】、【事例47】、【事例56】、【事例57】、【事例58】、【事例59】、【事例70】、【事例71】、【事例72】、【事例75】、【事例86】、【事例88】、【事例91】、【事例123】、【事例127】、【事例128】の各事例では、イ

第4章　将来治療費　　193

ンプラント治療費の相当性が認められたり、症状固定後の将来治療費
としてのインプラント治療費が認められたりしているが、更新のため
の治療費についての請求はされていない。

2　事例紹介

（1）　インプラント更新分の将来治療費を肯定した事例

【事例6】東京地裁平成17年12月21日判決（自保1637・9）

原告は、症状固定時24歳であったところ、事故により右下2番・左上
1番の完全脱臼、右上1番の歯根破折、右上2番・同1番・左上2番・
右下1番・左下1番・同2番・同3番の亜脱臼の傷害を負った。

原告は、右上1番と左上1番にはインプラント補綴、右下2番の欠損
部は右下1番と左下1番を支台歯としたメタルボンドブリッジ装着、右
上2番・左上2番の2本にはメタルボンド冠による補綴をし、これらの
治療費は150万円以上であった。

そこで、原告は、これらの治療の耐用年数は10年であり、原告の平均
余命の（54.05年）中に5回の同種治療の必要が見込まれるとして、217
万7,144円を将来治療費として請求した。

（計算式）150万円×（0.61391325＋0.37688948＋0.23137745
　　　　　　＋0.14204569＋0.08720373）≒217万7,144円

裁判所は、インプラントの耐用年数が一般的には10年程度としつつ、
原告の場合は、広範囲な欠損及び上顎骨骨折を考慮して、10年に達しな
い可能性があること、が認められるとして、原告の請求どおりの金額を
認めた。

〔コメント〕

判決文中にある「MT」は「Missing Teeth」の略称で欠損歯のこと
で、カルテの歯式にはよく用いられます。同じく「MB」は、メタルボ
ンド冠の略称です。原告の歯の広範囲な欠損と上顎骨骨折を考慮し
て、インプラントの耐用年数を10年に達しない可能性があると認定し
ている点に特徴があります。

第4章　将来治療費

【事例48】 横浜地裁平成24年1月26日判決（自保1876・65）

　本件事故当時25歳の原告は、本件事故により、歯牙欠損、頭部打撲、顔面打撲、顔面挫創、両膝打撲、左足関節打撲、右上腕打撲の傷害を負った。

　原告は、本件事故によって10歯（部位不明）を欠損したことから、3歯（部位不明）をインプラントにしたほか、全部で10歯に歯科補綴を施した。

　原告は、インプラントの耐用年数を15年、平均余命を53.69年とし、今後少なくとも3回のインプラント手術が必要であり、1回の手術費用は168万5,650円であるとして、中間利息を控除した将来の3回分の再手術費用を請求した。

　被告は、インプラントは一生もたせることができるとして争った。

　裁判所は、主治医がインプラントの残存期間が10年に達しないことがあると意見したもののそれを採用せず、残存期間を20年とした上で、原告の平均余命は53年であり、今後2回の取替えが必要となることを認めた。

　その上で、裁判所は、1回の手術費用は168万5,650円であるとして、中間利息を控除して将来の再手術費用87万4,515円を認めた。

　①　1回目の再手術費用168万5,650円×0.3768（20年間のライプニッツ係数）＝63万5,153円

　②　2回目の再手術費用168万5,650円×0.1420（40年間のライプニッツ係数）＝23万9,362円

　①＋②＝87万4,515円

〔コメント〕

　本事例でも原告は、近接若しくは咬合する広範囲の歯牙に補綴を加えていること、下顎の歯槽骨を骨折していること、歯肉の炎症の存在等の諸事情によって、再手術までの期間が10年に達しない可能性が認められると主張しましたが、裁判所はこれを認めず、インプラントの残存期間を20年と認定しました。

第4章　将来治療費　　195

【事例49】仙台地裁平成24年2月28日判決（自保1870・28）

　原告は、事故当時13歳であったが、歯牙（3歯・部位不明）欠損の傷害を負った。

　原告は、インプラント本体について、平均耐用年数は10年から15年であり、18歳時点で初回のインプラント植立がされるとすれば、事故の23年後、38年後、53年後に更新を必要とする蓋然性が高いとして、インプラント更新1回の費用は107万7,000円に上記各年数のライプニッツ係数を乗じた金額57万6,841円を請求した。

　また、原告は、インプラントの上部構造部について、事故から20年後には上記更新とは別個に交換を必要とする蓋然性が高いとして、上部構造の交換1回の費用は48万9,000円に20年のライプニッツ係数を乗じた18万4,255円を請求した。

　被告は、将来のインプラント更新費用については、「適切なメンテナンスを行えば相当長期間耐用できることが明らかとなっていること、インプラント治療が他の安価な治療法があるのにもかかわらず選択されること等からすれば、初回のインプラント治療をもって最終治療として扱うのが相当」として争った。

　裁判所は、インプラント本体について、「メンテナンスを継続して行うことを前提として、インプラント本体の耐用年数を20年とするのが相当」とした上で、初回のインプラント植立の25年後及び45年後の2回のインプラント更新の必要性があるとして将来治療費43万7,800円を認めた。

　（計算式）107万7,000円×（0.2953＋0.1112）＝43万7,800円

　また、裁判所は、上部構造について、「インプラント体の更新とは別個にもう1回、交換を必要とする蓋然性が高いこと及びその時期について本件交通事故から20年後（初回のインプラント植立から15年後）を想定するのは妥当である」として、将来治療費18万4,255円を認めた。

　（計算式）48万9,000円×0.3768＝18万4,255円

〔コメント〕

　本事例では、裁判所が、将来のインプラントの更新を認める理由について「インプラントは、義手、義足等の装具に類する人工物であっ

て、耐用年数を経過したときに更新する必要があるのは当然であるから、初回のインプラント治療をもって最終治療として扱うことはできない。」と論じている点に特徴があります。

【事例50】東京地裁平成24年8月21日判決（平24（ワ）2991）

> 原告は、被告製造の自転車で走行していたところ、前輪フレームが走行中に突然折れたため、転倒して顔面を強打し、歯槽骨骨折、外傷性歯牙（部位不明）破折などの傷害を負った。
>
> 原告は、歯科に平成22年5月8日から平成23年10月11日まで通院し、8本の歯を欠損したことで12級相当の後遺障害が残ったと自賠責から認定された。
>
> 原告は、欠損歯牙につきインプラント治療をするのに1回342万円を要し、10年ごとに再施術をする必要があることから、平均余命（29年余り）までに3回施術が必要であるとして、将来治療費535万6,817円（＝342万円×3回÷29年×15.1411）を請求した。
>
> 裁判所は、「原告の欠損歯牙につきインプラントと治療をするのに1回342万円を要し、10年ごとに再施術をする必要があることから、平均余命（29年余り）までに3回施術が必要である」という原告の主張を認め、「342万円＋342万円×0.61391325〔10年のライプニッツ現価係数〕＋342万円×0.37688948〔20年のライプニッツ現価係数〕」という計算式による将来治療費を認めた。ただし、計算式からは680万8,545円となるところ、原告の請求額を上回るため、請求額である535万6,817円の限りで認めた。

〔コメント〕

原告の主張通り、10年ごとのインプラントの更新の必要性を認めている事例です。インプラントの10年残存率については、90％以上とする研究が多いことからしますと、10年で更新する蓋然性が高いとまでいえるかは微妙なところですが、判決文からしますと、被告側からこの点について積極的な反論がなされなかったためである可能性があると思われます。

第4章　将来治療費　　197

【事例54】神戸地裁平成25年１月10日判決（自保1894・42）

　　原告は、事故当時21歳であり、事故で上顎前歯４歯を喪失した。
　　原告は、15年ごとにインプラント再埋入及び上部構造の再取付手術を
　受ける必要があること、１回当たりの治療費が185万円を要すること、原
　告の平均余命は63.50年であるから、15年、30年、45年、60年に対応する
　ライプニッツ係数を適用し、将来の治療費を算定すべきであることを主
　張した。
　　被告は、再手術の蓋然性が高いといえないため、将来の治療費は認め
　られないと反論した。
　　裁判所は、インプラントの耐用年数15年、上部構造の耐用年数10年程
　度、１回当たりの治療費を185万円と認定した上で、原告の平均余命
　63.50年間に４回のインプラント再埋入及び上部構造の再取付手術を受
　ける必要が見込まれるとして15年、30年、45年、60年に対応するライプ
　ニッツ係数を適用し、162万2,869円を本件事故と相当因果関係のある損
　害と認めた。
　　（計算式）185万円×（0.48101710＋0.23137745＋0.11129651
　　　　　　　　　＋0.05353552）＝162万2,869円

〔コメント〕

　本事例は、インプラント体の耐用年数と上部構造の耐用年数をそれ
ぞれ異なる年数で認定した点に特徴があります。

【事例87】名古屋地裁平成28年７月27日判決（交民49・４・952）

　　原告は、事故当時19歳女性で症状固定時23歳であり、症状固定時の平
　均余命は約64年であった。
　　原告は、顔面挫滅創、上口唇貫通創、前頭部挫創、歯牙破折、歯牙脱
　臼、左足関節挫創、右鎖骨擦過傷と診断された。
　　原告は、本件事故で右上１番、左上１番、左上２番、左下１番の４歯
　を欠損した。
　　原告は、右上１番と左上２番にインプラントを埋入し、右上１番～左
　上２番の上部構造にオールセラミックブリッジを装着した。

第4章　将来治療費

　　原告は、破折した右上2番と左上3番はセラミック冠で補綴し、左下
　1番の欠損部には右下1番と左下2番を支台歯にしたセラミックブリッ
　ジで補綴する方針となっていた。
　　原告は、インプラント体の耐用年数は20年、費用は1回33万6,750円と
　して、20年後、40年後、60年後の3回分の将来治療費19万2,780円を請求
　した。
　　（計算式）33万6,750円×（各年数のライプニッツ係数の和）
　　また、原告は、上部構造の耐用年数を10年、費用は1回64万1,360円と
　して、10年後〜60年後まで10年毎の将来治療費96万5,224円を請求。
　　（計算式）64万1,360円×（各年数のライプニッツ係数の和）
　　裁判所は、原告の請求どおりの将来治療費を認めた。

〔コメント〕

　本事例も【事例54】と同様に、インプラント体の耐用年数と上部構
造の耐用年数をそれぞれ異なる年数で認定した点に特徴があります。
ただし、インプラント体の耐用年数については、【事例54】の15年より
長い20年と認定しています。

【事例99】横浜地裁平成29年12月4日判決（自保2018・75）

　　原告は、本件事故当時20歳で事故により右上1番、右上2番、右上4
　番及び左上1番、左上2番を欠損したため、同部位に計5本のインプラ
　ントを埋入した。
　　原告は、10年ごとにインプラント再手術が必要であること、1回174万
　7,640円程度の費用を要すること、今後71歳まで10年ごとに5回再手術
　することなどを主張し、インプラント再手術費用293万5,857円を請求し
　た。
　　被告は、インプラントの寿命は適切なメンテナンスをしていれば半永
　久的であるとして、インプラントの再手術費用は不要と主張した。
　　裁判所は、インプラント再手術の具体的な時期を特定するのは難しい
　としつつ、「少なくとも症状固定時の平均余命59年の約2分の1に当た
　る30年後までには少なくとも1回再手術をする蓋然性があると認める。」
　とした上で、相当なインプラント治療費を162万5,000円とし、これに30

第4章　将来治療費　　199

年のライプニッツ係数を乗じた額を将来のやり直しの治療費として37万5,862円を認定した。

〔コメント〕

　本書で取り上げた事例では最も長い耐用年数を認定している事例です。

【事例107】千葉地裁佐倉支部平成31年1月10日判決（自保2047・32）

　原告は、本件事故により右足関節骨折、両側頬骨骨折、下顎骨骨折、上顎骨骨折、右下5番・左下3番、左下4番・左上5番、左上8番歯冠・歯根破折等の傷害を負った。

　原告は、本件事故により14歯を欠損し、10本を超える歯にインプラント施術をした。

　原告は、インプラントの耐用年数を10年、1回の治療費305万1,336円、平均余命までに3回再手術することなどを主張し、中間利息控除をすることなく915万4,008円を請求した。

　被告は、定期的なメンテナンスが行われていればインプラントはほぼ一生耐用可能であること、インプラントは複数回にわたってなされることが予定されるものではないことなどを主張し争った。

　裁判所は、平均余命（原告は40年以上）までに少なくとも2回は必要であると解し、「インプラント交換費用として、213万6,900円（300万円×0.4810＋300万円×0.2313）が本件事故と相当因果関係のある損害と認められる。」とした。

　また、裁判所は、「インプラントがほぼ一生耐用可能である」という被告の主張については、「インプラント施術が全て終了した平成26年3月28日の時点で平均余命まで未だ40年以上原告にはあること、そもそも上記のとおりインプラントの保証期間が10年間であること」を理由に排斥した。

〔コメント〕

　本事例では、14歯欠損に対して10本のインプラントを埋入していますが、多数歯欠損の場合は、欠損した歯の本数と同じ本数のインプラ

ントを埋入するのではなく、一定数のインプラントを埋入し、それら
をブリッジで連結するのが一般的です。

（2）　インプラント更新分の将来治療費を否定した事例

【事例74】神戸地裁平成27年１月29日判決（交民48・１・206）

> 　原告は、事故当時58歳であった。
> 　原告は、本件事故後、右上１番、左上１番、左上２番にインプラント
> し、左上４番と左上５番の欠損部には左上３番と左上６番を支台歯とす
> るブリッジを装着した。
> 　原告は、上顎前歯のインプラント治療と左上ブリッジの補綴治療につ
> いて、10年ごとに更新が必要となること、平均余命22.84年であり少なく
> とも２回分の治療費が必要であること、１回当たりの治療費が88万円で
> あることなどを根拠に歯科治療費将来分として合計87万1,816円を請求
> した。
> 　裁判所は、原告がもともと歯科治療を継続的に受けていたことなどか
> ら、上顎前歯のインプラント治療と左上ブリッジの補綴治療の治療費に
> ついて、素因減額をして４割の限度で認めた。その上で、裁判所は、将
> 来のインプラント治療とブリッジ部補綴処置については、「その全てに
> ついてまで本件事故との因果関係を直ちに認めることができないことや
> 更新の蓋然性を認めるに足りる的確な証拠もないこと」として将来治療
> 費を認めなかった。

〔コメント〕

　本事例は、原告が事故前から継続的に歯科治療を受けていることを
詳細に認定し、歯科治療費については素因減額をしていますが、将来
治療費については、損害として認めた上で素因減額をするのではなく、
そもそも損害として認定しなかった点に特徴があります。

【事例126】東京地裁令和４年３月２日判決（判時2550・59）

> 　テニス部に所属していた高校１年生の原告が試合中にコンクリート壁
> に衝突し、左側上顎中切歯及び右側上顎中切歯を完全脱臼する等の傷害
> を負った事故（発生日：平成23年７月17日）の事案である。

原告は、インプラント治療の期間については、前段の歯列矯正の期間も含めて2年から3年かかるとの説明を主治医から受けていたところ、海外留学の予定もあったため、平成28年8月に左右の上顎側切歯及び左右の上顎犬歯の合計4本を削ってブリッジを製作した。そこで、原告は、将来治療費としてインプラント治療費（将来の更新分も含む。）426万8,085円を請求した。

裁判所は、「本件事故による傷害の治療法として、インプラントの手術とブリッジの手術が存在したところ、原告は、ブリッジの手術を選択し、同手術を受けたことによって、現在は前歯がしっかりと固定されて不自由なく食事ができているのであるから、本件事故による傷害の症状は同治療行為によって既に固定しているのであって、原告が将来インプラントの手術を受けることが必要かつ相当であるとはいい難い。」として、ブリッジで補綴したことを理由に将来のインプラント治療費を否定した上に、その更新のための費用も認めなかった。

〔コメント〕

本事例は、諸事情から一旦ブリッジを装着した原告が請求した将来的にインプラントに交換する治療費を認めなかった事例ですが、将来のインプラント更新分の費用も認められませんでした。

第3 インプラント以外の補綴物更新分の将来治療費

1 解 説

（1） はじめに

インプラントについては、耐用年数の問題があることは述べたが、オールセラミック冠やブリッジ、可撤性義歯などの補綴物についても、人工物である以上、耐用年数の問題があるため、インプラントと同様に将来の更新の際の治療費が問題となる。

（2）　裁判事例の特徴

　補綴物の更新のための将来治療費を肯定した事例は、【事例3】、【事例6】、【事例45】、【事例63】、【事例100】、【事例110】である。

　【事例6】は、ブリッジとメタルボンド冠について耐用年数を10年とした。

　【事例63】は、オールセラミック冠について耐用年数を15年とし、【事例100】は、ブリッジ（素材は不明）の耐用年数を8年とした。

　【事例110】は、オールセラミック冠の耐用年数を10年とした。

　補綴物の更新のための将来治療費が否定された事例は、【事例13】、【事例74】、【事例76】、【事例85】である。

　【事例74】は、インプラントについても更新のための費用が認められなかった事案であるが、ブリッジの更新費用も認めなかった。いずれの結論も、原告の口腔内が素因減額されるほどの状態であったことも影響していると思われる。

　その他の【事例13】は金冠について、【事例76】はブリッジについて、【事例85】は補綴冠（種類は不明）について、いずれも更新の蓋然性が認められないなどとして、将来の更新のための治療費は認められなかった。

　【事例18】、【事例26】、【事例40】、【事例69】、【事例82】、【事例91】、【事例108】、【事例119】は、補綴物の更新のための治療費を請求していない。

2　事例紹介

（1）　補綴物更新分の将来治療費を肯定した事例

【事例3】東京地裁平成9年5月13日判決（交民30・3・704）

　原告は、事故当時17歳の男性であり、本件事故により10歯を喪失し、可撤性義歯を装着した。

第4章 将来治療費 203

　原告は、今後も将来にわたり6年ごとに義歯を交換する必要があること、原告の症状固定時の平均余命を57.87年として、今後9回交換することになること、そして1回の費用を20万円であることを根拠にして、将来治療費180万円を請求した。
　裁判所は、6年ごとに義歯を交換する必要があること、1回当たり20万円を要すること、原告の平均余命が60.04年であり今後10回の交換を要することになると認定した上で、将来治療費の症状固定時の現価をライプニッツ方式（係数2.7825）により中間利息を控除して55万6,500円（＝20万円×2.7825）と算定した。

〔コメント〕

　裁判所は、可撤性義歯の耐用年数を、インプラントやブリッジなどと比較して短い期間（6年間）で認めています。若年者の場合、咬合力も強いので高齢者より義歯の人工歯部分の破損や摩耗も早いかもしれませんが、そのような事実を裏付ける医学的なエビデンスがあるとは思えないですので、どのような根拠資料を基に耐用年数を認定したのか気になるところです。

　もっとも、原告が事故当時17歳という若さであったことからすると、そもそも可撤性義歯で最終的な補綴をするのではなく、暫間的な義歯を装着した上で、顎骨の成長が止まるのを待ってからインプラントによる最終的な補綴をする選択はなかったのかと疑問に思う事案です。

【事例6】東京地裁平成17年12月21日判決（自保1637・9）

　原告は、症状固定時24歳であった。
　事故で欠損した右上1番、左上1番の部位には、インプラントにより補綴をし、右下2番の欠損部は右下1番と左下1番を支台歯としたブリッジを装着し、右上2番、左上2番、右下1番、左下1番の4本にはメタルボンド冠を装着した。
　原告は、ブリッジの耐用年数は10年であり、原告の平均余命の（54.05年）中に5回の同種治療の必要が見込まれるとして、将来治療費として

請求した。

　裁判所は、固定式ブリッジの耐用年数は、一般的に10年であることが認められるとして、原告の請求通りの金額を認めた。

〔コメント〕

　判決文中には、メタルボンド冠の耐用年数については明記はされていませんが、文脈からはブリッジと同じく10年とされていることが分かります。

【事例45】名古屋地裁平成23年11月18日判決（交民44・6・1441）

　原告は、本件事故当時大学３年生であり、部位は不明であるが、「外傷性歯牙亜脱臼、外傷性歯冠破折、Ｃ２単pul（歯髄炎）」の傷害を受け、当該受傷歯をメタルボンド冠で補綴した。

　裁判所は、「原告は歯科医院でメタルボンド修復の治療を受け、８年毎にやり替えが必要となり（治療費１回につき10万円）、さらに修理は３回までが限界であるため、４回目にはインプラントの補綴治療（治療費35万円）が必要となることが認められる。そうすると、装具代として合計29万7,800円を要することが認められる。」として将来の再治療費を装具代として認定した。

　（計算式）10万円×（0.677＋0.458＋0.210＋0.142＋0.096）
　　　　　　＋45万円×0.310

〔コメント〕

　本事例は、原告が受けたメタルボンド冠による補綴治療に関し、将来の更新のための治療費も認定した事案ですが、その他の事案と異なる点は、メタルボンド冠の更新は３回が限界であり、４回目は歯根自体が使えなくなり抜歯した上でインプラントによる補綴になることを認定している点です。セラミック冠などの補綴物を更新するごとに、残存している歯質部分は少なくなっていくことが多いです。そのため、数回目の更新時には、補綴物を作成・装着が困難な歯根の状態に

第4章　将来治療費　　205

なっており、抜歯せざるを得ないことも多いです。本事例は、その点について原告から主張され、裁判所も認定しているという点に特徴があります。

【事例63】　東京地裁平成26年１月27日判決（交民47・１・83）

　　原告は、事故当時48歳であり、①右上２番、右上１番、左上１番、左上２番につき歯槽骨骨折・歯牙の陥入、②右上３番、左上３番、左上４番につき歯牙破損、③右下２番、右下１番、左下１番につき歯牙脱臼等の傷害を負った。
　　原告は、症状が固定した平成22年８月11日の時点（当時49歳）で、右上３番、右上２番、右上１番、左上１番、左上２番、左上３番、左上４番、右下２番、右下１番、左下１番について喪失又は歯冠部の大部分（歯冠部の体積の４分の３以上）を欠損したと診断され、当該10歯について固定も含めた補綴処置が施された。
　　原告は、セラミック冠について、少なくとも10年に１回の交換を要すると主張した。
　　裁判所は、原告のセラミック冠による補綴処置について、セラミックの強度及び周囲歯肉等との親和性に照らして交換が必要であること、１歯につき10万円の費用が必要となること、原告が本件事故により新たに喪失した歯が４歯であること、原告は症状固定時49歳であり平均余命が38.55年であることなどから、15年後と30年後の交換の必要性を認定し、セラミック冠の更新に係る将来治療費10万円×４本×（0.481＋0.2313）を認めた。

〔コメント〕
　　本事例では、裁判所は、オールセラミック冠について、15年に１回のペースでの更新の必要性を認めました。

【事例100】　名古屋地裁平成30年３月20日判決（交民51・２・330）

　　原告は、本件事故当時15歳であり、右上２番は外傷性歯牙破折、右上１番は外傷性歯牙脱臼、左上１番は外傷性歯牙破折の傷害を負った。

原告は、右上２番と左上１番を支台歯とする上顎②１①のブリッジを装着した。

原告は、ブリッジの再作製の１回の治療費が22万500円であり、８年ごとに９回の買替えが必要として買替係数3.0018を乗じた66万1,897円を将来歯科治療費として請求した。

裁判所は、原告の主張通り、ブリッジの将来のやり替え費用が１回22万500円であること、ブリッジの耐用年数が８年であること、平均余命70.94年であり９回のやり替えが必要であることなどを認め、66万1,896円を将来歯科治療費として認めた。

〔コメント〕

本事例では、事故当時15歳であった原告が、欠損した右上１番の部位に対して、インプラントではなくブリッジで補綴しています。通常この年齢であれば、顎骨の成長が止まるのを待ってインプラントにより欠損部（右上１部）を補綴することが多いです。これは、ブリッジだと両隣の歯を削合しないといけないという大きなデメリットがあるためですが、本件では、喪失した歯の両隣在歯（右上２番、左上１番）が破折していました。そのため、それらの歯を削合することのデメリットが大きくないため、右上２番と左上１番を支台歯にするブリッジによる補綴を選択したものと思われます。

【事例110】宮崎地裁平成31年２月１日判決（平29（ワ）477）

原告は、事故当時中学１年生であり、軟式テニス部の部活動中にテニスコートのネットを張るためのハンドルが顔面に衝突し、上顎の中切歯（右上１番、左上１番）２本及び下顎の中切歯（右下１番、左下１番）２本を破折し、裁判時は仮歯を装着していた（抜髄の有無は不明）。

原告は、保険診療では、材料や治療方法等に制約があり、適切な治療を受けられないと主張し、上顎中切歯２本については、ファイバーコアとオールセラミック冠での補綴治療方法が、下顎中切歯２本については、ラミネートベニアによる修復治療が相当であると主張した。

第4章　将来治療費　　207

その上で、原告は、補綴物等の耐久年数が10年であること、平均余命までに交換が6回必要になること、1回当たりの費用が初回は46万80円、残り5回が各45万3,600円が相当であることを主張した。

さらに、原告は、「将来の義歯交換費用は、現時点で確実に出費が見込まれる治療費であるにもかかわらず、中間利息控除がなされてしまうと、極めて低額の治療費しか払わないことになり、被害者保護に欠ける結果になるからである。」として、中間利息控除はなされるべきではないと主張した。

それらを踏まえて原告は、318万1,680円（＝46万80円＋（45万3,600円×6））を将来治療費として請求した。

裁判所は、治療にかかる金額を1回当たり4歯で40万円と認めた上で、補綴物の寿命を10年とし、平均余命を踏まえて6回分の将来治療費を認定したが、中間利息控除をしないという原告の主張は認めなかった。その上で、裁判所は、将来治療費として100万1,880円を認めた。

〔コメント〕

本事例では、オールセラミック冠とラミネートベニアの寿命をいずれも10年として、将来治療費を算定しています。

（2）　補綴物更新分の将来治療費を否定した事例

【事例13】 東京地裁八王子支部平成20年5月29日判決（判タ1286・244）

自閉症児である原告児童（当時小学校3年生）が、腰高窓から約5.21m下の地面に落下する際に少なくとも2cm以上の大きさで平らな面を持つ鈍体が下顎下縁にぶつかって右上奥の永久歯（部位・本数不明）が破折した。

原告児童は、治療に用いた金冠は永久に使えるものではなく、おおむね2、3年に1回交換が必要であること、金冠の交換に際しては、全身麻酔による手術が必要であることなどから1回につき7万7,510円を要すること、原告児童の平均余命が66年であるから、金冠交換回数は26回となることなどを主張して、201万5,260円を将来治療費として請求した。

裁判所は、「金冠を交換する必要性自体は否定できないとしても、これ

がいかなる頻度で必要なのか、また、その際いかなる費用を要するかといった点について医学的な裏付けとなる証拠」がないとして、将来治療費を認めなかった。

〔コメント〕

原告は、「下顎両側中切歯外傷性亜脱臼」という傷害を負っています。亜脱臼とは、歯の変位は伴いませんが、歯を支える組織（歯周組織）が損傷しているため、動揺が認められる状態です。そのため、ひとまず、隣在歯と歯科用の接着剤などで固定し、経過観察をするのが一般的です。時間がたつと、受傷歯が失活（歯の中の神経が死んでしまうこと）してしまうこともあり、その場合は、神経を取る治療をしなければなりません。このように、一定期間（6か月から1年程度）の経過観察が必要なケースもあるため、示談交渉の段階では症状固定の時期について、被害者側と加害者側とで意見の相違がしばしば見られます。

【事例74】神戸地裁平成27年1月29日判決（交民48・1・206）

原告は、左上ブリッジの補綴治療について、10年ごとに更新が必要となること、平均余命22.84年であり少なくとも2回分の治療費が必要であることなどを主張して将来のブリッジのやり直しに係る治療費を請求した。

裁判所は、原告がもともと歯科治療を継続的に受けていたことなどから、左上ブリッジの補綴治療の治療費について、素因減額をして4割の限度で認めた。その上で、裁判所は、将来のブリッジ部補綴処置については、「その全てについてまで本件事故との因果関係を直ちに認めることができないことや更新の蓋然性を認めるに足りる的確な証拠もないこと」として将来治療費を認めなかった。

〔コメント〕

本事例は、もともと歯科領域の疾患が多かった原告について、ブリッジの更新の蓋然性がないとしている点に特徴があります。

第4章　将来治療費　　209

【事例76】神戸地裁平成27年3月10日判決（自保1948・61）

　　原告は、症状固定時45歳であった。
　　原告は、本件事故によって、部位は不明であるが外傷性歯牙完全脱臼
（4本）、外傷性歯牙亜脱臼（1本）の傷害を負い、ブリッジ（部位不明）
を装着した。
　　原告は、本件事故による歯牙障害に対して前歯のブリッジ治療を受け
たところ、「ブリッジ治療は将来1回はやりかえの可能性があり、その費
用として13万3,760円を要する。」として将来のブリッジ再作製費用とし
て将来治療費13万3,760円を請求した。
　　裁判所は、「証拠（甲21）によっても、現在再治療の必要性はなく、や
りかえの時期については個人差が大きいため推定できないとされている
ことからすると、ブリッジのやりかえについては、直ちにその蓋然性を
認めることができないから、損害としてこれを認めることはできない。」
として、将来治療費を認めなかった。

〔コメント〕

　裁判所は、将来治療費を認めない理由の中で現在再治療の必要性が
ないことを挙げていますが、現時点で再治療の必要性がないのは当然
のことですので、理由として挙げることには疑問を覚えます。

【事例85】大阪地裁平成28年5月27日判決（自保1983・136）

　　原告は、事故当時18歳1か月であり、事故により各歯について以下の
ような傷害を負い、また、治療をした。
　　・左上1番不完全脱臼、歯冠破折、歯根破折→抜歯・インプラント
　　・右上2番不完全脱臼、歯冠破折→根管治療、補綴処置
　　・右上4番不完全脱臼→根管治療
　　・右上3番完全脱臼、根吸収→根管治療
　　・右上1番歯冠破折→抜歯、インプラント
　　原告は、左上1番と右上1番について、「2本の歯に歯冠補綴装置が施
されているところ、同装置が破折した場合には、同装置の再製作が必要

になる。」として、将来の歯冠補綴装置再製作費用20万円を請求した。

裁判所は、原告の歯冠補綴装置再製作費については、現在の補綴装置が高度の蓋然性をもって将来破折すると認めるに足りないとして、認めなかった。

〔コメント〕

本事例では、原告は、補綴装置の更新の蓋然性があることについて医学意見書を提出しているようですが、裁判所が、同意見書をもってしても高度の蓋然性をもって将来破折すると認めるに足りないと判断している点に特徴があります。

第4 メンテナンス分の将来治療費

1 解 説

（1） はじめに

インプラントや補綴物については、長く維持するために定期的なメンテナンスを受ける必要があるとされているため、将来の定期的なメンテナンス費用も将来治療費として請求できるかが問題となる。

将来のメンテナンス費用は、耐用年数ごとに発生するインプラントや補綴物の更新のための費用と異なり、1年間のメンテナンス費用（＝1回のメンテナンス費用に1年間のメンテナンス回数を乗じた金額）が平均余命の年数の期間中発生し続けると考えられる。そのため、その算定は、1年間のメンテナンス費用の金額に平均余命の年数に対応するライプニッツ係数（年金現価表）を乗じる方法によることになる。

（2） 裁判事例の特徴

将来のメンテナンスのための将来治療費肯定事例は、【事例47】、【事例49】、【事例63】、【事例72】、【事例75】、【事例85】、【事例87】、【事例

第 4 章　将来治療費　　211

99）、【事例107】、【事例128】であるが、【事例63】が補綴物（オールセラミック冠）維持のためのメンテナンス費用を、【事例87】がインプラントとオールセラミックブリッジの維持のためのメンテナンス費用を、それぞれ認められたものであり、残りの事例はいずれもインプラントの維持のためのメンテナンス費用を認めたものである。

　将来のメンテナンスのための将来治療費を否定した事例は、【事例5】、【事例126】、【事例127】であるが、そのうち、【事例126】は、当時高校1年生であった受傷者が欠損部位を裁判時点で既にブリッジで補綴していた事例で、インプラントで補綴し直すための治療費やインプラント更新のための治療費が認められなかった事例であり、インプラントのメンテナンス費用も認められなかった。

　【事例5】は、メンテナンス費用の具体的な金額が明らかでないことなどを理由に、後遺障害慰謝料の点で考慮することとし、将来のメンテナンス費用を独立の損害として認めなかった。同じように、【事例127】は、将来のメンテナンス費用について、後遺障害慰謝料の算定において考慮済みであるから、別途損害として評価するのは相当ではないとして、認めなかった。

　【事例6】、【事例11】、【事例14】、【事例33】、【事例35】、【事例41】、【事例42】、【事例43】、【事例48】、【事例50】、【事例54】、【事例56】、【事例57】、【事例58】、【事例59】、【事例70】、【事例71】、【事例86】、【事例88】、【事例91】、【事例123】は、インプラント治療費が治療費として認定されていたり、将来治療費としてのインプラント治療費が認定されていたり、インプラント更新費用が将来治療費として認定されていたりする事例であるため、インプラントのメンテナンス費用も将来治療費として認められ得る事例だと思われるが、いずれの事例でもメンテナンス費用は請求されていない。

2 事例紹介

(1) メンテナンス分の将来治療費を肯定した事例

【事例47】名古屋地裁平成23年12月9日判決（自保1872・39）

原告X₁は、症状固定時33歳の女性である。

原告X₁は、本件事故により右大腿骨骨幹部骨折、右橈骨骨幹部骨折、右尺骨骨幹部骨折、左膝挫滅創、顔面挫創、右膝蓋骨骨折、歯牙欠損、右前腕骨骨折、右後骨間神経麻痺、右前腕偽関節、右手関節拘縮、右手関節瘢痕の傷害を負った。

原告X₁は、歯牙欠損した部位について、インプラント補綴治療を受けた。

原告X₁は、3～6か月ごとの定期的なメンテナンスが必要であること、1回にかかる費用は概算で720円であること、年に3回（3～6か月ごとなので年2～4回の中間値で年3回）の治療が必要であるから年間の必要額は2,160円であること、原告X₁の平均余命は49年であることなどを根拠にして49年分のメンテナンス費用10万5,840円を請求した。

被告は、症状固定後の治療費等は全て後遺障害慰謝料等に含まれているとして、将来治療費を争った。

裁判所は、原告X₁が主張するメンテナンスの回数、1回当たりの費用、平均余命などを認めた上で、2,160円に余命49年のライプニッツ係数（18.1687）を乗じた3万9,244円を将来のメンテナンス費用として認めた。

〔コメント〕

本事例では、メンテナンスの回数、1回当たりの費用、平均余命など原告の主張どおり認定した上で、将来利息を控除した金額を将来のメンテナンス費用として認定していますが、1回当たりのメンテナンス費用が、相場に比べてかなり低額なのが気になるところです。

【事例49】仙台地裁平成24年2月28日判決（自保1870・28）

原告は、事故当時13歳であり、事故により3歯を喪失した。

原告は、インプラント治療は定期的なメンテナンスが必要であること、

第 4 章　将来治療費　　213

メンテナンスは年間平均 4 回程度行われ 1 年間の費用は 2 万9,000円であることから、平均余命まで63年のライプニッツ係数（年金現価）及び 3 年のライプニッツ係数（年金現価）を用いた計算式で算定される47万4,208円を将来のメンテナンス費用として請求した。

　（計算式）2 万9,000円×（19.075－2.723）＝47万4,208円

　被告は、健全歯においてもメンテナンスは必要であるとして、将来のインプラントメンテナンス費は事故と関わりがないと争った。

　裁判所は、インプラントを所期の年数もたせるには定期的なメンテナンスが必要である旨の歯科医師の意見を採用し、将来のインプラントメンテナンス費が本件交通事故と相当因果関係を有すると認定した。

　その上で、1 年間のメンテナンス費用を 2 万9,000円とし、本件交通事故から平均余命までの66年のライプニッツ係数（年金現価）及び初回のインプラント植立までの 5 年のライプニッツ係数（年金現価）を用いた次の計算式により（計算式）2 万9,000円×（19.2010－4.3295）＝43万1,273円を将来のメンテナンス費用と認めた。

　被告の主張に対しては、「健全歯のメンテナンスと人工物たるインプラントのメンテナンスとを同列に扱うことはできず、将来のインプラントメンテナンス費は賠償の対象となると言うべきである。」とした。

　原告は、将来の矯正メンテナンス費も請求したが、裁判所は、「将来のインプラントメンテナンス費とは別に、将来の矯正メンテナンス費の支出を要するとは認めるに足りない。」として認めなかった。

〔コメント〕

　本事例は、インプラントのメンテナンス費用に加えて矯正治療のメンテナンス費用を請求している点に特徴があります。結論としては矯正治療のメンテナンス費用は認められませんでしたが、その理由が「将来のインプラントメンテナンス費とは別に、将来の矯正メンテナンス費の支出を要するとは認めるに足りない。」というものであることからしますと、矯正治療のメンテナンス費用のみを請求した場合には認められる余地があると思われます。

214　　　第4章　将来治療費

【事例63】東京地裁平成26年1月27日判決（交民47・1・83）

　　原告は、事故当時48歳の女性である。
　　原告は、本件事故の結果、下口唇挫創、右下腿打撲、歯槽骨骨折、歯
　牙破損・脱臼等の傷害を負った。
　　歯牙破損等の内訳は、①右上2番、右上1番、左上1番、左上2番に
　つき歯槽骨骨折・歯牙の陥入、②右上3番、左上3番、左上4番につき
　歯牙の破損、③右下2番、右下1番、左下1番につき歯牙の脱臼等であ
　る。症状固定時点で、これらの10歯について固定も含めた補綴処置がセ
　ラミック冠で施された。ただし、本件事故により新たに喪失した歯は、
　左上3番、右下2番、右下1番、左下1番の4歯のみであった。
　　原告は、事故によってセラミック冠で補綴した歯について、「原告が行
　った歯科補綴は、少なくとも10年に1回の交換及び定期的なメンテナン
　スが必要となるところ、その費用には338万円を要する。」として、将来
　のメンテナンス費用も含む将来治療費338万円を請求した。
　　裁判所は、将来のセラミック冠のやり直し費用も認定した上で、「補綴
　物が口腔内で健全に機能させるためには定期的な検診が必要である」と
　して将来のメンテナンス費用を認めた。
　　金額については、1回5,000円であるとして、平均余命は38.55年のラ
　イプニッツ係数（16.8679）を乗じた金額36万9,259円を認めた。
　　（計算式）10万円×4本×（0.481＋0.2313）＋5,000円×16.8679
　　　　　　　≒36万9,259円

〔コメント〕
　本事例は、インプラントのメンテナンス費用ではなくセラミック冠
のメンテナンス費用が認定された事例です。セラミック冠のような補
綴物を装着した歯は、天然歯の歯根の上に装着していますので、天然
の歯質の部分と補綴物との境からう蝕になりやすかったりするため、
補綴物を装着していない歯よりもメンテナンスの必要性は高いといえ
ます。ただ、根っこの部分から人工物であるインプラントに比べれば
メンテナンスの必要性は高くはありません。

第4章　将来治療費　　215

【事例72】名古屋地裁平成26年8月29日判決（交民47・4・1096）

　事故発生日は、平成21年5月11日。原告X₁（平成4年生まれ、事故当時16、7歳）は、外傷性肝損傷、外傷性腎損傷、腰椎（L3）骨折、右側上顎歯槽骨骨折、左側下顎関節突起骨折、歯牙脱臼、口腔内挫創などの傷害を負った。

　平成21年6月1日〜平成24年10月24日の間、総合病院の歯科口腔外科に入通院し、上顎歯槽骨骨折、歯牙欠損部に骨移植をし、インプラントを埋入するなどした。前記病院歯科口腔外科の医師は、原告X₁の後遺障害について、2歯歯牙破切〔筆者注：破折の誤記であると思われる。〕、4歯歯牙脱臼の傷病名のもとに、これらの6歯について抜歯又は歯冠部の大部分を切除し歯科補綴をしたと診断した。

　本事例では、原告X₁は、症状固定後のインプラントメンテナンス費用15万4,863円と症状固定後のインプラントのための通院交通費13万6,427円を請求しているが、被告らが争わなかったため、そのままの金額が認定された。

〔コメント〕

　本事例では、原告からインプラントメンテナンス費用とそのための通院交通費が請求されていますが、被告が争わなかったためにそのまま認定されています。判決文中には、メンテナンス費用として1回1,570円を支払ったとの記述があり、その金額を基礎に算定したと思われますが、具体的な計算式は記載されていないため、不明です。

【事例75】東京地裁平成27年1月30日判決（自保1943・75）

　原告X₁（本件事故当時45歳）は、本件事故により、脳挫傷、頭蓋底骨折、顔面多発骨折、左中・環指骨折、外傷性クモ膜下出血、慢性硬膜下血腫等の傷害を負った。

　原告X₁は、本件事故前、既に11歯（右上3番、左上2番、左上4番、左上5番、左上6番、右下7番、右下6番、左下1番、左下4番、左下5番、左下6番）を喪失又は大部分を欠損していたが、本件事故により

更に8歯（右上4番、右上2番、右上1番、左上1番、右下5番、右下3番、右下2番、右下1番）を喪失又は大部分を欠損した。

原告X_1は、欠損部（部位不明）にインプラントによる補綴処置をした。

原告X_1は、将来のインプラントのメンテナンス費用について、年間当たり1万円、症状固定から32年間に渡るメンテナンスが必要として、15万8,027円（＝1万円×15.8027（32年のライプニッツ係数））を請求したところ、裁判所はそれを認めた。

なお、原告X_1は、将来のインプラント更新費用は請求していない。

〔コメント〕

インプラントのメンテナンスの費用は、埋入しているインプラントに対するものだけではなくその他の歯に対するメンテナンス（清掃等）にかかる費用も含まれています。本事例では、判決文からはどの部位に何本のインプラントを埋入したか不明ですが、もともと多くの歯を喪失又は大部分を欠損していた原告について、メンテナンス費用を減額することなく認定されています。つまり、インプラントの本数に関わりなく全顎的なメンテナンス費用を事故と因果関係のある損害と認定しているといえます。

【事例85】大阪地裁平成28年5月27日判決（自保1983・136）

事故当時18歳1か月の原告は、左上1番と右上1番の2本の歯を本件事故で失い、インプラントによる補綴治療を受けた。

原告は、インプラントについては、「今後6か月に1回の通院並びに1年に1回のパノラマX線撮影及びCT撮影による経過観察が必要である。」として、年額1万9,060円、平均余命62年分の定期検診（メンテナンス）費用118万1,720円（＝1万9,060円×62年）を請求した。

裁判所は、原告の主張を認めた上、年5％の中間利息控除をして36万2,688円（＝1万9,060円×19.0288（62年に相当するライプニッツ係数））を将来のメンテナンス費用として認定した。

第4章　将来治療費　　217

〔コメント〕

　本事例では、原告がインプラントのメンテナンス費用と共に定期的なX線やCT撮影の費用を請求し、裁判所も認めている点に特徴があります。

【事例87】名古屋地裁平成28年7月27日判決（交民49・4・952）

　　原告は、事故当時19歳女性であり、症状固定時23歳で平均余命は約64年（ライプニッツ係数19.1191）であった。原告は、事故により右上1番、左上1番、左上2番の3歯を欠損し、右上1部と左上2部にインプラントを埋入し、右上1番〜左上2番の上部構造にオールセラミックブリッジを装着している。

　　原告は、定期検診費用及び交通費として、今後64年間にわたり1年に2回の定期検診が必要であること、費用は年間4,200円であること、通院交通費1回当たり往復400円であることを主張し、8万7,948円（＝（4,200円＋400円）×19.1191）を請求した。

　　裁判所は、原告の請求どおりの金額8万7,948円を将来治療費として認定した。

〔コメント〕

　本事例では、原告がインプラントのメンテナンス費用に通院交通費を加算して請求し、裁判所も認めている点に特徴があります。

【事例99】横浜地裁平成29年12月4日判決（自保2018・75）

　　原告（本件事故当時20歳）は、事故によって右上1番、右上2番、右上4番及び左上1番、左上2番を欠損した。

　　原告は、症状固定後も3か月に1回程度、インプラントのメンテナンス及びクリーニングのため定期検診を受ける必要があること、24歳以降平均余命56.74年について、年間9,020円を下らない将来治療費がかかることを主張し、将来のメンテナンス費用16万8,660円（＝9,020円×18.6985）を請求した。

　　被告は、「インプラントのメンテナンスは、天然歯と同様のケアが基本

であり、天然歯であっても毎日の歯磨きと３ないし６か月毎の定期健診、歯石除去が必要であるから、原告が主張するメンテナンス費用は損害と認められない。」と主張した。

裁判所は、「インプラント治療を行った場合には、定期的なメンテナンスをすることが必要であり、原告が現に症状固定後も３箇月に１回程度、自費でメンテナンス及びクリーニングのため定期検診を受けていることからすれば、症状固定時22歳の平均余命約59年について、年間9,020円（甲８、甲18）を下らない将来治療費がかかることは明らかである。」として将来治療費としてのメンテナンス費用17万259円（＝9,020円×18.8758）を認定した。

〔コメント〕

本事例では、裁判所が将来治療費としてのメンテナンス費用を認めるに当たり、原告が現に症状固定後も３か月に１回程度、自費でメンテナンス及びクリーニングのため定期検診を受けていることを斟酌している点に特徴があります。

【事例107】　千葉地裁佐倉支部平成31年１月10日判決（自保2047・32）

事故当時36歳の原告は、事故により下顎骨骨折、上顎骨骨折、右下５番、左下３番、左下４番、左上５番、左上８番の歯冠・歯根破折等の傷害を負った。

原告は、インプラントのメンテナンス費用について、「年約３万円、平均余命まで約40年分である120万円が損害として認められるべきである。」と主張した。

被告は、インプラントの再作製費用の必要性については争う一方で、「定期的なメンテナンスは必要であり、その頻度は、最初の１年は３～４か月に１回程度、２年目以降は１年に１回程度と考えられるから、そのために必要かつ相当な治療費であれば、争わない。」とした。

裁判所は、「インプラントは人工材料であるので、口腔内細菌に対して抵抗性がなく、衛生管理が滞ると、歯周組織に炎症を生じ、増悪すると歯肉腫脹や顎骨吸収等が進行し、インプラント周囲炎が生じるため、定

第4章　将来治療費　　　219

期的なメンテナンスが必要であること、メンテナンスの費用としては、
1回につき1,500円ないし2,000円を要し、年1、2回のレントゲン撮影
費用として1,500円程度が必要であること、原告は、現在、3か月に1回
程度インプラントのメンテナンスのために通院していること」を認定し
た上で、インプラントのメンテナンス費用について、「1年当たり1万
1,000円を40年間とし、18万8,750円（1万1,000円×17.1591）が本件事
故と相当因果関係のある損害と認められる。」とした。

〔コメント〕

　本事例は、裁判所がインプラントのメンテナンス費用を将来治療費
として認定するに当たって、インプラントの定期的なメンテナンスが
必要な理由について詳述している点に特徴があります。

【事例128】岡山地裁令和4年3月28日判決（判自499・94）

　原告は、事故当時30歳であり、自転車で通勤中、地下道に通じる進入
路に進入しようとした際、被告が設置した通行止めのバーを避けようと
して転倒し、右上4番、右上5番を喪失し、32歳の時に同部をインプラ
ントで補綴した。
　裁判所は、原告の将来のメンテナンス費用について、「インプラント治
療部位について、令和3年5月7日に最終補綴装置の装着を受けた後、
令和4年に3か月に1度、令和5年から令和7年までは半年に1度、令
和8年からは年に1度の頻度でメンテナンスを要すると共に、年1回の
パノラマX線撮影を要すること、メンテナンス料は1回2,000円であり、
パノラマX線撮影料は1回5,410円であることが認められる。」として、
「令和4年に1万3,410円、令和5年から7年までは年9,410円、令和8
年から令和59年（女性平均寿命87歳）までは年7,410円を要することにな
り、合計14万9,454円（中間利息控除後）の損害を被ったものと認められ
る。」とした。

〔コメント〕

　本事例でも、年に一度のパノラマX線撮影の費用も将来治療費とし

て認められています。パノラマX線写真（通称パノラマ）とは、上下の全歯列や上下の顎骨も含めて撮影するものですが、特定の歯を撮影するX線写真（通称デンタル）よりパノラマの方が高額です。本事例では、インプラントをした部位が右上4番と右上5番のみであることからしますと、同部位のみを撮影するX線写真（通称デンタル）の撮影で足りるのではないかという疑問は生じます。

（2）　メンテナンス分の将来治療費を否定した事例

【事例5】福岡地裁平成16年10月25日判決（平13（ワ）413）

　原告Aは、事故の影響で手が震え疲れるために十分なブラッシングが行えないこと、咀嚼部位が少なく残存歯に負担が大きいことを根拠に、定期的かつ頻回のメンテナンス、調整が必要であると主張し、今後継続的に毎週1回（少なくとも、1回500円は必要である。）は、通院する必要があるとして、24万円を請求した。

　裁判所は、「インプラント等の特殊な調整作業及び残存歯について定期的なメンテナンス、調整が必要であることは認められるが、上記費用は、症状緩和のための治療費であること、具体的な金額が明らかでないこと等の事情を考慮すると、原告らが将来の治療費として請求する点については、後記（6）イ（後遺障害慰謝料）で考慮することにし、これを独立の損害として認めないことにする。」として、将来の治療費として認めなかった。

〔コメント〕

　裁判所は、インプラントの定期的なメンテナンス、調整が必要であることは認めつつも、独立の損害としては認定しませんでした。メンテナンスの具体的な金額が明らかでないことを理由にしていることからしますと、将来のメンテナンス費用を請求する場合には、実際にメンテナンスに通って発生した費用にかかる領収書などを証拠とし、具体的な費用を主張立証する必要があると思われます。

第4章　将来治療費　　221

【事例126】東京地裁令和4年3月2日判決（判時2550・59）

　当時高校1年生の原告が、テニスの試合中にコンクリート壁に衝突し、左側上顎中切歯及び右側上顎中切歯を完全脱臼する等の傷害を負った事故である。

　原告は、左右の上顎側切歯（左上2番、右上2番）及び左右の上顎犬歯（左上3番、右上3番）の合計4本を削ってオールセラミックブリッジを装着した。

　原告は、ブリッジを装着した部位について将来的にインプラントで補綴する必要があるとした上で、1年間のメンテナンス費用が1万2,000円（＝3,000円×4）であること、24歳の平均余命が57年（ライプニッツ係数27.1590）であることを根拠に、将来治療費として将来のメンテナンス費用32万5,908円（＝1万2,000円×27.1590）を請求した。

　裁判所は、「本件事故による傷害の治療法として、インプラントの手術とブリッジの手術が存在したところ、原告は、ブリッジの手術を選択し、同手術を受けたことによって、現在は前歯がしっかりと固定されて不自由なく食事ができているのであるから、本件事故による傷害の症状は同治療行為によって既に固定しているのであって、原告が将来インプラントの手術を受けることが必要かつ相当であるとはいい難い。」として、ブリッジで補綴したことを理由に将来のインプラント費やメンテナンス費用を否定した。

〔コメント〕

　本事例では、既にブリッジを装着していることから将来治療費としてのインプラント費用や将来のインプラント更新のための費用が損害として認められなかったことからしますと、インプラントのメンテナンス費用が否定されるのも当然の結論かと思われます。ただ、【事例63】では、セラミック冠の将来のメンテナンス費用が認められていますので、単独のセラミック冠よりもブリッジの方がメンテナンス（定期的な専門職による清掃など）の必要性が高いことからしますと、ブリッジのメンテナンス費用として請求していた場合は認められていた可能性もあったと思われます。

【事例127】 京都地裁令和 4 年 3 月17日判決（交民55・2・371）

　　自転車を運転していた第 1 事件被告は、事故当時37歳。第 1 事件被告
は、右上 1 番歯根破折し、抜歯し、インプラントで補綴した。

　　第 1 事件被告は、インプラントのメンテナンスについて、年額 3 万
6,074円であること、年 4 回程度通院が必要であることなどを根拠に、将
来治療費66万7,017円を請求した。

　　第 1 事件原告は、「症状固定後の治療費は、原則として後遺障害による
損害に含まれ、別途考慮されるものではない。被告主張の将来治療費が
これを超えて別途考慮されるべき具体的事情は存しない。」として争っ
た。

　　裁判所は、「被告は、歯牙損傷部についてインプラント治療を受けたも
のの、将来的にもメンテナンスを受ける必要があるとして、そのための
将来治療費が別途損害に当たると主張する。しかし、これらの事情は、
前記ク（イ）の後遺障害慰謝料の算定において考慮済みであるから、別途
損害として評価するのは相当ではない。」として、将来治療費を認めなか
った。

〔コメント〕

　本事例では、メンテナンス費用について具体的な金額が主張されて
いるものの、裁判所が後遺障害慰謝料の算定において考慮するにとど
め、将来治療費として認定することをしていません。

第 5 章

歯科領域の傷害・後遺障害と
慰謝料

224

第
5
章

第5章　歯科領域の傷害・後遺障害と慰謝料　　225

1　解　説

（1）　はじめに

傷害（通院）慰謝料は、原則として入通院期間を基礎として、傷害の態様や程度を考慮して算定される。後遺障害慰謝料は、基本的には赤い本や青本により示された基準額をもとに算定されるが、特別な事情があれば考慮される。

歯科領域の傷害による傷害慰謝料や歯科領域の後遺障害による後遺障害慰謝料の算定においては、歯科領域の傷害やその治療の特性を考慮した事例や労働能力喪失が認められなかったことを特別の事情として後遺障害慰謝料を算定した事例などが認められる。

（2）　裁判事例の特徴

歯科領域の傷害に対する治療の中には、治療期間が長期間に及ぶ割に実治療日数がそれほど多くならないものがある。例えば、インプラント治療の場合、その治療期間は一般的に数か月から1年程度とされているが、その治療期間の多くはインプラント体が顎骨に定着するための期間であるため、積極的な加療を必要としない。また、受傷した歯の神経に症状が現れるかを確認するために半年から1年程度の経過観察を要することもあるが、この場合も数週間から数か月間隔での受診となるため、治療期間に比して治療回数はそれほど多くない。

そのため、【事例96】のように、通院期間を基礎に算定した慰謝料金額より減額されるケースもある。

歯科領域の後遺障害である歯牙障害についても、【事例3】、【事例4】、【事例6】、【事例59】、【事例69】、【事例77】、【事例85】、【事例110】、【事例114】のように、労働能力の喪失が認められなかったことを考慮事由とし、基準額よりも増額された慰謝料金額が認められている事例もある。

また、後遺障害等級に満たない後遺症がある場合に、それに応じた

慰謝料が認められることがあるが、歯牙障害についても、後遺障害基準未満のものについて、【事例7】、【事例16】、【事例63】のように、慰謝料を認定している事例がある。他方で、【事例82】は、原告から後遺障害基準未満の歯牙障害にかかる慰謝料が請求されたが、認められなかった。

歯科領域の傷害に対する補綴治療については、症状固定後も長期的なメンテナンスの必要性が認められており、【事例5】、【事例40】、【事例41】、【事例42】、【事例127】のように、将来的なメンテナンスの必要性を慰謝料算定の考慮事由にしている事例もある。

【事例1】、【事例8】は、歯科治療が長期に及んだことやその間の不都合を考慮した事例であり、その他、口腔領域に生じる影響を考慮した事例を「その他」に分類して紹介する。

2　事例紹介
（1）　労働能力喪失を否定する代わりに慰謝料算定において考慮した事例

【事例3】東京地裁平成9年5月13日判決（交民30・3・704）

> 　原告は、事故当時17歳の男性であり、本件事故により10歯を喪失し、可撤性義歯を装着した。7歯以上である10歯に対し歯科補綴をしたことについて後遺障害等級12級3号に認定された。
> 　裁判所は、上記後遺障害による労働能力喪失を否定し、「なお、この点は、慰謝料において斟酌することとする。」として、後遺障害慰謝料を270万円と認定した。

〔コメント〕

　本事例は、労働能力喪失を否定した代わりに慰謝料算定で斟酌した事案ですが、若くして可撤性義歯になってしまった不便さについても斟酌してもよいのではないかと思います。

第5章　歯科領域の傷害・後遺障害と慰謝料　　227

【事例4】大阪地裁平成13年8月23日判決（自保1447・20）

　　原告X₃は、本件事故で3歯以上に補綴処置を加えた歯牙障害について、後遺障害等級14級2号と認定された。また、症状固定日以降も咬合痛、顎関節雑音、開口障害などの顎関節症状が残存していた。
　　裁判所は、原告X₃の歯牙障害と顎関節症状については、いずれも労働能力の制限を伴うほどのものとはいえないとして労働能力喪失を否定した上で、「ただ、上記顎関節症状の残存や将来歯牙につき再治療の必要性が生じる可能性があること等の事情を、後遺障害慰謝料において考慮するのが相当というべきである。」として、後遺障害慰謝料を170万円と認定した。

〔コメント〕
　本事例は、労働能力喪失を否定した代わりに慰謝料算定で斟酌した事案です。

【事例6】東京地裁平成17年12月21日判決（自保1637・9）

　　原告は、症状固定時24歳　漢方薬の原材料の輸入販売を業とする株式会社に就職し、貿易事務の仕事に従事していた。
　　原告は、本件事故により右下2番・左上1番の完全脱臼、右上1番の歯根破折、右上2番・同1番・左上2番・右下1番・左下1番・同2番・同3番の亜脱臼の傷害を負った。
　　それらの傷害に対して、右上1番を抜歯後、右上1番と左上1番にはインプラント補綴、右下2番の欠損部は右下1番と左下1番を支台歯としたブリッジ装着、右上2番・左上2番にはメタルボンド装着をした。
　　原告は、自賠責保険により、①歯牙障害について「7歯以上に対し歯科補てつを加えたもの」として12級3号に該当、②外貌の醜状障害について「男子の外ぼうに著しい醜状を残すもの」として12級13号に該当し、併合して11級適用との認定を受けていた。
　　裁判所は、上記後遺障害による労働能力喪失を否定した上、「もっとも、前示のとおり、原告は、前示後遺障害により対人関係に消極的となっており、前示後遺障害が原告の労働意欲その他労働能力に間接的に影響を

228 第5章 歯科領域の傷害・後遺障害と慰謝料

及ぼしているとも考えられるが、この点は後に判示する後遺障害慰謝料の額を算定するに当たって考慮することとする。」とした上で、後遺障害慰謝料を630万円とした。

〔コメント〕

　本事例では、歯牙障害について、原告の労働意欲その他労働能力に間接的に影響を及ぼしているとも考えられるとしながらも、労働能力喪失は認めずに後遺障害慰謝料算定において考慮するとしています。

【事例59】千葉地裁平成25年10月18日判決（交民46・5・1365）

　原告は、事故当時45歳であった。

　原告は、本件事故後、頚椎捻挫、右膝蓋骨骨折、右膝靱帯損傷、全身打撲、右中指MP関節打撲、左上1番歯完全脱臼、左上2・3番歯歯冠破折、右上1番歯亜脱臼、下唇裂傷、咽頭腫脹等と診断された。

　裁判所は、原告の右膝痛などを局部の神経症状として14級9号に該当するとしたが、歯牙障害については、既存障害歯10歯、現存障害歯12歯であって、いずれも後遺障害等級が11級であるから、歯牙障害は加重障害とはならないと認定した。

　その上で裁判所は、歯牙障害による逸失利益を認めることはできないとしたが、「この点は後遺障害による慰謝料の増額事由として斟酌するのが相当である。」として、後遺障害慰謝料算定の際に考慮するとした。

　裁判所は、後遺障害慰謝料の算定において、「40代の女性であるにもかかわらず、本件事故により前歯が抜けた状態となり、インプラント治療を余儀なくされたこと、治療が終了するまでの間、検食の際に食材等を噛み切ることができず、食材等を細かく刻むなどの手間を要した」として、業務上での支障を考慮事由に挙げ、後遺障害慰謝料を240万円と認定した。

〔コメント〕

　本事例は、歯牙障害について、労働能力喪失を否定した代わりに、業務上での支障などを具体的に認定し、後遺障害慰謝料算定で斟酌した事案です。

第5章　歯科領域の傷害・後遺障害と慰謝料　　　229

【事例69】 名古屋地裁平成26年5月23日判決（交民47・3・667）

　原告は、モデル業や接客業に従事する兼業主婦であったが、本件事故で3歯を損傷し、補綴処置を行った。

　原告は、自賠責保険の事前認定において、左頬骨骨折後の知覚鈍麻につき14級9号に、歯牙障害につき14級2号の併合14級に認定された。

　裁判所は、歯牙障害については、労働能力喪失を認めず、「今後も差し歯の交換が必要であること」という事情を考慮し、後遺障害慰謝料を130万円とした。

〔コメント〕

　本事例では、補綴冠の将来的な更新費用が請求されていませんが、逸失利益の算定の際に、「歯牙破折に関しては、今後も差し歯の交換が年2回程度必要である。」として、原告本人の陳述から補綴冠が年2回の更新が必要であると認定しています。しかし、歯科医の立場からすれば、半年に一度の交換が必要な補綴冠は水準を満たしていないものという他なく、そのような事実を基礎付ける医学文献も存しないはずです。

【事例77】 大阪地裁平成27年4月17日判決（平26（ワ）2879）

　原告は、本件事故前後において営業関係や事務職に従事し、一定のコミュニケーションを伴う職種に従事していた。

　原告は、自賠責による事前認定によって、下顎部の線状痕について12級15号に該当し、右上2番、右上1番、左上1番、左上2番、左上3番、左上4番の6歯については、「5歯以上に対し歯科補綴を加えたもの」として13級5号に該当し、咀嚼障害は非該当と判断され、併合11級と認定されていた。

　原告は、労働能力喪失率が20％であるとして、逸失利益を請求した。

　裁判所は、労働能力喪失を否定し、「後遺障害逸失利益の発生を認めるには足りず、前記(2)において摘示した事情は、傷害慰謝料及び後遺障害慰謝料の算定上考慮するにとどめるのが相当である。」とし、後遺障害慰謝料を420万円と認定した。

230 第5章 歯科領域の傷害・後遺障害と慰謝料

〔コメント〕

　本事例は、労働能力喪失を否定した代わりに慰謝料算定で斟酌した
事案です。

【事例85】 大阪地裁平成28年5月27日判決（自保1983・136）

　原告は、事故当時18歳1か月であった。

　原告は、歯牙欠損について、自賠責保険により14級に認定されるも、
裁判所は、労働能力喪失を認めなかった。

　裁判所は、傷害慰謝料算定においては、「原告の傷害が顔面及び歯牙と
いう人目に触れやすい部位にあり、治療期間が就職活動期間と重なるこ
とにより、原告の就職活動に対する負担が増したとも考えられること」
を考慮して、その金額を200万円とした。

　また、裁判所は、後遺障害慰謝料の算定においては、原告の歯牙欠損
の後遺障害が14級2号相当であることに加え、逸失利益としては認めら
れないとしても、同後遺障害に関し定期健診等のメンテナンスが必要に
なること」を考慮して、その金額を150万円とした。

〔コメント〕

　本事例は、労働能力喪失を否定した代わりに、今後も定期的なメン
テナンスが必要な点を慰謝料算定で斟酌しています。

【事例110】 宮崎地裁平成31年2月1日判決（平29（ワ）477）

　事故当時中学1年生が、軟式テニス部の部活動中にテニスコートのネ
ットを張るためのハンドルが顔面に衝突し、上顎の中切歯2本及び下顎
の中切歯2本を破折した事案。

　裁判所は、ラミネートベニア予定の下顎前歯については「歯科補てつ
を加えたもの」に該当するとはいえないとして、14級に該当せず労働能
力喪失もないとした。

　その上で裁判所は、①原告が平成28年1月30日の事故後、平成28年4
月9日に仮歯を入れるまでの間、前歯4本を歯牙破折したままの状態で
あったこと、②仮歯を入れた後も、歯科補綴が可能になるまでの間、仮

第5章　歯科領域の傷害・後遺障害と慰謝料　　231

歯を入れた状態でそれぞれ学校生活を送らざるを得なくなっていたことから、歯牙欠損の部位及び状況や原告の年齢等を考慮すると、原告に対し、相当程度のストレスを与えたと認定した。

　さらに、裁判所は、原告の歯牙欠損は、上の歯2本を歯冠部体積の4分の3以上を失った上、下の歯2本も治療の際に歯冠部体積の4分の3程度を削る可能性があるのであるから、逸失利益が生じたり後遺障害等級に該当したりするようなものとまではいえないものの、一定の後遺障害（症状）が残ったことは否定できないから、このことは慰謝料額算定に当たっては十分に考慮されるべきであるとした。

　そして、それらに加えて原告が今後も継続的に前歯の治療を受けざるを得ないことなども考慮して慰謝料を200万円とした。

〔コメント〕

　本事例は、労働能力喪失を否定した代わりに慰謝料算定で斟酌した事案です。また、後遺障害に該当する基準には満たないものの後遺障害慰謝料として14級の慰謝料金額より高額な200万円を認定している点に特徴があります。

【事例114】水戸地裁龍ヶ崎支部令和2年2月20日判決（自保2074・60）

　裁判所は、原告が本件事故により新たに喪失したのは右上21の2歯のみであり、既存障害の加重障害とはならないと認定した。

　被告は、加重障害とならない場合には後遺障害による損害は認められないと主張した。

　裁判所は、歯を喪失したことによる精神的苦痛が生じないとはいえないとして、本件事故により生じた新たな被害は、自賠責保険にいう加重障害に当たらないとしても、慰謝料の発生を認めるべき後遺障害には当たるというべきであるとした。

　さらに、裁判所は、慰謝料額算定の際には、原告がテレスコープクラウンの交換費用として数年ごとに100万円程度かかると述べていることから、「その金額をそのまま本件事故と相当因果関係のある損害と認めることはできないが、そのメンテナンス等に一定の費用や手間がかかることは推認される。」こと、「本件事故による歯牙障害による逸失利益は

認められないこと」を考慮して、後遺障害慰謝料は160万円とするのが相当であるとした。

〔コメント〕

本事例は、労働能力喪失を否定した代わりに慰謝料算定で斟酌した事案です。また、後遺障害に該当する基準には満たないものの後遺障害慰謝料の発生を認めている点と補綴物のメンテナンスの手間と費用を考慮している点にも特徴があります。

（２）　後遺障害基準未満の歯牙障害にかかる後遺障害慰謝料を判断した事例

【事例７】東京地裁平成18年８月１日判決（判時1969・75）

運動会の種目として行う組体操の練習をしていたところ、当時小学校６年生の原告が転落し、顔面を床に衝突させて傷害を負った事案である。

原告が負った傷害は、左側上顎中切歯（左上１番）の完全脱臼、右側上顎中切歯（右上１番）の陥入、側切歯（左右不明の２番）の動揺であるが、歯科治療により、脱臼した抜け落ちた左上１番は再び顎骨に定着したが、痛みと医師の指示により原告は現在も前歯で物をかむことはできない状態であった。

原告は、上記の前歯の不具合について、前歯３本のうち、２本に歯科補綴を加えたものに該当するとして、後遺障害別等級の14級２号を準用し、14級後遺症慰謝料である110万円の３分の２に当たる73万3,333円を「現在も続いている精神的苦痛に対する慰謝料」として請求した。

裁判所は、「痛みと医師の指示により前歯を使えず、前歯でかむ必要がある食べ物は細かく切ってからでないと食べることができない上、吹奏楽部で使用していた楽器のうちサックスなどのリードを要する楽器を演奏できなくなり、口元も前歯がやや前に出ており、ぶつかられる恐怖から混んだ電車やボール競技にも消極的であることが認められ、育ち盛りの若年女子として日々の生活に支障を来たしていると認められる。」ことなどを理由に、傷害慰謝料71万2,500円とは別に慰謝料73万3,333円を認定した。

第5章　歯科領域の傷害・後遺障害と慰謝料　　　233

〔コメント〕

　「3歯以上に対し歯科補綴を加えたもの」という基準には満たない
ものの2歯に補綴を加えた原告について、食事の際の不都合、部活動
や日常生活での不都合など詳しく認定し、傷害慰謝料とは別に慰謝料
を認定した事例です。判決文中には、後遺障害慰謝料とは明記はされ
ていませんが、傷害慰謝料とは別に算定していることや「原告の現在
も続いている精神的苦痛に対する慰謝料」と表現していることなどか
ら、後遺障害慰謝料として算定していると考えられます。

【事例16】東京地裁平成21年1月30日判決（平19（ワ）32822）

　　平成18年12月の事故発生当時11歳だった原告が、自転車に乗っていた
　ところ、友人にジャンパーをつかまれバランスを崩して転倒し、顔面を
　地面に打ち付けて、①右上乳中切歯歯冠部2分の1破折・急性化膿性歯
　髄炎、②左上乳中切歯5分の1破折、③右下乳中切歯歯冠部近心隅角部
　の破折等の傷害を負った事案である。
　　裁判所は、原告の障害について14級に至らないとした上で、1歯に補
　綴予定、2歯CR修復をしていることを理由に後遺障害慰謝料として50
　万円を認定した。

〔コメント〕

　「3歯以上に対し歯科補綴を加えたもの」という基準には満たない
ものの、1歯に補綴予定、2歯にCR修復予定の原告について、後遺障
害慰謝料を認定した事例です。CR修復は、破折箇所が比較的小さい
場合などに破折箇所にコンポジットレジン（CR）と呼ばれる材料を充
填し硬化させて修復する治療ですので、補綴治療よりも歯への侵襲が
少ない治療です。

【事例63】東京地裁平成26年1月27日判決（交民47・1・83）

　　裁判所は、原告がもともと14歯に歯科補綴を加えていたとして、本件
　事故により原告が新たに喪失した4歯（左上3番、右下2番、右下1番、
　左下1番）は、後遺障害に該当しないと判断した。

その上で、裁判所は、「原告は、前歯が上下とも補てつ処置を施された結果、前歯に十分に力が入れられず、野菜、肉類等を前歯でかみ切ることができなくなったことが認められ、以上の後遺症の内容、これに伴う日常生活への影響等を考慮すると、原告の後遺症慰謝料は、50万円が相当である。」として、慰謝料金額を算定している。

〔コメント〕

後遺障害に該当する基準には満たないものの4歯を新たに欠損した原告について、食事の際の不都合などを具体的に認定し、傷害慰謝料とは別に後遺障害慰謝料を認定した事例です。

【事例82】 大阪地裁平成27年11月6日判決（平27（ワ）6282）

事故日は、平成26年7月31日。

原告は、本件事故により、頭部外傷、顔面挫創、頚部挫傷、右膝・下腿挫創、腰椎捻挫、前歯（左上1番）の破折という傷害を負った。

原告は、事故当日の平成26年7月31日から同年11月12日まで歯科医院に通院（実日数4日）し、左上1番の抜髄をした後に、オールセラミッククラウンによって補綴をした。歯科治療費は、15万7,090円だった。

原告は、本件事故による歯牙の破折につき、後遺障害慰謝料として36万6,666円が認められるべきと主張した。

しかし、裁判所は、歯牙の損傷の程度やオールセラミッククラウンでの補綴処置を行っている状況などから、歯牙の破折について、「後遺障害慰謝料を発生させるほどのものとまでは認められない。」とした。

〔コメント〕

【事例7】、【事例16】、【事例63】では、後遺障害基準に満たない本数の歯牙障害について後遺障害慰謝料が認められているのに対して、本事例では認められませんでした。裁判所が、原告がオールセラミッククラウンで補綴していることを理由の一つに挙げていることからしますと、オールセラミッククラウンの審美性の高さが後遺障害慰謝料を否定する根拠とされた可能性があると思われます。

第5章　歯科領域の傷害・後遺障害と慰謝料　　235

（3）　メンテナンスなどで将来的な通院の必要性があることを考慮
　　した事例

【事例5】福岡地裁平成16年10月25日判決（平13（ワ）413）

　　原告Aは、事故の影響で手が震え疲れるために十分なブラッシングが
行えないこと、咀嚼部位が少なく残存歯に負担が大きいことを根拠に、
定期的かつ頻回のメンテナンス、調整が必要であると主張し、今後継続
的に毎週1回（少なくとも、1回500円は必要である。）は、通院する必
要があるとして、24万円を請求した。
　　裁判所は、「インプラント等の特殊な調整作業及び残存歯について定
期的なメンテナンス、調整が必要であることは認められるが、上記費用
は、症状緩和のための治療費であること、具体的な金額が明らかでない
こと等の事情を考慮すると、原告らが将来の治療費として請求する点に
ついては、後記（6）イ（後遺障害慰謝料）で考慮することにし、これを
独立の損害として認めないことにする。」として、将来の治療費として認
めない代わりに後遺障害慰謝料算定において考慮するとした。

〔コメント〕

　　本事例は、インプラントのメンテナンスの必要性を認めながら、将
来治療費としては認めず、後遺障害慰謝料算定で考慮するとしている
点に特徴があります。

【事例40】東京地裁平成23年5月17日判決（平21（ワ）3405）

　　原告は、被告から顔面を手拳で殴打されて転倒し、座り込んだ状態の
顔面を数回足蹴にされる暴行を受け、受傷した。
　　裁判所は、通院慰謝料の算定において、「今後も定期的に歯の治療のた
めに通院する必要があること」を考慮している。

〔コメント〕

　　本事例は、今後も定期的な歯科治療（おそらくメンテナンス）が必
要な点を通院慰謝料算定で斟酌しています。

236　　第5章　歯科領域の傷害・後遺障害と慰謝料

【事例41】東京地裁平成23年7月20日判決（平22（ワ）31628）

　原告は、被告に背後から羽交い締めのように首を絞められ、顔面及び頭部を拳骨で数回殴るなどの暴行を加えられ、右側上顎中切歯、両側上顎側切歯の外傷性歯牙脱臼、右側上顎中切歯及び右側上顎側切歯の歯根破折の傷害を受け、左側上顎側切歯についても歯根破折が疑われる状態になった。
　裁判所は、原告の傷害慰謝料を算定するに当たり、「今後もインプラント2次手術等のために通院が必要なこと」を考慮事由の一つとしている。

〔コメント〕

　本事例では、今後もインプラント2次手術等のために通院が必要なことを傷害慰謝料算定の考慮事由にしていますが、インプラントの2次手術の費用を将来治療費として請求していれば認められる可能性があったのではないかと思われます。

【事例42】鹿児島地裁平成23年10月6日判決（自保1863・37）

　原告X₁（事故当時26歳）は、本件事故により、頭部・顔面外傷、急性硬膜下血腫、脳挫傷、びまん性軸索損傷、複視・眼球運動障害、下顎骨折、歯牙欠損等の各傷害を負った。
　裁判所は、「将来にわたって歯科医でのメインテナンス等を継続する必要性があること」を後遺障害慰謝料算定の際に考慮した。

〔コメント〕

　本事例では、将来治療費としてのメンテナンス費用の請求はありませんが、将来も歯科でのメンテナンスが必要ということを踏まえて、後遺障害慰謝料を算定しています。

【事例127】京都地裁令和4年3月17日判決（交民55・2・371）

　自転車を運転していた第1事件被告は、事故当時37歳。第1事件被告は、右上1番歯根破折し、抜歯し、インプラントで補綴した。

第5章　歯科領域の傷害・後遺障害と慰謝料　　237

　　第1事件被告は、インプラントのメンテナンスについて、年額3万
　6,074円であること、年4回程度通院が必要であることなどを根拠に、将
　来治療費66万7,017円を請求した。
　　第1事件原告は、「症状固定後の治療費は、原則として後遺障害による
　損害に含まれ、別途考慮されるものではない。被告主張の将来治療費が
　これを超えて別途考慮されるべき具体的事情は存しない。」として争っ
　た。
　　裁判所は、インプラント治療のメンテナンスにかかる将来治療費を認
　めず、「歯牙欠損は、1歯ではあるが欠損部のインプラントのメンテナン
　スのため年3～4回の通院を将来的にも余儀なくされ、それによる精神
　的苦痛に加え、生活面ないし経済面への一定の影響もあること等の事情
　があり、これらを慰謝料の算定に当たって考慮するのが相当である」と
　して後遺障害慰謝料算定において考慮するとした。

〔コメント〕
　本事例は、インプラントのメンテナンスの必要性を認めながら、将
来治療費としては認めず、後遺障害慰謝料算定で考慮するとしている
点に特徴があります。

（4）　歯科治療が長期に及んだことやその間の不都合を考慮した事
　　　例
【事例1】大阪地裁平成6年4月25日判決（交民27・2・514）

　　原告は、事故当時（昭和61年5月17日）5歳であり、平成2年3月20
　日に症状固定をし、後遺障害等級は併合11級であった。裁判所は、「平成
　5年12月8日以後も、原告が20歳になるころまでの7年余、矯正及び補
　綴のため歯科への通院を継続しなければならないこと、その間は現実に
　補綴する後より、歯牙の状態は良くないと推認できること」を後遺障害
　慰謝料算定において考慮した。

〔コメント〕
　本事例では、長期間の通院とその間の歯牙の状態がよくないことを
後遺障害慰謝料算定時に考慮しています。

【事例8】 東京地裁平成19年5月10日判決（平18（ワ）10629）

　幼稚園内の事故で事故当時原告は6歳であったが、裁判時は19歳となっていた。

　原告は、当時通っていた幼稚園のホール内の移動式舞台に顔面を強打して下顎前歯4本（2本は乳歯、2本は永久歯）が抜けた。

　裁判所は、「実通院日数は少ないものの、6歳から13年間の長きに渡って定期的な通院を必要としてきたこと」、「上記の通院のほか、原告は幼少のころから入れ歯等を装着せざるを得なくなり、その肉体的、精神的苦痛は相当であったと認められる」という事情を通院慰謝料算定の際の考慮事由にしている。

〔コメント〕

　本事例は、長期間の定期的な歯科への通院や幼少期の入れ歯を入れたことの不都合を通院慰謝料算定の際の考慮事由にした事例です。

（5）　その他

【事例13】 東京地裁八王子支部平成20年5月29日判決（判タ1286・244）

　自閉症児である原告児童（当時小学校3年生）が倉庫内の窓から転落して傷害を負った事案。原告児童は、本件事故により右上奥の永久歯（部位・本数不明）が破折した。

　裁判所は、歯牙破折の影響で永久歯が生えてきていないことを慰謝料算定の際の考慮事由に挙げた。

〔コメント〕

　乳歯が受傷した場合、後継永久歯に何らかの影響が出ることはよくあり、エナメル質の形成不全や歯根の形成異常、萌出遅延などがみられます。本事例では、萌出遅延が生じていると思われます。

【事例20】 東京地裁平成21年12月10日判決（自保1822・58）

　裁判所は、本件事故により、顔面骨・上顎骨・下顎骨骨折を負った原告が将来的に外科的矯正治療及び歯科矯正治療を受けることの費用については将来治療費として認めなかったが、「この点は、後記の後遺障害慰謝料の算定に当たり、しん酌することとする。」とした。

第5章　歯科領域の傷害・後遺障害と慰謝料　　　239

〔コメント〕

　本事例では、裁判所は、重い障害を負ってしまった原告が長距離の移動を伴う矯正治療を長期間にわたって受け続けるのは困難であろうとして、将来治療費としては認めませんでしたが、治療の一般的必要性が認められる部位が残存しているとして、後遺障害慰謝料算定で考慮した点に特徴があります。

【事例34】東京地裁平成22年8月31日判決（自保1833・124）

> 　原告は主婦であった。原告は、本件事故により、左上4番ないし6番歯牙破折、右上1番ないし3番・6番歯牙破折、右下6番歯牙破折等の傷害を受けた。
> 　原告は、自賠責からは、外貌醜状について7級12号、左上4・5・6番の喪失について14級2号、併合7級と認定された。
> 　裁判所は、咀嚼障害・歯周炎について後遺障害であることは否定したが、「補綴をした3歯に関して歯周炎が起きており、これが補綴と全く無関係とはいいきれない」として、補綴した歯の部位の歯肉が歯周炎になっていることを後遺障害慰謝料を算定する際に考慮した。

〔コメント〕

　歯周炎は細菌感染症です。確かに天然歯である場合より補綴物の装着された歯の方が天然歯よりも歯周炎の原因となるプラークの付着しやすさや清掃のしにくさなどから歯周炎を発症しやすいといえるかもしれませんが、間接的な影響にすぎませんので、後遺障害慰謝料算定の際に考慮した本事例はかなり珍しい事例なのではないかと思われます。

【事例55】名古屋地裁平成25年1月24日判決（交民46・1・116）

> 　原告は、本件事故当時17歳（高校3年生）の女性であった。
> 　原告は、本件事故により、左前房出血、網膜出血、網膜振盪症、右足

関節捻挫、顔面裂創、顎部挫創、歯牙破折、右手関節挫創、頭部挫創等
の傷害を負った。

　原告は、歯冠破折した左下3番にはメタルボンド冠で補綴したが、歯
根破折により抜歯した右上4番にはインプラントでの補綴もしておら
ず、歯牙欠損についてインプラント治療費を将来治療費としても請求し
ていない。

　裁判所は、「十分な補綴が加えられないまま歯牙欠損が残存した事実」
を後遺障害慰謝料算定で考慮した。

〔コメント〕

　原告は、事故で欠損した右上4番の部位にインプラントをしていま
せんが、将来治療費として請求していません。また、原告の主張には、
欠損したままの部位があることを後遺障害慰謝料の算定において斟酌
すべきという主張もされていません。その上で、裁判所が、右上4番
に補綴処置がされていないことを後遺障害慰謝料算定の際に考慮して
いることが特徴的です。

【事例65】名古屋地裁平成26年3月6日判決（平23（ワ）2356）

　事故発生日は平成20年1月25日であったが、原告によると、左下1番
及び右下1番が平成20年2月6日に脱落した。

　原告は、欠損した左下1部と右下1部について、左下2番、同3番、
右下2番、同3番の抜髄、根管治療をした上で、同4歯を支台歯とする
左下3番から右下3番のブリッジによる補綴治療を受けた。

　裁判所は、原告の右下1番と左下1番の歯牙脱落に伴う歯科補綴（2
歯欠損、4歯補綴）について事故との因果関係を認めたが、「本件事故の
状況、本件事故前の原告の歯牙欠損の状況、左右下第1歯の歯牙脱落に
伴う歯科補綴の内容、左右下第1歯の歯牙脱落に対する本件事故前の歯
牙動揺の寄与の程度その他一切の事情を斟酌すると、後遺障害慰謝料は
70万円とするのが相当である。」として、事故前の原告の歯の状態などを
後遺障害慰謝料の算定において、金額を減額する要素として考慮した。

第5章　歯科領域の傷害・後遺障害と慰謝料　　241

〔コメント〕
　裁判所は、左右下顎1番の脱落と同部位のブリッジによる補綴については事故との因果関係を認めました。そうしますと、「歯科補綴を加えたもの」は、6歯になり、歯牙障害としては、「5歯以上に歯科補綴を加えたもの」として13級5号に該当します。
　その場合、赤い本基準の後遺障害慰謝料金額は180万円ですが、本事例では、事故前の原告の歯の状態などを考慮して、大きく減額した金額を認定している点に特徴があります。

【事例70】名古屋地裁平成26年7月25日判決（平26（ワ）1706）

　原告は、本件事故により、頚部挫傷・胸骨部挫傷・尾部挫傷・腰部挫傷・歯牙破折・下顎打撲の傷害を負った。
　原告は、右上3番、右上2番、右上1番、左上1番、左上2番の計5歯の歯牙破折による歯牙障害を負い、既存障害12歯を加えた計17歯が現実に喪失又は著しく欠損したものとなり、「14歯以上に対し歯科補綴を加えたもの」として10級4号の後遺障害（既存障害11級4号）に該当すると自賠責に認定された。神経症状については、後遺障害非該当との判断がされた。
　原告は、「歯牙障害により、日常生活を中心として著しく咀嚼その他に著しい支障を来しており（入れ歯を使用中であるが、硬めの食物を噛み砕けず、口腔内に腫れや痛みを生じて治療を受けたりしている。また、歯を喰いしばることが難しく、重い荷物の持ち運びが困難である。）、強い精神的苦痛を受けている。」こと、主治医から上記の5歯欠損部について、「前歯を差し歯にするうえで、最低限2本のインプラント埋入をする必要がある」と診断されており、少なくとも90万6,000円の治療費と将来的なメンテナンス費用が必要となること、などを理由に後遺障害慰謝料275万円を請求した。
　裁判所は、自賠法上10級4号の後遺障害（既存障害11級4号）に該当すると認定した上で、日常生活や用務上著しい支障を生じていること、歯科医から最低2本のインプラント治療を要すると指摘され、その費用

242　　第５章　歯科領域の傷害・後遺障害と慰謝料

は少なくとも90万6,000円を要すること、などを考慮要素として、後遺障害慰謝料として200万円を認めた。

〔コメント〕

　本事例では、被告が口頭弁論期日に出頭せず、答弁書等の書面も提出しませんでしたので、基本的には、原告の請求通りの損害額が認定されました。後遺障害に該当する歯牙障害による労働能力喪失も原告の主張どおりの割合で認められました（被告が争わないために認定されたものですので、第３章では取り上げていません。）。

　慰謝料金額については、弁論主義の枠外ですので、原告の請求どおりの金額ではなく減額されています。しかし、基準額からすれば130万円（＝10級550万円－11級420万円）程度ですが、それよりも大きい200万円と認定されています。これは、将来的に90万円余りのインプラント治療費が必要になる見込みであることが考慮されたのかもしれません。

　なお、請求の仕方としては、後遺障害慰謝料の一考慮要素としてではなく、将来治療費として請求するということも考えられます。

【事例96】東京地裁平成29年９月28日判決（平28（ワ）35839）

　事故発生日は、平成26年２月27日。

　当時小学６年生であった原告は、同級生が下校中に原告のランドセルの上蓋を跳ね上げたことにより上蓋の鉄製の留め具が原告の前歯を直撃し、右上中切歯（右上１番）が破折した。

　原告は、事故当日の平成26年２月27日、A歯科医院で、右上１番に光重合レジンを充填する保存処置を受けた。同年９月16日に来院した原告を診察したA歯科医院のC医師は、右上中切歯部の発赤、腫脹を認め、抗生剤の投与を処方した。原告は、同月19日から同年10月10日までの間の５日、右上中切歯の感染根管処置のためにA歯科医院に通院した。原告を診察したC医師は、腫脹の消失後、右上中切歯の根管形成の処置を

第5章　歯科領域の傷害・後遺障害と慰謝料　　243

行い、水酸化カルシウムを充填して封鎖した。Ｃ医師は、平成27年３月31日の時点において、①水酸化カルシウムを今後半年から１年の間に交換し、最低でも５年間は様子を見ていく必要がある、②根管治療の終了後に補綴処置（歯に被せ物をする処置）を行うことが可能となる、③将来的には右上中切歯を抜歯の上、両隣の歯を削った上、ブリッジ又はインプラントする必要が生じる可能性が高いと診断し、その旨を原告の母に説明した。原告は、平成27年10月２日、右上中切歯の痛み等を訴えてＤデンタルクリニックで治療を受けた。原告は、同月17日、右上中切歯の修復物が欠けたとしてＤデンタルクリニックで治療を受け、その後、同月26日、同月31日、平成28年９月19日、平成29年２月１日及び同年３月20日、Ｄデンタルクリニックで経過観察のため診察を受けた。

　原告は、通院慰謝料について、２か月間の通院期間を基礎に、52万円であると主張した。

　裁判所は、平成27年10月17日のＤデンタルクリニックの通院以降も、原告が半年から１年の間に根管治療のために通院しているものと考えられるとしたが、平成27年３月31日の時点において、右上１番の傷害が完治するまで本件事故から５年以上を要すると診断されていたことを考慮すると、原告が本件事故から現在に至るまでの間に右上１番の傷害によって常時生活上の支障を被っていたわけではないとして、本件事故発生日から口頭弁論終結時（平成29年８月17日）までの約３年６か月間の慰謝料金額を20万円とした。

〔コメント〕

　本事例では、原告が主張した通院期間よりも実際の通院期間は長期に及んでいましたが、裁判所は、右上１番の傷害によって常時生活上の支障を被っていたわけではないことを理由に、原告主張の金額よりも低い金額を認定しました。

　なお、本事例の右上１番は、当初は、神経を残す方向での治療がされましたが、その後、おそらく歯髄に炎症が生じ、最終的には歯髄が壊死してしまったものと考えられます。このように、打撲した歯は、

受傷直後には神経にまで影響が及んでいないように見えても、経時的に神経の症状（疼痛、歯髄壊死など）が見られることが珍しくありません。本事例の右上１番については、将来的な抜歯の可能性が高いと診断されています。これは、神経が死んでしまった歯（失活歯）は神経が生きている歯（生活歯）よりも、様々な理由から寿命が短いとされているからですが、抜歯の蓋然性が高いとまではいえないと思われます。したがいまして、将来的な右上１番の抜歯の費用や抜歯した部位をインプラントで補綴する治療費などについての請求は、認められない可能性が高いと考えます。他方で、右上１番は、既に抜髄（神経をとる処置）をしていますので、冠による補綴が必要となる蓋然性は高いですので、将来治療費としてのオールセラミック冠などによる補綴治療費の請求は認められた可能性が高いと考えます。

　もっとも、最初に診察したＡ歯科医院Ｃ医師が「将来的な抜歯の可能性が高い」と述べており、診察時点で歯根破折を疑わせる所見が既に認められているという可能性もあること、転院先のＤデンタルクリニックを「右上中切歯の痛み等を訴えて」受診し複数回治療や経過観察が続いており、根管治療をしたが治癒しない難治性の状態に陥っていた可能性もあること、受傷機転が外傷であること、といった点からしますと、歯科医師としては歯根破折の存在が頭によぎると思いますので、難治性の根尖性歯周炎に対して抜歯を予想するのは合理的にも思えます。

　そうしますと、治療当時小学６年生という若年であった場合、インプラントやブリッジができる年齢に達するまでの時間稼ぎとして、あえて抜歯も視野に入る状態不安歯を保存することもあり得ますので、そのような場合であれば、将来の抜歯の蓋然性が高いとして将来のインプラント治療費が認められてもよいのではないかと考えます。

第5章　歯科領域の傷害・後遺障害と慰謝料　　　245

【事例99】 横浜地裁平成29年12月4日判決（自保2018・75）

　原告は、「原告が本件事故により上顎骨骨折等の傷害を負い、多大な苦痛を伴う治療を行い、現在も痛みを伴う後遺障害が残存していること、治療中は物を噛むことができず、流動食を余儀なくされ、食事を味わうこともできなかったことなどを考慮すれば、原告の慰謝料を20％増額すべきである。」と主張した。

　被告は、「先進医療のインプラント治療の場合は、咀嚼機能や言語機能だけでなく審美面において、天然歯と同等程度かそれ以上の回復が可能であり、インプラント治療費の前部（原文ママ）又は多くを損害として認知しつつ、歯牙欠損の後遺障害慰謝料を形式的に全額認定すれば、原状回復を超える利益を与えることになり、当事者の公平に反する。むしろ、原告がインプラント治療により、審美的な利益を享受したことを考慮すべきである。」と反論した。

　裁判所は、上記のような被告の反論について特段判断することなく、原告の後遺障害が併合8級と認定した上で、基準額より増額した1,030万円を後遺障害慰謝料として認めた。

〔コメント〕

　被告からは、「原告がインプラント治療により、審美的な利益を享受したことを考慮すべき」という主張がされています。たしかに、インプラントは、上部構造もオールセラミック冠ですので、天然歯の時よりも審美性が高くなることも少なくないです。しかし、天然歯よりもメンテナンスの必要性が高まりますし、あくまでほかの補綴方法と比べて機能性が高いにすぎないので、現状より利益を得たと解するのは難しいと思います。

【事例128】 岡山地裁令和4年3月28日判決（判自499・94）

　原告は、自転車で通勤中、地下道に通じる進入路に進入しようとした際、被告が設置した通行止めのバーを避けようとして転倒し、受傷した。

　原告は、平成31年3月5日に歯牙障害を残して症状固定（治癒）し、

労災（労働基準監督署長）から後遺障害等級14級2号（3歯以上に歯科補綴を加えたもの）該当と認定された。

　原告は、事故当時30歳であり、事故により右上4番、右上5番を喪失し、32歳の時に同部をインプラントで補綴した。

　被告は、インプラント治療の必要性を争ったが、裁判所は、インプラント治療の相当性を肯定した。

　しかし、裁判所は、「原告の後遺障害の内容程度（後遺障害等級14級2号該当。費用はかかるものの、インプラント治療や審美回復処置を選択したことにより、一般的な義歯やブリッジよりも格段に天然歯に近い状態になったといえることを含む。）や、原告の年齢などに照らせば、後遺障害慰謝料は80万円と認めるのが相当である。」として、インプラントやジルコニアを入れたことを理由に後遺障害慰謝料を水準額より減額をした。

〔コメント〕

　本事例では、インプラントやジルコニア冠による補綴によって、可撤性義歯やブリッジなどよりも天然歯に近い状態になったことを理由に後遺障害慰謝料金額を基準額より減額しています。しかし、事故前から原告の右上4番、右上5番が欠損し、ブリッジや可撤性義歯で補綴されていたのであればともかく、もともと天然歯であった原告が天然歯を失ったのに、天然歯に近くなったとして慰謝料金額を減額することには強い違和感を覚えます。

第 6 章

その他（素因減額・症状固定・
既存障害など）

第6章

248

第
6
章

第6章　その他（素因減額・症状固定・既存障害など）　　249

第1　素因減額

1　解　説

（1）　はじめに

赤い本によれば、「素因は、一般的に、被害者の精神的傾向である『心因的要因』と、既往の疾患や身体的特徴などの『体質的・身体的素因』とに分類されている。」とされる。

被害者が負ったとする歯科領域の傷害にかかる損害について、素因減額されるかが問題となるのは、もともと有していた歯科疾患により治療範囲が拡大したり、より進行した症例に対する処置が必要になったりした場合が通常想定されるところである。

（2）　裁判事例の特徴

素因減額について肯定した事例は、【事例23】、【事例35】、【事例74】、【事例109】、【事例111】、【事例114】、【事例131】であるが、心因的要因（身体表現性障害）を理由の一つに挙げたのは、【事例23】のみであり、その他の事例は、いずれも体質的・身体的素因に分類される既往の歯科疾患・既治療の内容を理由にしている。

減額割合は、事例によりそれぞれであるが、【事例23】は4割を、【事例35】は7割を、【事例74】は歯科治療費については2割を、補綴治療費については6割を、【事例109】は7割を、【事例111】は2割を、【事例114】は2割を、【事例131】は6割（一部治療費は1割）を、それぞれ減額した。

2　事例紹介

【事例23】横浜地裁平成22年1月27日判決（自保1825・15）

平成12年1月17日事故発生。

事故当時35歳の原告は、歯科領域の治療について、平成12年3月3日

から平成19年４月６日まで2,592日間（７年35日間）通院した。

　原告は、初診時以降、自発痛、違和感、歯周の蝕痛、咬合痛などを継続的に訴え、排膿等も時折出現し、ブリッジが離脱したり、個別の歯が次々と不具合となっては補綴をしたり、抜歯をしたりした。平成15年７月15日には、歯根膜炎を理由に、上右７番〜４番、上左１番、２番、４番〜７番、下右７番〜３番、下左２番、４番、６番、７番を根治し、右上下１番、左上３番の根管処置をした。さらに、平成16年７月には口腔過敏により義歯の装着不全を訴え、平成16年11月に右下１番抜歯、平成17年１月左下４番根管充填処置、同年２月下顎義歯調整、同年３月右下２番抜歯、同年５月下顎義歯修理、同年12月左下３番抜歯、平成18年１月左下１番抜歯、同年５月上下顎部分床義歯作成、同年８月左下２番、３番根管充填処置、同年11月左下５番残根処理、平成19年６月上下顎総義歯作成をした。

　裁判所は、「原告は、本件事故による顔面打撲により、歯科的症状を惹起され、その結果、次々と歯科的不具合を惹起した末、18歯の補綴を受けるに至ったことが認められる。」として、全ての歯科治療と本件事故との因果関係を認めた。

　その上で裁判所は、①原告の本件事故以前の歯が将来の治療を要するものであったことが合理的に推認できること、②原告の症状については、身体的・心因的による身体表現性障害（疼痛性障害）の疑いももたれていること、③35歳で、本件事故前に既に10歯を喪失し、さらに少なくとも11歯につきクラウンによる治療をしていたこと、などから、「本件事故を契機として、最終的には１歯も残さず、全義歯となってしまったことは、その体質的な素因にも起因することを否定することはできない」として、「素因減額は４割と認めるのを相当とする。」とした。

〔コメント〕

　本事例は、歯科領域の傷害による損害を素因減額するに当たり、原告の心因的素因を考慮要素としている点に特徴があります。

第6章　その他（素因減額・症状固定・既存障害など）　　251

【事例35】名古屋地裁平成22年11月5日判決（平20（ワ）3815）

　原告は、本件事故で顔面を強打したことにより、右上3番の歯牙を喪失し、右上5番、右上4番、右上2番、右上1番の歯牙にも動揺を来したとして、その治療のためには、右上及び左上の残存する歯牙全部を抜歯したインプラント治療を施す必要があると主張した。また、その治療に要する費用は、治療費本体が660万円（税別）、暫間補綴が22万円（税別）、骨量／骨質分析料が5万円（税別）の合計687万円（税別）、税込みで721万3,500円であると主張した。

　裁判所は、口腔内全体の治療費を721万円余りとした上で、高度に進行した歯周病に罹患していたことを理由にそのうちの3割に当たる216万円を認めた。

〔コメント〕

　本事例では、原告が高度に進行した歯周病に罹患していることを理由に歯科関連の治療費721万3,500円の3割が、事故と因果関係のある損害と認められました。

　しかし、歯科関連の治療費が721万円と非常に高額になっているのは、歯周病に罹患している左上1番から6番の歯なども抜歯した上で、上顎に12本のインプラントを植立して補綴したためです。仮に、原告が歯周病に罹患していなければ、脱落した右上3番の部位に1本だけインプラントを埋入して補綴するだけで済んだと思われ、その場合、治療費は高くても4、50万円程度であることからすれば、歯科関連の治療費全体を基礎にしているのは不合理であると思います。

　また、そもそも右上6部から左上6部までに12本ものインプラントを埋入する必要があったのか、もう少しインプラント体の本数を減らして、上部構造で架橋するので機能的には足りるのではないかと、実際に行われた治療の妥当性についても疑問を覚えます。

252　　第6章　その他（素因減額・症状固定・既存障害など）

【事例74】神戸地裁平成27年1月29日判決（交民48・1・206）

　　原告X₁は、本件事故当時58歳であった。

　　原告X₁は、事故によって右上1番、左上1番、左上2番の歯根破折などの傷害を負ったとして、歯科治療費68万7,800円とインプラントやブリッジによる補綴治療費88万円を請求した。

　　被告は、原告X₁が「本件事故以前から継続的に歯牙治療を受けており、本件事故当時、既に多数の歯牙を欠損していたこと、両側顎関節症についても本件事故以前に発症して治療を受けていたこと、インプラント治療についても本件事故以前から検討されていたこと」を根拠に本件事故と歯科治療の因果関係を欠くと反論した。

　　裁判所は、原告X₁について、①若年の頃から歯が弱く、本件事故以前から、継続的に歯科治療を受けており、多数の歯牙が欠損し、義歯となっていたこと、②本件事故により破損した右上1番、左上1番、左上2番も義歯がはずれたものであること、③右上1番、左上1番、左上2番については、従前からの他の歯牙の損傷状況等との関係もありインプラント治療を受けたこと、④インプラント治療については、当初からの希望であったこと、⑤左上3番の歯冠破折も本件事故によるものであること、⑥その結果、左上3番と左上6番を支台歯とするブリッジ補綴処置を受けているが、本件事故以前からこの部分は欠損していたこと、⑦本件事故以前の平成15年に顎関節症に罹患したことがあったことなどを認定した。

　　その上で、裁判所は、「このようなことからすれば、原告X₁の歯牙治療が長期化し、また、本件事故による損傷の程度に照らすと過剰といえる、より抜本的治療を受けることになったのは、本件事故以前からの原告X₁の歯牙の損傷状況が相当程度影響していることは否定でき」ないとして、歯科治療費68万7,800円については8割、インプラントやブリッジによる補綴治療費88万円については4割の限度で認めるのが相当であるとした。

〔コメント〕

　本事例では、歯科治療費と補綴治療費でそれぞれ異なる割合の素因減額がなされている点に特徴があります。

第6章　その他（素因減額・症状固定・既存障害など）　　253

【事例109】名古屋地裁平成31年1月23日判決（交民52・1・83）

　原告は、事故当時17歳、症状固定時18歳の女性である。

　原告は、本件事故により左下6番の歯を欠損したものであるところ、歯学部附属病院において、左下6番を欠損したために悪化した咬合状態を改善する目的で矯正治療を行ったとして、同付属病院の治療費6万128円を請求した。

　また、原告は、左下6番を欠損したことにより悪化した咬合状態を改善するため全顎的な矯正治療が必要と主張した。その上で、矯正治療費について、現在までに少なくとも102万6,000円を負担していること、少なくとも3年間は将来にわたって治療が継続する見込みであり、その金額が1、2年目は毎月3,240円、3年目は毎月2,160円を要することを主張し、112万9,680円を請求した。

　（計算式）102万6,000円＋3,240円×24か月＋2,160円×12か月

　被告は、歯学部附属病院における矯正治療は、原告の既往症である叢生、重度の不正咬合に対する治療であって、本件事故との相当因果関係は認められないと主張し、歯学部附属病院の治療費と矯正治療費のいずれも争った。

　裁判所は、原告の歯学部附属病院における矯正治療が必要性を欠くということはできないとした上で、原告には既往症として本件事故前から重度の不正咬合があったと診断されていること、左上2番、右上3番、右下5番及び左下4番について、歯並びが悪い叢生の状態にあると診断されていることから、「歯学部附属病院における矯正治療のうち、左下6番が欠損したことにより悪化した咬合状態を回復させる部分を超え、本件事故前からある原告の叢生に対して行われる部分については、本件事故との相当因果関係を欠くものといわざるを得ない。」とした。

　その上で裁判所は、「矯正治療が全顎的に行われる以上、治療の範囲を明確に区分し難いことを踏まえつつ、少なくとも上顎の矯正に係る治療費については相当性を欠くといわざるを得ないこと及び下顎についても上記のとおり左下6番以外の歯牙の叢生に対する治療を含むものと認められること」を理由に、歯学部付属病院の治療費のうち3割の限度で本件事故との相当因果関係を認めた。

254 第6章 その他（素因減額・症状固定・既存障害など）

　裁判所は、矯正治療費についても、同様の理由から3割の限度で相当因果関係があるとして33万6,204円のみ認めた。
　（計算式）102万6,000円＋3,240円×12か月×（0.9524（1年後に対応するライプニッツ係数）＋0.9070（2年後に対応するライプニッツ係数））＋2,160円×12か月×0.8638（3年後に対応するライプニッツ係数）＝112万683円
　　　　　　112万683円×0.3＝33万6,204円

〔コメント〕

　本事例では、裁判所は、「素因減額」という言葉は使用していませんが、既にした矯正治療費と将来の矯正治療費について、原告の歯が叢生（歯が並ぶスペースがなくいくつかの歯が傾斜や転位などして重なり合っている状態のこと）であったため、各金額から7割減額した金額を損害として認定しています。

【事例111】熊本地裁人吉支部令和元年5月29日判決（自保2052・53）

　事故発生日は、平成28年5月26日であり、反訴原告は本件事故当時59歳の男性であった。
　反訴原告は、同年5月30日、B歯科医院を受診し、同年7月15日まで歯科治療を受けた。
　原告は、歯科治療費として116万4,240円を請求した。
　しかし、裁判所は、そのうち22万8,850円のみを事故と因果関係のある損害と認定した。
　その上で、裁判所は、「本件事故に起因する歯牙障害の機序は、反訴原告の既存障害により、臼歯の多くが欠損しており、本件事故の衝撃による急激な上下顎の噛み込みによって、咬合圧が分散せずに前歯部に集中したことによる欠損であると考えられ、反訴原告の既存障害が大きく寄与していたとみるべきであるから、20％の素因減額を認めるのが相当である。」として、上記22万8,850円の80％に相当する18万3,080円についてのみ本件事故と相当因果関係があると認定した。

第6章　その他（素因減額・症状固定・既存障害など）　255

〔コメント〕

　本事例では、反訴原告の前歯部が欠損した理由について、もともと反訴原告の臼歯の多くが欠損していたために事故時の急激な噛み込みの際に咬合圧が前歯部に集中したことによるものとしており、反訴原告の既存障害が影響した機序を具体的に論じている点に特徴があります。

【事例114】 水戸地裁龍ヶ崎支部令和2年2月20日判決（自保2074・60）

　　原告は、本件事故から2か月後に抜歯した右上5番、右上4番、左上5番について、抜歯したのは本件事故が原因であること、ブリッジによる治療ではなく高額なテレスコープクラウンによる治療が選択されたのは、違和感、咀嚼力、発音等を考慮した主治医の判断であるとして、右上5番、右上4番、左上5番の抜歯及びテレスコープクラウンによる補綴に関する治療費を含む全ての治療費は、本件事故と相当因果関係のある損害であると主張した。

　　裁判所は、右上5番、右上4番、左上5番の抜歯は、事故前から存在する根尖病変によって支台能力が不足することから行われたものであること、テレスコープクラウンが選択されたのは本件事故以前に存在した既存障害が影響したものと認められることを認定した。その上で、これらの治療と本件事故との因果関係は認めつつ、「損害の公平な分担を図る民法722条2項を類推して、既存障害による影響についても一定の考慮をすべきである。」として、治療費106万1,470円（治療費105万4,990円、診断書料6,480円）のうち2割を控除するのが相当であるとした。

　　その結果、85万472円が認められた。

　　（計算式）105万4,990円×（1－0.2）＋6,480円＝85万472円

〔コメント〕

　テレスコープクラウンとは、可撤性義歯や可撤性のブリッジの支台として用いるために、残存歯に装着する金属冠に内冠と外冠に分離できる構造を持たせたもののことですが、臨床において遭遇することはあまりありません。

256　　第6章　その他（素因減額・症状固定・既存障害など）

【事例131】 名古屋地裁令和4年7月20日判決（自保2136・24）

　　原告は、事故当時73歳であり、本件事故時、既に、右上7番、右上2番、左上2番、左上4番から左上7番（上顎計7歯）までと右下7番から右下4番、右下2番、左下5番、左下7番（下顎計7歯）を欠損していた。

　　原告は、歯科医院で①左上3番を抜歯して上下顎金属床を作製・装着、②左下3番のレジン充填処置を受けた。

　　被告は、原告の左上3番が保存可能であったにもかかわらず、抜歯をして、義歯を装着したこと、左上3番が既往症の根尖性歯周炎により抜歯適応と判断された可能性があること、上下顎とも欠損が多かったことから金属床義歯を選択せざるを得なくなったこと、本件事故では下顎義歯には破損等の損傷が見られないこと、左下3番のレジン充填は私病としてのう蝕に対する治療と解すべきであることなどを理由に原告の歯科治療費及び同歯科への通院交通費が50％の素因減額がなされるべきであると主張した。

　　原告は、左上3番は根尖性歯周炎の関与があったために抜歯をしたものではなく、主治医の合理的な診断に基づいて行われたものであること、原告の年齢に鑑みれば歯が少ないことを既往症と評価することはできないこと、左下3番のレジン充填が金属床の内面に接する部位の清掃性を高めるためのものであって私病の治療のためではないなどと反論した。

　　裁判所は、左上3番の抜歯については、不合理なものとは認められないとしたが、抜歯後の義歯作製に際し、上下顎金属床義歯作製を要したこと及びレジン床では強度が不足すると判断されたことは、原告が、本件事故時、既に、多数歯を欠損し、上下顎の残存歯の分布が異なっていたことに起因するものであったとした。

　　また、残存歯が少ないこと自体は素因に該当しないとする原告の主張については、「原告の年齢を考えても、欠損歯の量及び分布は特異なものというべきである。」とした。

　　さらに、左下3番のレジン充填については、原告が本件事故で左下3番を受傷していなかったことを理由に、「金属床の内面に接する部位の清掃性を高めるための必要性を認めるとしても、私病による影響も認められる。」とした。

第6章　その他（素因減額・症状固定・既存障害など）　　257

その上で、原告の歯科治療費のうち、上下顎金属床装着の材料費だけで、歯科治療費78万2,014円の70％に相当する58万3,200円を要していたこと、その余の治療費は、上下顎金属床装着のための型どり等のほか、左上3番の抜歯及びその後の経過観察並びに歯周の清掃であったことを理由に、歯科治療費のうち、上記58万3,200円については60％を、その余の19万8,814円については10％を素因減額することが相当であるとして41万2,212円（＝58万3,200円×40％＋19万8,814円×90％）を認定した。

〔コメント〕

本事例の原告は、事故当時73歳で、既に上顎7歯と下顎7歯を欠損していたところ、事故後に右上3番を抜歯した上で、上下の金属床可撤性義歯を新製しています。金属床義歯は、義歯の床部分が金属で作られていますので、保険適用内の義歯よりも、床部分が薄くできるために違和感が少ない、冷温感を感じられるなどの利点があります。しかし、その分、金額が何倍も違います。本事例ですが、もともと上記のように多数の歯を欠損していたのでしたら、事故発生前に既に保険適用の可撤性義歯が装着されていたと思われますので、保険適用の義歯の金額の限度で因果関係を認めるのが公平ではないかと考えます。

第2　症状固定時期

1　解　説

（1）　はじめに

歯牙を打撲したり歯冠が破折したりした場合、受傷直後は創傷が歯髄に及んでいなくとも経時的に歯髄炎が生じたり歯髄が失活したりするなどの影響が出ることがある。そのため、受傷歯の神経への影響を見極めるために半年から1年程度の経過を見ることが必要と診断されることがあり、実務上、症状固定日が争われがちである。

また、20歳に満たない者が受傷歯を喪失した場合には、顎骨が成長

し終わるのを待ってインプラントにより補綴をすることが一般的であるが、補綴が完了するまでに10年以上の期間が必要なことも珍しくない。しかし、裁判事例をみると、この場合は補綴完了を症状固定とせず、抜歯などの一応の処置が終了していれば症状固定とし、インプラント治療費は将来治療費としていることが分かる。

さらに、歯科矯正治療については、治療期間が長期間に及びがちであることや動的治療（歯を動かす治療）と静的治療（動かした歯を後戻りしないようにする治療）に分かれていることなどから、症状固定時期について争われることがある。

そこで、本項では、治療に歯科矯正治療が伴った場合の症状固定時期について判断をした事例を紹介する。

（２）　裁判事例の特徴

【事例80】は、原告が歯科矯正後に補綴治療をした事例であるが、補綴治療が終了したのは事故発生から７年以上経過してからであった。被告は、事故から約３年10か月後の症状固定を主張したが、裁判所は、補綴完了時をもって症状固定とすると判断をした。

【事例94】は、被告が動的治療の終了時を症状固定とすべきという主張がなされた事例であるが、裁判所は、それを認めず静的治療の終了時を症状固定時とした。

2　事例紹介

【事例80】大阪地裁平成27年10月１日判決（自保1964・51）

　　事故発生日は、平成18年２月９日。

　　原告は、大学病院口腔補綴科と矯正科に平成19年９月11日から平成25年３月18日まで通院した。

　　被告は、原告の歯科治療に関しては平成21年12月25日をもって、症状固定とするのが相当であるとして、消滅時効の完成・援用を主張した。

　　裁判所は、「矯正を終えて補綴の方法を決めるのにやや時間を要して

第6章　その他（素因減額・症状固定・既存障害など）　　259

いると考えられなくはないものの、当時の原告の歯の状況や将来の見通
しなどを踏まえて慎重な検討が必要であるといった歯科治療の性質等に
照らすと、不自然に治療期間が延びたとは認められない。矯正と補綴が
うまくいって初めて治療が終了したといえることなども考慮すると、被
告の指摘する点を考慮しても、医師の診断による平成25年3月18日をも
って症状固定と認めるのが相当である。」として、平成19年9月11日から
大学病院口腔補綴科と矯正科に通院していた原告について、矯正・補綴
完了時となる平成25年3月18日をもって症状固定とした。

〔コメント〕
　未成年者の歯が欠損した場合などには、顎骨の成長を待ってインプ
ラントを埋入する必要がありますので、通常は、抜歯終了時点などで
症状固定とし、インプラント埋入については将来治療費として扱うこ
とがほとんどですが、本事例では、矯正治療終了時ではなく補綴完了
時をもって症状固定としている点に特徴があります。

【事例94】大阪地裁平成29年8月30日判決（自保2016・60）

　原告は、本件事故により負った顔面多発骨折について、プレート固定
術を受けたが、その後、咬合不正が認められたため、矯正歯科治療を行
うこととした。
　原告については、平成25年3月22日から平成26年4月3日までの間、
動的治療（歯の移動を目的とした治療）を行って、同日、保定装置を装
着して静的治療（動的治療により歯あるいは顎を移動させた後、全ての
周囲組織が新しい条件に適応するように、構造的及び機能的変化が終了
するまで、目的とする位置に歯あるいは顎を保持しておく治療）に入っ
た。
　症状固定の有無及び時期について争われた。
　原告は、不正咬合は、歯の移動を目的とした動的治療終了後、その周
囲組織が適応するように、構造的及び機能的変化が終了するまで、歯あ
るいは顎を保持しておく静的治療（保定）が必要であり、保定期間とし
て5年を要する。したがって、原告の不正咬合は、少なくとも保定を開
始した平成26年4月3日から5年を経過する平成31年3月までは、症状

固定したとはいえないと主張した。

　被告は、不正咬合については、動的治療を終了した平成26年4月3日の時点で咬合は改善しており、その後の保定期間は経過観察が目的であって、積極的な歯列、咬合の改善を目的とするものではないから、同日をもって、症状固定していると主張した。

　裁判所は、原告の主張については、「本件矯正治療における一般的な保定期間が約2年であり、原告の治療経過も良好で安定しているにもかかわらず、原告の不正咬合の保定期間として5年を要する具体的な理由は明らかでなく、実際にも、平成28年4月3日以降、原告の不正咬合の症状が変化したり、積極的な治療がされたりしているとは認められない」として認めなかった。また、被告の主張については、「動的治療の後、全ての周囲組織が新しい条件に適応するように、構造的及び機能的な変化が終了するまでの間、目的とする位置に歯あるいは顎を保持しておくという静的治療の内容からすると、静的治療を経なければ、不正咬合の症状が固定したとは認め難い」として認めなかった。

　その上で、裁判所は、原告の不正咬合は、「静的治療開始から2年が経過した平成28年4月3日に症状固定したと認めるのが相当である。」として矯正治療の症状固定日を動的治療終了時ではなく静的治療終了時とした。

〔コメント〕

　矯正治療の場合、動的治療終了により、ひとまずは予定していた場所まで歯を動かせていますので、その時点で症状固定をしているという主張が被告側から出されるケースも多いのではないかと思われます。本事例は、矯正治療においては動的治療終了時ではなく静的治療終了時を症状固定とするという判断を示している点に意義があります。

　歯科医師の立場としても、矯正治療後の後戻りはほぼ起きるものと考えますので静的治療（保定）も矯正治療の一環であり、症状固定も静的治療（保定）完了後と解するのが合理的であると考えます。

第6章　その他（素因減額・症状固定・既存障害など）　　　261

第3　インプラントと既存障害

1　解　説

（1）　はじめに

　既に後遺障害のある者が傷害を受けたことによって同一部位について後遺障害の程度を加重した場合は、当該後遺障害にかかる慰謝料額や労働能力喪失率について、既存の後遺障害の基準額や基準値が差し引かれる処理がされる。

　そのため、既存障害の有無やその程度は、損害額に大きく影響しかねない。

　インプラントについては、審美面や機能面において、ブリッジや可撤性義歯よりも優れているとされており、天然歯と遜色のない見た目や咬合能力を得られるとうたう歯科医院もある。

　そのため、インプラントにより補綴している歯については、既存障害として扱わないという主張が可能であるかが問題となる。

（2）　裁判事例の特徴

　【事例123】では、原告から、事故前から原告の下顎に施術されていたインプラントはいずれも術後14年以上を経過して安定した状態になっているとして、既存障害の評価に当たっては、歯牙欠損と評価するのではなく、天然歯が残存しているものと同様に評価するべきであるとの主張がされた。

　しかし、裁判所は、その主張を認めず、インプラントにより補綴されている歯についても既存の障害歯として扱った。

2　事例紹介

【事例123】大阪地裁令和3年4月22日判決（平31（ワ）3286）

　原告は、本件事故により、右上6番、右上5番、右上3番、右上2番、

262 第6章 その他（素因減額・症状固定・既存障害など）

右上1番及び左上1番、左上2番の歯牙の不完全脱臼の傷害を負い、右上6番から左上2番についてインプラント施術を受けた。

原告は、本件事故以前から右下3番を除く27歯が障害歯であった。

原告は、「原告が本件事故前に下顎に施術されていたインプラントはいずれも術後14年以上を経過しており、安定した状態になった。よって、このような安定した状態に置かれていたインプラント施術が施された歯牙については、既存障害の評価に当たっては、歯牙欠損と評価するのではなく、天然歯が残存しているものと同様に評価するべきであると主張した。」

裁判所は、原告の主張を退けた上で、右上6番、右上5番、右上3番、右上2番、右上1番及び左上1番、左上2番の各歯が既存障害歯であって本件事故で新たに障害歯になったとは認められないとした。

〔コメント〕

インプラントといえども、天然歯の歯根と比較しますと機能面では劣りますし、天然歯よりも高い清掃性が求められる点などからしましても、既存障害歯として扱わないという考え方をとることは歯科医学的な見地からしても難しいと思われます。

第4　歯牙障害の判断基準

1　解　説

（1）　はじめに

歯牙障害の判断基準については、**序章第2の1**で紹介したとおりである。

しかし、自賠責の後遺障害認定基準では、歯牙障害の判定基準は、実際に補綴済みであるか、未補綴であっても、喪失、抜歯、欠損、切除が確認できる場合に限定される。また、後継永久歯がないなどの例外がない限り乳歯は判断の対象とならない。

第6章　その他（素因減額・症状固定・既存障害など）　　263

　もっとも、乳歯が受傷することにより、後継永久歯のエナメル質の形成不全や歯根の形成異常が起こることがあり、その場合は、後継永久歯の補綴や抜歯をせざるを得ない。

　そこで、将来的に後継永久歯に補綴や抜歯などが必要な影響が出る蓋然性が認められる場合に、何らかの被害者救済的な手当てが可能かが問題となる。

（2）　裁判事例の特徴

　【事例1】は、乳歯を受傷したケースで、将来、後継永久歯が補綴治療を行う蓋然性や将来生えてこない蓋然性が高いことを認め、それらの後継永久歯も考慮して後遺障害の認定をしている。

　しかし、同様の考え方をした裁判事例は他にないようなので、一般化できるかは不明である。

2　事例紹介

【事例1】大阪地裁平成6年4月25日判決（交民27・2・514）

　　事故当時5歳の原告は、本件事故によって、上顎左右乳中切歯（右上A、左上A）、上顎左右乳側切歯（右上B、左上B）、右上第一乳臼歯（右上D）が完全脱臼しており、右上乳犬歯（右上C）は動揺大で保存不可能な状態のため、やむなく抜歯された。

　　また、上顎歯槽骨骨折のため永久歯の形成が阻害されたため、上顎左右中切歯（右上1、左上1）、上顎左右側切歯（右上2、左上2）、右上犬歯（右上3）、右上第一小臼歯（右上4）は、歯根形成不全から咀嚼機能が害され、将来、補綴処理を行う蓋然性が高いこと、左上犬歯（左上3）と右上第二小臼歯（右上5）は将来生えてこない蓋然性が高いことが歯科医師に指摘されていた。

　　原告は、本件事故に基づく後遺障害として、顔面の外貌に著しい醜状を残すものとして、12級13号の認定を自賠責から受けていたが、歯牙障害については後遺障害として認定されていなかった。

裁判所は、歯が現実に生えて来ない蓋然性が高い場合や、歯冠に問題がなくとも、歯根が著しく形成不全で、咀嚼機能が害されているもので、将来補綴が必要不可欠な歯についても、同様に「補綴があった」に相当すると判断すべきであるとした。その上で、生えてこない蓋然性が高い、ないし歯根が著しく形成不全である8本の歯（右上1、左上1、右上2、左上2、右上3、左上3、右上4、右上5）については、「歯科補綴を加えたもの」に相当し、12級3号に相当する後遺障害があるとした。

〔コメント〕

　自賠基準では、歯牙障害の判定基準は、実際に補綴済みであるか、未補綴であっても、喪失、抜歯、欠損、切除が確認できる場合に限定されています。また、後継永久歯がないなどの例外がない限り乳歯は判断の対象とされません。そのため、本事例でも、自賠責からは歯牙障害については後遺障害として認定されていませんでした。本事例は、現時点で欠損や補綴済みなどの歯牙障害の判定基準に該当しない場合でも、将来的にその基準に該当する蓋然性がある場合には、現時点で歯牙障害に該当すると判断した点が注目されます。

索 引

索引

事 項 索 引

【アルファベット】

ページ

Br	17
CAD／CAM冠	16
CR充填	14
CR修復	233
FCK	16
FMC	16
FrT	10,75
GBR	114
HJK	15
In	14
MB	16,193
MT	193
per（ぺる）	12
pul（ぷる）	12
PZ	15
RCF	13
RCT	13
X線写真	220

【あ】

顎の外傷	9
亜脱臼	11
アバットメント	52
アプライアンス療法	93

【い】

意見書	75,210
入れ歯	107
因果関係	
顎関節症との――	34
歯科矯正治療との――	34
歯科治療との――	33
不法行為との――	49,84 99
咽頭支配神経の麻痺	31
インプラント	18,107
――以外の補綴物更新分の 　　将来治療費	201
――更新分の将来治療費	191
――周囲炎	110
――と既存障害	261
インレー修復	14

【う】

う蝕（う蝕歯）	29,52 72

【え】

永久歯の歯式	4

X線写真	220	【き】	
エナメル質	6,10		
	173,238	局部の神経症状	32
	263	金属床義歯	17
嚥下障害	31		

【お】

【く】

オーバーデンチャー	8	食いしばり	82
オールセラミック冠	16		

【け】

【か】

		欠損補綴	7,15
			107
外傷		健康保険適用外の補綴冠	120
顎の——	9	言語機能障害	30
歯の——	7		
架橋性義歯	17,107	**【こ】**	
顎関節症	13,84		
——との因果関係	34	咬合挙上副子	93
可撤性義歯	17,107	硬質レジンジャケット冠	15
窩洞	28	硬質レジン前装冠	15
カリエス	72	根管充填	13
（感染）根管治療	13	根管治療	13
		混合歯列	103
完全脱臼（脱落）	11	根充	13
——後の再植	148	根尖性歯周炎	12
陥入	11	根治	13
		コンポジットレジン充填	14

【さ】

再植	13
完全脱臼後の――	148
再製	191

【し】

歯科矯正治療	99
――との因果関係	34
歯牙障害	28,262
歯科治療	
――との因果関係	33
――の必要性・相当性	35
歯牙破折	10,53 73
歯冠	6,10
歯冠破折	11
歯冠補綴	7,15 107
歯根	6,10
――を保存できた場合の補綴方法	8
――を保存できなかった場合の補綴方法	8
歯根破折	11
歯根膜	6,10
歯根膜炎	12
歯式	4
永久歯の――	4
乳歯の――	5

歯周炎	239
歯周病	55,70 80,81 88,174 251
歯髄	7
歯髄壊死	12
歯髄炎	12,53 75
歯髄腔	6,7,10 180
歯槽骨	6,10,70 81,115 194
支台歯	15
支台（歯）形成	15
支台築造	15
舌の異常	31
失活歯	12
歯内療法	13,180
歯肉	10
傷害（通院）慰謝料	225
床義歯	17
症状固定時期	257
将来治療費	35,167
インプラント以外の補綴物更新分の――	201
インプラント更新分の――	191
将来のメンテナンスのための――	210
将来のメンテナンス	
――のための将来治療費	210
――のための治療費	37
ジルコニア	17,130
ジルコニア冠	246

神経症状
  局部の——   32
振盪（打撲）   11
診療報酬明細書   19

【す】

スケーリング   88

【せ】

生活歯   12
整復   13
前装MC   15
全部鋳造冠   16

【そ】

素因減額   249
象牙質   6,10,63
叢生   254
咀嚼機能障害   29

【た】

脱臼   11

【ち】

知覚過敏   63

【て】

テレスコープクラウン   255
デンタルX線写真（デンタル） 13,220
デンチャー   17

【に】

乳歯
  ——が受傷した場合   238
  ——の歯式   5

【は】

歯
  ——の外傷   7
  ——の構造   6
  ——の本数   3
  ——の名称   3
抜髄   7,13
パノラマX線写真（パノラマ） 13,220

事項索引

【ふ】

ファイバーコア	14
不正咬合	101
不法行為	
——との因果関係	49,84 99
プラークコントロール	110
ブリッジ	17,107
プロビジョナル	114

【ほ】

ポーセレン	16
保隙処置	170
補綴冠	
健康保険適用外の——	120
補綴物	18
インプラント以外の——更 新分の将来治療費	201
補綴方法	
歯根を保存できた場合の ——	8
歯根を保存できなかった場 合の——	8
ポンティック	28,131

【ま】

末梢神経障害	32

【み】

味覚障害	32

【む】

虫歯	29,52 72

【め】

メタルコア	14
メタルボンド冠	16

【や】

やり替え	191

【ら】

ラミネートベニア	14,161

【れ】

レジンコア	14
連冠	80

【ろ】

労働能力喪失	35,135
六歳臼歯	170
露髄	7,12

交通事故裁判における
歯科領域の傷害・後遺障害
－因果関係、治療の相当性、将来治療費等－

令和7年4月24日　初版発行

編　著　藤　田　貴　彦
著　山　田　雄一郎
発行者　河　合　誠一郎

発　行　所　新日本法規出版株式会社

本　社
総轄本部　（460-8455）　名古屋市中区栄1－23－20
東京本社　（162-8407）　東京都新宿区市谷砂土原町2－6
支社・営業所　札幌・仙台・関東・東京・名古屋・大阪・高松
広島・福岡
ホームページ　https://www.sn-hoki.co.jp/

【お問い合わせ窓口】
新日本法規出版コンタクトセンター
0120-089-339（通話料無料）
●受付時間／9：00～16：30（土日・祝日を除く）

※本書の無断転載・複製は、著作権法上の例外を除き禁じられています。
※落丁・乱丁本はお取替えします。　　　　ISBN978-4-7882-9484-4
5100357　交通歯科傷害　　　　©藤田貴彦 他 2025 Printed in Japan